풍수역학 원리이해

풍수역학 원리이해

박재희 지음

좋은땅

머리말

풍역의 원리는 태어난 시점의 연, 월, 일, 시, 분의 시공간 에너지를 분석하여 과거, 현재, 미래를 볼 수 있는 과학적 기법의 역법서라 할 수 있습니다. 바라보는 공간의 개념과 시간적 개념을 더하여 4차원의 시공간적 관법(觀法)으로 3차원에서 살아가는 우리들의 운명적 세상을 전생의 먼 과거로부터 현생의 미래에 이르기까지 들여다볼 수 있는 혜안의 학문입니다.

이는 황영웅 교수께서 창안하여 집필하신 『풍수원리강론』 중 제2권에 해당하는 '풍역(風易) 원리론'에 해당되며, 본 편찬은 이를 보다 쉽게 접근하고 이해할 수 있도록 하기 위한 목적에 있습니다. '풍수원리강론'은 천체의 역학(力學) 에너지장 체계와 동양의 역학(易學) 원리를 하나로 결합시킨 학문으로써 총 5권으로 구성되어 있습니다.

앞서 윤석철 선생께서 기록하신 『풍수원리강론 강의록』이 나온 바 있으나 청강한 강의 반이 다르고 또한 동일한 내용이더라도 다른 각도로 풀이하신 부분들이 수록되어 있기 때문에 같이 참고한다면 풍수역학을 다각적으로 궁구하는 데 도움이 될 것입니다. 다만 본 내용에 있어서는 순수 기록이 아닌 저의 개인적 견해가 포함되어 있고, 풍역을 통한 시간 여행에 있어서 역법(曆法)의 시스템적 오차를 줄이기 위한 수(數) 체계 보정 내용들이 부가적으로 기술되었기에 상반된 다른 견해들이 있을 수 있습니다. 그렇지만 오히려 이런 부분에 대한 갑론을박이 우리 비봉풍수지리궁구협회 교류의 장으로 활성화되는 계기가 되고 이를 통하여 더욱 체계적이고 과학적인 학문으로 발전할 수 있을 것으로 사료됩니다. 그 외 이번 편찬에서 빠진 응용적 해석 부문과 주역, 명리 등의 다른 학문과의 연계 부분 등은 향후 비봉 회원분들의 혜안을 함께 담아 새로이 출간되기를 기원해 봅니다.

마지막으로 본 풍수역학서는 학문적 특성상 일반인을 대상으로 한 대중적인 내용이 아닌 인간 생명 재창조를 위한 풍수역학 원리를 다루고 있기 때문에 이 분야의 학문 연마와 올바른 사용의 쓰임을 함에 있어 이 책과 인연이 있는 후학분들에게 큰 도움이 되었으면 합니다.

玹汕 박재희

신의 의지는 천체를 통해 엿볼 수 있으며, 천체의 의지에는 태양계의
의지가 속해 있고 태양계에는 지구의 의지가 속해 있는 것이다. 그래
서 지구에는 인간의 의지가 들어 있는 것이며, 인간의 핵 속에는 영혼
이라는 의지가 깃들어 있고 그 영혼에는 신의 의지가 담겨 있다.

비봉산인 **황영웅**

풍수역학은 우주 천체와 지구 간의 관계성을 통해 자연의 이치를 헤아
려 인간의 인연과 시공간의 인연관계를 볼 수 있는 관법(觀法)이자 령
을 알기 위한 깨달음의 원리이다.

현산 **박재희**

목차

I 풍수와 역(易)

Ⅱ 풍수지리 기본원리

Ⅲ 풍수역학 기본원리

Ⅳ 풍수역학 판별 기준

V 풍수역학 구조원리

Ⅵ 풍수역학 수(數) 체계 보정

VII 풍수역학과 인체건강

VIII 응용법

IX 부록

I

풍수와 역(易)

개기월식은 지구와 태양, 달의 상호 영향력에 의한 현상으로
지구의 그림자에 가려진 달이 시차적으로 다시 드러나는 모습이다.

1. 미래를 보는 사람

과학전문매체인 라이브사이언스 닷컴은 2008년 6월 2일 자에 보도한 내용에 "사람의 눈은 10분의 1초 후에 일어날 사물의 상태 즉, 바로 앞의 현상을 미리 본다."라는 글을 게재하였다.

내용인 즉, 미국 뉴욕 렌셀레어 폴리테크닉연구소의 인지과학자 마크 찬지지(Mark Changizi) 박사는 "빛이 인간의 망막에 닿으면 뇌가 이 신호를 받아들여 외부세계에 대한 시각정보로 인식하는 데 10분의 1초가 걸리며, 이 시차를 보상하기 위해 바로 앞에 벌어질 상황의 이미지를 생성하여 눈에 보일 세계와 실시간적으로 맞추어져 나간다." 하였다.

그런데 뇌가 미래를 지각하려고 할 때 현실과 동일하게 일치하지 않으면 착시현상이 생기는 것이 이러한 현상에 의한 것이라는 설명이다.

이는 '풍수역학'의 원리적 근간이 되는 '풍수 에너지장' 이론 중 '천체(우주) 에너지장(場)은 땅의 지기(地氣) 에너지장과 조화를 이루고 있으며, 천체 에너지장은 지기 에너지장보다 앞서 그 기운이 먼저 도착하여 형성된다'라는 의미와 일맥상통하는 부분이라고 할 수 있다.

우리가 살고 있는 현 시점의 지구체(地球体)는 내일이라는 존재를 만들어 이미 준비하고 있다는 이치이다. 우리 자신도 인령(人靈: 신이 인간에게 주어진 육감의 능력)의 기운을 깨우치면 미래의 존재를 볼 수 있는 능력을 가지게 되는 것이다.

내 자신이 시각을 통해 바로 앞의 현상을 보고, 본인이 못 느끼는 의지에 의해 10분의 1초 후의 현상을 미리 볼 수 있는 이치가 여기에 있는 것이며, 그 이상의 노력으로 내일을 보고 미래도 볼 수 있게 되는 것이다.

우리는 미래에 일어날 일을 보고 싶어 하거나 궁금해 한다. 그래서 나의 주령(主嶺: 나의 영혼)이나 올바른 주체의지를 통해 미래를 보고자 하는 것이다. 우리가 좀 더 하늘의 이치를 깨닫고 땅의 기운을 올바로 읽을 수만 있다면 얼마나 좋을까? 그렇게만 된다면 본인 스스로 앞을 내다볼 수 있으며 올바른 이치를 깨닫게 될 것이다. 그것이 어렵다면 그 이치를 담은 풍수역학을 통해서 미래를 볼 수 있는 방법이 될 것이다.

2. 과학을 통한 시간 여행

과거와 미래를 보는 것이 이론적으로 가능하다면 과학을 통한 시간 여행은 가능한 걸까?

아인슈타인의 특수상대성이론으로 설명되는 시간지연효과를 이용하여 가능할 수 있다. 빠른 속도로 움직이거나 큰 중력을 가진 블랙홀을 여행하면 지구에서의 시간대보다 상대적으로 시간이 천천히 흐르기 때문에 미래로의 여행이 가능하다는 이론이다. 예를 들자면 빠른 우주선을 탄 우주비행사가 1분 간격으로 지구로 신호를 보냈을 때, 지구에서 기록한 시간은 1분 1초의 간격이 된다. 빠르게 움직인 우주선의 시간이 지구의 시간보다 1초 정도 천천히 가기 때문이다. 다시 말하자면 우주선 내에선 1분이지만 지구에서 보기에는 우주선이 1초 정도 시간이 천천히 가는 것이다. 그래서 우주비행사들이 아주 짧은 시간이지만 시간 여행의 경험을 하게 된다. 그렇지만 우주선 내 좁은 공간에서의 경험이고 실제 미래를 보는 것은 아니다. 즉, 미래의 여행이 가능하려면 무엇보다 빛의 속도처럼 빠른 우주선이 있어야 한다. 빛의 속도로 움직인 우주선의 시계는 지구에서 보았을 때 100분의 1의 속도로 느리게 가기 때문에 만약 1년의 우주여행을 갔다 왔다면 100년 뒤의 미래로 갈 수 있는 것이다.

그럼 미래의 시점에서 과거인 현재로 되돌아오려면 어떻게 해야 할까? 시공간상에서 출발한 곳으로 되돌아와야 하기 때문에 빛보다 빠른 물체가 있다 한들 일반적인 시공간에서는 불가능하다. 하지만, 아인슈타인의 일반상대성이론(특수상대성이론을 확장하여 체계화한 이론)에 따른 중력에 의해 평면적인 시공간을 반으로 휘게 한 다음, 휘어진 두 지점을 만나게 해주는 웜홀과 그 속을 통과할 안전장치가 있다면 가능할 것이다. 그러나 현재의 기술로는 이론에 불과한 내용일 뿐이다. 그러므로 설령 미래로 가는 시간 여행을 떠났더라도 과거의 시점인 현재로 되돌아오는 건 불가능한 일이다.

한편 순간이동에 대한 실험으로 실제 안톤 차일링거가 양자 순간이동을 증명한 연구결과도 있으나 초고온 상태에서 광자 하나를 이동시킨 것이므로 이것조차 현재로선 어려울 것 같다. 그 밖에 블랙홀, 화이트홀 등의 이론이 거론되고 있으나 아직은 현실적이지 못한 상태이다. 그러나 지금도 누군가에 의해 시공간 이동이라는 실현을 위해 노력하는 사람이 있을 것이며, 그 누군가는 미래로의 여행을 이미 떠나 되돌아오지 못하는 이도 있을지 모르겠다.

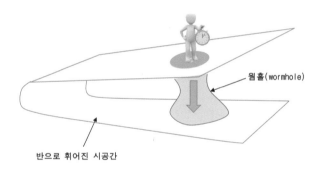

미래에서 현재로 회귀(回歸) 원리

3. 실효적 시공간 여행

아직은 과학적으로 불가능한 시공간 여행이 실제로 가능할 수 있을까? 그러나 동양에는 이러한 노력 이전부터 더 실효적인 방법이 존재하고 있다. 그럼 현재로서 가장 합리적인 시공간 여행 방법이 있지 않을까?

시간을 내다보고 운명을 뒤바꿀 수 있는 존재가 있다면 신(神)이 아닐는지? 그렇다면 우리의 인간은 가능할까?

그것을 엿보기 위해… 그리고 그것을 바꿔 보기 위해… 인류는 아주 오래전부터 해답을 찾으려 했던 것 같다. 신(神)은 인류가 생겨난 시점부터 끝이 보이지 않는 숙제를 모든 이에게 던져주고 우리는 이미 오랜 선조 때부터 그 해답을 찾기 위해 갈구하였다. 그것이 BC1600경 이전의 일인데 몇이나 그 숙제를 찾았을까?

신은 우리의 삶 자체를 항상 응원하고 있다지만 결코 녹록지 않은 과제를 던져 준 듯하다.

우리가 시공간 여행을 떠나려 하는 것은 신의 응원에 힘입어 나에게 주어진 숙제를 정확히 풀어 가기 위함이 아닐까 싶다. 필자 또한 지금껏 시공간 여행을 하고자 여러 방법을 찾아봤지만 그간 얻어 낸 해법들은 선구자들이 일궈 낸 것들을 취합한 것에 지나지 않았던 건지 모르겠다. 그럼에도 여기까지 오는 데도 너무 오랜 시간이 걸린 듯하다.

만약 시공간 여행을 떠나 보고자 한다면 아래의 내용들을 활용해 보기 바란다.

첫째, 풍수(風水)적 접근방법이다.

해와 달을 품은 천체와 지구 간의 관계성을 통해 자연의 이치를 깨닫고 지구 내 모든 공간의 지형적 특성을 정확히 읽을 수 있는 방법론이자 령을 알기 위한 깨달음의 수단이다.

사주보다 앞서 음양오행이 적용되어 발달된 풍수원리 또한 4개의 연분[緣分: 인연(因緣)과 같은 의미] 특성에 의해 구성되는데, 사주의 연월일시처럼 네 개의 방면에서 입체적 시공간 특성을 보는 것으로 각 위치에 따라 이름을 달리 부르고 있다.

위 측 방향에서 주 에너지가 들어오는 곳을 입수처(入首處) 혹은 현무(玄武)[1]라 칭하며, 아래 측에서 주 에너지가 빠져나가지 않도록 받쳐 주는 상대적 기운 자체를 전순(纏脣)이라 하는데, 그 방향을 주작(朱雀)이라 부르고 있다. 주 에너지 기운이 모아지면 안정을 취하여야 하는데, 그 역할은 좌, 우측에서 균형을 잡아 주는 밸런스 기운이 들어와야 한다. 좌측

---

1 현무의 의미를 잘못 이해하여 잠을 잘 때는 무조건 머리를 북쪽으로 두어야 한다는 말이 있는데, 이는 해석을 잘못하여 나온 말이며, 실제는 해당 위치의 시공간 특성에 따라 좌향이 결정되는 것이다.

방향에서 들어오는 기운이 강해야 함을 뜻하기 위해 청룡(靑龍)이라 부르며, 우측 역시 그 기운의 용맹함을 뜻하여 백호(白虎)라 칭하는 것이다. 이 네 개의 입체적 기운이 응축되는 작용력을 동조(同調) 작용이라 하며 그 과정에서 응집된 시공간 안정처가 생겨나는데, 그 자리를 우리는 흔히 명당(明堂)이라 부르며 그것을 찾는 행위를 풍수(풍수지리)라 한다. 이 방법을 터득하면 지구 내에 있는 모든 공간은 물론 생명체의 특성을 이해할 수 있어 그 과정 속에서 시공간 여행에 필요한 모든 요소들을 접하게 된다.

둘째, 풍수역학(風水易學: 풍역)[2]이다.

풍수역학은 풍수이론을 역법(易法)에 접목시킨 특별한 비법과 같은 학문이다. 풍수를 통해 알게 된 자연의 이치를 그대로 역법에 적용하여 사주 속 운명의 결과를 분류하거나 나누어 볼 수 있어 인간사의 과거, 현재, 미래를 해당 시간대별로 비추어 볼 수 있다. 또한 지구 내 모든 시공간과 연관될 경우 다양한 시공간 여행을 할 수 있는 가장 최적화된 원리이다.

셋째, 나 자신의 밝은 령(靈)이자 정(精)이다.

위 방법론에서 얻어지는 결과와 다양한 관계적 특성을 영(령)의 기운을 통해 시간과 공간을 자유롭게 넘나들며 정확히 보고 느낄 수 있도록 하는 것이다. 영(령)은 인간의 정신이자 자아(自我)이기도 하며, 인간의 명(命)이 다한 뒤에도 영원히 존재하는 것이다.

위 세 가지를 연마하여 갖추었다면 언제 어디서든 시공간 여행을 떠날 수 있는 필요조건을 갖춘 셈이다.

---

2   풍수역(風水易)은 인간사의 인과(因果)관계를 풍수이론에 기초하여 개발된 이론으로 김대중 전 대통령과 김영삼 전 대통령 묏자리 선정과 묘역조성을 총괄한 황영웅 교수에 의해 착안되었으며, 이는 앞서 정립한 '풍수 에너지장론'에 기인한다. 과학에 근거한 풍수 에너지장론과 풍수역의 탄생은 현대풍수의 획기적인 풍수지침서로 인정받고 있다. 특히 풍수역은 수천 명 이상의 임상확인을 통해 확립된 이론으로 그 정확성에 의심할 여지가 전혀 없다. 본인 역시 황영웅 교수의 사사를 받은 후학인으로서 스승의 업적에 경의를 표하는 바이다.

4. 풍수와 역학의 가치관

오늘날 풍수지리학을 미신으로 보거나 잡설로 보는 경향이 있지만 조선시대에는 관상감 주관으로 시행한 과거시험을 통해 전문 기술관직으로 등용하는 학문의 한 분야로 인정을 받는 분야였다. 당시 과거시험을 통한 잡과에는 음양과가 있었는데 천문학, 지리학, 명과학이 있었으며 3년에 한 번씩 시행하여 관료로 등용되었다. 응시자는 사대부가 아닌 양인들이 주로 응시하였으며 합격자는 종8품에서 종9품에 해당하는 품계를 받았다. 또한 당시 정치, 경제에 있어 중요한 분야였기 때문에 사대부의 양반들 역시 상당한 수준의 관련 지식을 습득하여 총책을 맡았음을 조선실록을 통해 확인할 수 있다.

조선은 세계 어느 곳에도 유래를 찾아보기 힘들게 500년이 넘도록 나라를 유지하고 통치해 온 국가이다. 그런 나라가 미신이나 잡설로 여겨지는 것들을 관직까지 부여해 가면서 유구한 역사를 이어 올 수 있었을까? 그렇다면 천문, 지리, 명과학에 해당하는 풍수지리(風水地理)와 역학(易學)과 관련된 학문이 갑자기 사라진 배경에는 어떤 일이 있었던 것일까?

35년간 지속된 일제의 강점기(1910~1945)에 의한 내정간섭과 식민통치에 의해 우리의 역사가 왜곡되고 말살시키려는 교육이 지속됨에 따라 특히 천문과 지리, 명과학에 대한 분야들이 철저하게 미신으로 치부되었고 그 영향으로 인하여 100여 년이 지난 현재까지도 우리 스스로 배척하는 학문이 되었다. 조선시대에는 양반이나 양인들이 아니고서는 접할 수 없었던 학문이 이제는 사학적 고증 외에는 학문적 가치로 인정받지 못하고 있는 것이다.

또한 근대에 들어와서는 서양종교가 전파하는 교리 전도 과정에서 동양철학의 순환적 개념이 대치될 수밖에 없었기 때문에 가장 직접적으로 연관되어 있는 풍수지리와 역학 관련 분야는 미신으로 치부될 수밖에 없었을 것이다. 서양은 직선적 유한 흐름의 시간관의 개념이며, 동양은 순환적 시간관으로 자연의 끊임없는 무한반복 안에서의 변화 운동에 기인함에 있다.

천문과 지리, 명과학에 해당하는 풍수지리와 역학에 대한 분야를 믿고 안 믿고는 각자의 몫이다. 하지만 한 번쯤은 과학의 실체인지 미신의 잔재가 아닌지는 직접 확인해 보고 결정할 필요가 있지 않을까 싶다. 우리가 고등학교 지구과학 시간에 배운 기초 원리를 풍수학이나 역학 분야에 간단히 대입만 해 봐도 알 수 있다. 아마도 그 정교함에 놀라고 서양철학보다 더 깊이가 있는 심오함의 매료에 빠져드는 것을 느낄 수 있을 것이다. 또한 아인슈타인의 상대성이론과 연관 지어 시공간 개념을 논할 수도 있다. 실제 아인슈타인이 눈을 감을 때까지 그의 침대 맡에는 주역이 놓여 있었던 것은 그의 상대성이론에 동양의 철학적 개념이 얼마나 많은 영향을 미쳤는지를 짐작할 수 있다. 그동안 우리가 등한시했던 사상적 가치관을 되돌아볼 필요가 있다.

5. 태양과 달 작용력의 풍수역학 적용

존재하는 모든 것에는 에너지가 있다($E_0 = MC^2$). 에너지는 객체인 에너지체(体)와 그 주변에 형성된 에너지필드라고 하는 에너지장(場)으로 구분할 수 있다.

태양은 지구와 상호 간 동조[同調: 서로 짝을 이루고자 하는 기운(에너지체와 에너지장)들이 모여서 집합을 이룸] 에너지를 일으켜 지기(地氣: 지구장)를 만들고 동조적 필드를 형성한다. 이러한 동조장은 생기(生氣)적 에너지로 작용되며 기타 다른 요인들에 의해 간섭적인 소멸 에너지를 동반하기도 한다. 그래서 태양계에 존재하고 있는 에너지들은 소멸 진행적인 에너지 특성을 함께 지니고 있다. 이러한 에너지를 확인하고 증명하는 원리 중에 땅의 지기를 보는 것이 풍수지리론이고 사람의 기운을 보는 것이 풍수역학론이라 할 수 있다.

풍수지리학은 천체의 작용력이 거울효과(Mirror Effect)에 의해 지구에 동조된 에너지 작용력을 보고 땅의 운명론을 결정짓는 것이다. 마찬가지로 사주 역학 원리도 태양과 달의 천체 작용력이 지구와 동조된 시점(생년월일시)에 태어난 인간과의 상관관계를 보는 것이다.

축약하자면, 연(年)은 천체가 만들어 낸 원초적이면서도 그해의 근본적인 기운에 해당된다. 또한 조상의 에너지 기운이 나의 일주를 중심으로 미친 영향력의 상관관계를 보는 것이며, 초년운과 관계성을 띤다.

월(月)은 지구가 공전하면서 그해의 태양 에너지와 지구가 동조된 기간의 에너지 작용력이다. 시점에 따라 나와 부모 혹은 배우자 상호 간에 미칠 영향력과 밀접한 관계형성을 볼 수 있는데, 이는 태어난 일주와 월주의 연계 기운으로 볼 수 있다.

일(日)은 달의 자전과 동시에 지구를 공전하면서 형성된 동조적 에너지로 나의 주체적 기운에 해당한다. 그렇다면 나의 주체적 기운이 태양이 아닌 달의 동조적 기운에 더 영향을 받는 이유는 무엇일까? 태양계에 속한 지구 또한 다른 행성들과 마찬가지로 태양의 중력에 의해 귀속되어 공전하고 있지만 세밀한 동조적 작용력은 지구에서 가까운 달의 영향력이 더 밀접하게 작용하기 때문이다. 예를 들면 지구는 하루에 두 번씩 밀물과 썰물 현상이 나타나는 조석 현상이 일어난다. 이는 태양과 달의 인력이 지구의 원심력에 영향을 받기 때문인데 지구가 귀속되어 있는 태양의 규모적 에너지는 크지만 너무 멀리 떨어져 있어 달에 비해 그 영향력은 45%에 불과하며 실제적인 작용력은 달의 영향력이 더 크게 좌우되기 때문이다.

시(時)는 지구가 스스로 자전하면서 형성되는 자발적 결과의 기운이다. 그래서 어떤 과정에 대한 결과를 보거나 말년운을 볼 때는 시와 연관 지어 보는 이유이다.

신의 의지는 천체(우주)를 통해 엿볼 수 있으며, 천체의 의지에는 태양계의 의지가 속해 있고 태양계에는 지구의 의지가 속해 있는 것이다. 그래서 지구에는 인간의 의지가 들어 있는 것이며, 인간의 핵 속에는 영혼이라는 의지가 깃들어 있고 그 영혼에는 신의 의지를 담고 있는 것이다.

천체(우주)는 이 세상에 존재하는 모든 물질과 공간, 시간을 모두 포함하고 있기에 우리는 신의 전체 영역인 우주를 갈망하는 것이 아닐까? 그래서 우린 내 안의 의지를 보고자 그 이치를 깨닫고자 하는 건 아닌지 생각하게 된다.

6. 운명의 가짓수

천체의 주기적 현상에 따라 그 운행을 시간 단위로 구분하여 정한 방법을 역법(曆法)이라 하며, 여기에 10개 천간과 12개의 지지를 결합하여 만든 60개의 간지인 육십갑자를 대입하면 역법에 따라 주기성을 띠게 된다. 육십갑자는 음양오행설에 따라 천간(天干)과 지지(地支)가 갖는 성향과 성질이 결합되어 있다. 이를 태어난 연월일시(年月日時)로 세분화한 것이 사주이다. 그럼 사주의 가짓수는 어느 정도까지 세분화하여 볼 수 있을까?

60개로 이뤄진 육십갑자는 각각의 기질(氣質)과 성미(性味)를 달리 가지고 있으며, 논리적으로 만날 수 있는 가짓수는 7억7천7백6십만 개에 이른다. 그렇지만 책력은 육십갑자를 체계화하여 연월일시의 천간 중 일간(日刊)을 기준으로 3개의 천간(연간, 월간, 시간)과 4개의 지지(연주, 월주, 일주, 시주)를 만나 518,400개(연주 60 × 월주 12 × 일주 60 × 시주 12)의 경우의 수를 만든다. 물론 대운, 세운 등 기타 변수를 만나면 더 늘어나겠지만, 기본적 가짓수는 51만 개가 조금 넘는 셈이다. 반면 풍수역학은 일주를 중심으로 그 세분화 정도에 따라 518,400개에서 최대 6,220,800개의 경우의 수를 만들 수 있으며, 보는 관점에 따라 그 가짓수는 상이할 수 있다. 수적으로 차이가 발생하는 이유는 음력에 따른 윤달 및 각주(刻柱: 시간을 12개로 나눈 각)의 적용 여부에 의한 것이다.

즉, 육십갑자 각각의 천간과 지지의 기질과 성미를 연계한 년주, 월주, 일주, 시주의 관계성을 본다. 여기에 미시(微時)적 단위인 분 단위로 더 작게 세분화 과정을 거치면 그 결과의 가짓수는 더 세분화하여 볼 수 있는 것이다. 그러나 풍수역학과 명리를 1년 단위로 보았을 때, 일반적 가짓수는 4,380개(365일 × 시주 12)이고 풍수역학에서 미시적 단위까지 나누어 적용해서 본다면 52,560개[365일 × 시주 12 × 12 분(각)]의 가짓수가 된다.

연간 출생아 수를 비교하였을 때 같은 해에 동일 사주로 태어날 수 있는 평균 수치를 비교해 보면 다음과 같다. 만약 내가 2022년도에 태어났다면 일반적인 사주 적용 시 그해 약 82명(24만9천 명 ÷ 4,380가짓수)에 해당하는 사람이 동일한 사주로 풀어보게 되는 것이다. 물론 분(각) 단위 미시적 세분화를 하면 동일 사주는 5명(24만9천 명 ÷ 52,560)으로 줄어들며, 그밖에 시공간인연, 기타 환경적 인자를 배제한 수치이므로 실제 동일한 운명을 갖고 태어나는 것은 불가능하며, 단지 분류체계에 따라 동일 범주에 들어가는 것일 뿐이다.

출생 수 대비 동일한 사주 가능 수

		1970년	1975년	1983년	1987년	2001년	2015년	2022년
출생 수(대한민국)		100만	87만	77만	62만	55만	43만8천	24만9천
동일 사주	일반적 사주 적용	228명	199명	176명	142명	126명	100명	57명
	미시적 분석용 포함	19명	17명	15명	12명	10명	8명	5명

그런데 요즘 MBTI[3]나 에니어그램(BC2500년 전 중동 지방)이 대학 및 직업 등의 진로를 결정짓는 용도로 많이 이용되고 있다. 이는 현대의 심리학과 결합된 성격분석 틀로 9가지 성격으로 나누어 보는 특징이 있다. 그러나 인간이해의 틀을 단순히 9개(개혁, 조력, 성취, 예술, 사색, 충성, 낙천, 지도, 중재)로 분류한 서양의 에니어그램 기법과 앞서 설명한 사주 역학의 분류체계로 보았을 때 어느 것이 더 정확성과 정밀도가 높다고 볼 수 있을까? 아프가니스탄에서 시작된 에니어그램은 서양의 심리학과 결합되어 교육이나 진로상담 분야에 활용하고 있는 반면, 동북아 지역에서 발전하여 지금껏 이어진 풍수나 사주는 이런 공식적인 분야에 활용 가치를 보이지 않는 이유는 무엇일까? 동양철학의 산물인 사주를 보다 체계화하기엔 너무 복잡한 알고리즘을 가지고 있기에 오히려 접근하기 어려웠던 부분이 아닐까 싶다. 그러나 정확도 상으로 더 세분화된 사주 역학 체계의 우수성은 부인할 수 없는 부분이다.

---

3 사람의 성격을 16가지의 유형으로 나누어 설명하는 자기보고형 성격 유형 검사로 심리학자인 칼 융(Carl Gustav Jung)의 초기 분석심리학 모델을 바탕으로 하고 있다.

7. 풍수역학과 명리의 차이

풍수역학과 명리는 모두 음양오행에 기반을 두고 있다.

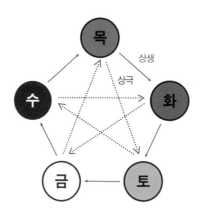

음양오행별 상생 상극

음양오행(陰陽五行)은 천지자연을 뜻하며, 하늘과 땅, 그리고 자연과 인간의 모든 구성체의 본질적 요소를 포함한다. 기후와 방위, 계절과 시간, 색깔과 소리, 맛 그 외에 보고, 듣고 감각되고 느끼는 모든 것, 생명체의 근본적 특성과 인간의 본성과 속성, 그리고 우리가 느끼지 못하지만 존재하는 자연의 모든 특성을 나타내고 있다. 오행은 목의 기운, 화의 기운, 토의 기운, 금의 기운, 수의 기운이 우주 안에 가득 차 있는 만물에 녹아 오행 가운데 그 하나에 속하게 되며, 서로 상생과 상극을 통해 도움을 주고받기도 하고 서로 제어하는 상극관계를 갖는 체계를 이룬다. 그래서 사람도 태어나는 순간 연월일시의 각 기운에 따라서 체질과 성격, 그리고 운명까지 결정되는 것이다.

그러므로 타고난 체질과 운명의 결정체를 반영하여 나이가 몇 살이면 어디에 어떻게 병이 오는지, 그리고 길흉화복과 부귀와 빈천은 어떻게 다가올 것인지를 예측하여 나 자신을 깨닫고 올바른 삶이 되도록 대처할 수 있는 것이다. 음양오행의 이론은 거듭 발전하면서 사상, 천체, 지리, 의학, 사주 등이 발전해 왔는데 그중 사람의 길흉화복을 알아보는 분야로 발전한 것이 풍수지리학과 사주의 명리학이다.

자연특성별 오행의 관계

	목(木)	화(火)	토(土)	금(金)	수(水)
미각(味覺)	신만	쓴맛	단맛	매운맛	짠맛
색상(色相)	청색	적색	황색	백색	흑색
오음(五音)	각(角)	치(緻)	궁(宮)	상(商)	우(羽)
기운(氣運)	풍(風)	열(熱)	습(濕)	조(燥)	한(寒)
오시(五時)	봄	여름	늦여름	가을	겨울
숫자(數字)	3, 8	2, 7	5, 10	4, 9	1, 6
방향(方向)	동	남	중앙	서	북
오상(五常)	인(仁)	예(禮)	신(信)	의(義)	지(智)

인체와 오행의 관계

	목(木)	화(火)	토(土)	금(金)	수(水)
오장(五臟)	간(肝)	심장(心)	비장(脾)	폐(肺)	신장(腎)
육부(六腑)	담(膽)	소장(小腸)	위(胃)	대장(大場)	방광(膀胱)
관규(官竅)	눈(目)	혀(舌)	입(口)	코(鼻)	귀(耳)
형체(形體)	근(筋)	맥(脈)	육(肉)	피모(皮毛)	골(骨)
정지(情志)	화(怒)	기쁨(喜)	생각(思)	슬픔(悲)	두려움(恐)
오신(五神)	혼(魂)	신(神)	의(意)	백(魄)	지(志)
오성(五聲)	숨(呼)	웃음(笑)	노래(歌)	울음(哭)	신음(呻)

　명리는 출생일을 기준으로 운세의 과정을 보고 그 결과를 추리하여 도출한다. 그래서 책력(册曆), 추명학(推命學), 산명학(算命學)이라고도 한다.

　음양오행론은 은대(BC1600년경)에 구체화되었으며 주나라(BC1046~BC771) 때 간지를 근거로 길흉을 판단하고 춘추전국시대(BC8~3)에 이르러 60간지와 음양오행설이 결합하면서 명리학이 발달하기 시작한다. 현재의 명리학으로 체계화된 것은 당나라(618~907) 이허중의 당사주이며, 중국에서는 고대 명리학의 종사(宗師)로 평가받고 있다. 이후 송대

(960~1279)의 서자평에 의해 명리학이 더욱 체계화되어 이때부터 사주팔자라는 말이 나왔으며 현대에 이르기까지 명리학이 발전되어 오게 된 것이다.

반면, 풍수역학(風水易學)은 입태를 기준으로 운세의 결과를 보고 앞으로 일어날 일들에 대해 그 과정을 도출한다. 풍수지리 에너지장론의 모든 원리에 기인하며 명리에서 사용되는 기본원리가 동일하게 적용되지만 활용방법론에 있어 차이를 보이고 있다. 그리고 명리의 꽃이라 불리는 육친(六親: 십신)과 대운, 세운 등은 적용되지 않는다. 이유는 이미 과(果)라는 결과를 지니고 있기 때문에 별도로 대운, 세운 등을 구분하여 보지 않아도 그 자체적으로 알 수 있기 때문이다.

풍수역학과 명리를 굳이 비교하여 무엇이 더 정확하고 부정확하고 좋다 나쁘다는 할 수 없다. 앞선 풍수연표를 보면 알 수 있듯이 시작된 기원이나 발달한 시점이 거의 동일하며, 단지 분야별로 달리 발전하여 왔을 뿐, 천체와 지리, 명리, 의학 분야에서 함께 융화를 이루며 걸어왔기 때문이다. 혹여 둘 다 접할 기회가 있다면 세부적으로 어떤 차이를 갖고 있고 상호 보완적인 부분에서는 어떤 것들이 있는지 비교해 본다면 풍수역학의 깊이를 이해하는 데 도움이 될 것이다.

8. 풍수역학의 정확도

사람이 태어난 생년과 월, 일, 시가 사주(四柱)라는 네 개의 기둥이며, 이를 간지(천간과 지지)로 나타내면 여덟 글자로 구성되어 '팔자'라 한다. 이를 풍수역학 원리에 대입하여 인과(因果) 과정의 결과를 살펴보는 것이다. 사주에서의 시간은 천체의 주기적 운행을 정한 역(易)법에 음양오행을 결합하여 인간의 생년월일시에 대한 순환적 관계를 나타낸 것이다.

인터넷에서 누군가 사주의 정의를 내리면서 연월일시는 인간이 인위적으로 만들어 낸 숫자에 불과하기에 운명과 결부시키는 건 무리일 수밖에 없다는 의견이 있어 그에 대한 답변을 주고자 한다.

1. 양계장에 태어난 닭의 출생연월일시에 사주를 맞추어 보면 영향을 끼치지 않으므로 사주를 통해 운명을 알 수가 없다?

   역법의 육십갑자 내 의미에는 만물의 길흉을 담고 있지만 10년 안팎의 수명을 가진 닭을 인간의 생멸에 맞추어 놓은 사주의 틀에 대입하면 올바른 답을 얻을 수가 없다. 물론 임상병리에서는 실험쥐나 토끼를 가지고 실험을 한다. 생명주기는 인간과 다르나 의약품 실험에 적합한 동물이기 때문에 인간을 대신하여 도움을 받고 있는 것이다. 하지만 생명주기뿐만 아니라 역학관계가 다른 닭에게 사주를 맞추어 보는 실험을 하였다면 의미 있는 결괏값이 나올 수가 없다.

2. 조상묘를 제대로 관리 안 하는 집에 갔더니 못살더라. 이는 집이 가난하여 못사니까 묘를 관리할 여력이 없었던 것에 불과할 뿐이다?

   보려는 관점을 왜곡하면 안 된다. 이는 조상묘 터의 문제로 인하여 집안의 가세에 문제가 발생하였는지를 먼저 확인해 본 다음의 내용이다. 단지 가난하여 조상묘를 관리 안 한 것이 아니라 이보다 앞선 원인이 무엇인지를 확인해야 하는 것이다.

3. 샴쌍둥이를 분리수술하면 한 명만 살릴 수 있다. 쌍둥이는 부모, 형제, 수술한 의사의 인연, 동일 조건의 수술실 공간인연, 같은 시간대의 수술에 따른 시간인연이 모두 동일한데 둘은 다른 운명이 되었기 때문에 사주로 운명을 논할 수 없는 문제이다?

   변수가 통제된 동일한 환경인데 다른 삶이 되었기 때문에 사주의 치명적 오류로 봐야 할까? 아니다. 우선 쌍둥이가 태어나는 것은 풍수에 의해 기인하는데, 땅의 기운이 끝에서 분기되는 자리에 조상묘나 집터로 사용할 경우 발생되는 요인이 크다. 그다음으로 임상병리적 문제와 주변 환경 등을 확인해야 한다. 그러므로 샴쌍둥이는 입태 전 환경적 요인도 무시할 수 없는 상황으로 터와 환경요인이 이미 작용한 전제조건에서 발생한 상태이기 때문에 이미 변수가 통제된 동일 환경이 깨진 상태에서 입태된 것으로 보아야 하므로 이미 결정된 사주의 연이 결부되어 있는 것이다. 즉, 둘 중 하나가 희생될 수밖에 없는 운명에서 비롯된 것으로 보아야 한다. 더욱이 샴쌍둥이는 이란성이 아닌 일란성으로 그 기운 자체가 둘로 나누어지는 특성이 있는데다 수정란까지 불완전한 연유에서 나타나는 현상이므로 둘 중 하나가 퇴화될 가능성이 높은 것이다. 즉, 첫째와 둘째의 관계에 의해 결정되는 운명의 작용이 내재되어 있는 것이다. 그러므로 사주에도 그러한 기운이 이미 들어가 자리 잡고 있음을 확인할 수 있을 것이다.

다만 본론에서 자세히 설명하겠지만, 풍수역학에 있어서도 오차가 있을 수 있으며, 이를 해결하고 좀 더 세밀하게 보기 위한 음양, 오행, 합, 형, 충, 파, 해, 육친, 12운성(포태법) 등의 조합과 수(數) 보정을 통해 해결해 가는 것이다. 다만 역학을 다루는 각 학파마다 혹은 개인의 해석 방법에 따라 다른 관점에서의 해석이 달리 나오는 것의 차이지 사주 자체의 오차에 의한 것이 아니다. 같은 부위의 외과수술이라도 수술 방식이 다르고 같은 방식이라도 의사 개인마다 스킬이 다른 것처럼 역술가도 개인마다 차이가 있을 뿐이지 사주를 해석하는 관점의 범위를 벗어나지 않는다. 만약 살아 있는 어느 사람이 행방이 묘연한 상태에서 생사가 지금 어떠한지를 역술인에게 물었다고 하자. 역술가 다섯 명 중 한 명만 살아 있다고 했다면 무엇이 문제였을까? 우선 사주는 신점과는 별개이다. 무속인은 신과의 접신 관계에서 그 능력이 뛰어난 사람은 찾고자 하는 사람이 살았는지 죽었는지와 더 나아가 어디에 있을지를 보는 것이고 역술가는 그 사람의 운명이 어떻게 돌아가는지 사주를 통해 순환 과정을 보고 현재 어떤 상태인지를 생멸의 곡선을 확인하였을 것이다. 그리고 나서 내 영(靈)으로 생사 여부를 보는 다음 단계가 가능한 역술가라면 다른 네 명이 짚어 보지 못한 것을 볼 수 있었을 것이다. 일반적인 다른 직업도 마찬가지다. 의사, 간호사, 디자이너, 작곡가, 연주가, 화가, 요리사 등 본인의 능력이 아무리 뛰어나도 그가 가진 영혼의 기운을 담아내지 못하면 100%를 뛰어넘는 의술이나 작품이 나와 주지 않는다. 그러므로 역학의 깊이를 모르면서 너무 점술로 치부하거나 학문으로 가치를 상실했다는 식의 부정적 시각으로 바라보면 안 된다.

풍수역학은 무엇보다 나를 알기 위함이다. 한 인간의 과거, 현재, 미래까지도 내다볼 수 있는 학문이지만 그 시작이 두 개의 음양과 다섯 개의 오행에서 비롯됨에서 이론이 미약하다고 생각할 수도 있다. 하지만 과학의 기본이론도 마찬가지다. 물질을 구성하는 기본 입자인 원자의 구조도 원자핵⊕과 전하⊖에서부터 시작되었음을 우리는 알아야 한다.

무엇이든 의심을 하기 시작하면 한도 끝도 없다. 역학과 연관된 풍수학, 한의학, 명리학, 의학 또한 관련된 많은 학자들에 의해 실제 임상에서 확인된 결과를 토대로 행해지는 것이다. 과학으로 입증이 안 되었으니 개인의 의견에 불과하다거나 미신으로 치부하지도 말 것이며, 역술인 또한 무슨 비법서 인양 종교적 행위와 결부하는 행위도 절대 있어서는 안 될 것이다.

9. 운명을 보완하는 8가지 방법

운명을 보완하는 방법에는 대표적으로 8가지 방법이 있다.

첫째, 좋은 곳에 조상묘(음택)를 모셔야 한다. 요즘은 대부분 화장을 선택한다. 왜? 관리하기 편하니까… 그럼 화장한 집 중에 잘되거나 잘나가는 집을 가 보았는가? 부와 건강을 모두 취한 집안은 100% 선산을 가지고 있거나 공동묘지라도 좋은 터에 조상을 모시고 있을 것이다. 조상과 후손 간 감응을 통해 남들에게 받을 수 없는 수호신 같은 에너지(氣)를 공급받기 때문이다.

둘째, 좋은 터에 자리 잡은 집(양택)에 살고 있어야 한다. 개인주택이든 공동주택이든 혈장(穴場)이라 하여 땅의 기운이 응집된 곳에 자리를 잡고 있어야 하는 것이다. 이런 곳은 수맥이나 석맥과 같은 해를 미치는 파장이 침범하지 않는 것은 물론이고 지기의 에너지를 끊임없이 공급받기 때문에 기골이 약한 사람도 건강을 유지하게 해 준다. 또한 내가 가지고 있는 사주의 기운을 안정시켜 뜻하는 바를 이룰 수 있도록 도움을 준다.

셋째, 공간인연이다. 일터나 사업을 할 경우에는 청목(靑木) 에너지 특성이 발현하는 공간에 자리를 잡거나 내 기운이 부족한 자리에 터를 잡아야 한다. 특히 공간인연은 시간인연과 사람의 인연 간에 밀접한 관계성을 띠는데, 좋은 공간과 좋은 시간에 좋은 인연을 만나면 최적의 결과를 가져다주므로 항상 삼박자가 맞추어 잘 움직일 수 있도록 해야 한다. 목화 기운이 없다는 것은 양의 기운이 부족하다는 것을 인지해야 한다.

넷째, 사람의 인연(因緣)이다. 내 기운이 부족한 것을 채워 줄 수 있는 사람을 찾아야 한다. 특히 청목현수(靑木玄水)라 하여 목(木), 화(火) 기운은 내 명(命)과 건강에 밀접한 관계가 있으므로 건강하지 않다면 목, 화 기운을 가진 사람을 만나야 한다. 부모, 배우자, 자녀, 스승, 친구, 동업자 등 모두 해당된다. 아이들이 같이 노는 모습을 보면 대부분 비슷한 기운끼리 모여 친구를 이루는 경우를 확인한다. 살아가면서 서로 도움을 줄 수 있는 이웃을 만나기 바란다.

다섯째, 시간인연이다. 내 기운이 도는 시간에 일을 해야 극대화할 수 있다. 부지런히 일만 한다고 해서 능률이 오르지 않는다는 것은 누구나 아는 사실이다. 내 기운이 도는 시간에 일을 해야 극대화할 수 있으므로 내가 일할 시간을 정하고 집중을 해야 능률이 오른다. 또한 사람을 만날 때에나 어떤 계약을 할 때도 내 기운이 가장 왕성한 시간을 알고 준비하는 습관을 가져야 한다.

여섯째, 성명 보완이다. 내가 가지고 있는 음양오행의 기운을 조절하여 좋은 기운을 불러오기도 하고 사기(死氣)를 내보내기도 하는 방법이다. 사주가 우리에게 미치는 영향력이 25%라면 이름은 6.25% 정도의 영향력이 작용하니 절대 무시하면 안 된다. 그러나 개명 시에는 여러 요인을 살펴보고 신중을 기할 필요가 있다.

일곱째, 생활 에너지 보완이다. 가장 대중적인 것이고 요즘 모든 방송이 이곳에만 편중되어 있는 바로 음식과 섭생 부문이다. 스트레스를 잠재우는 운동과 보조식품, 잠자리를 편하게 하는 침구류, 생활을 편하게 해 주는 의류와 같은 잡화 등이 여기에 속한다. 특히 약과 건강보조식품은 생활에 건강과 활력을 주기 위한 손쉬운 방법 중 하나이다.

여덟째, 가장 힘들다는 자식농사이다. 두 사람의 에너지로 만들어 낸 농사로 배우자와 나의 연결고리이자 가장 가까운데서 에너지를 주고받는 관계이므로 부족한 기운이 있을 경우 자식을 통해 힘을 얻을 수 있는 존재이다. 그래서 자식을 좋지 않은 날에 출생되지 않도록 입태일(入胎日: 합방)을 중시하는 것이다. 시간인연에 따라 음기가 서리지 않는 양명한 날을 잘 선택하는 것이다.

내가 취할 수 있는 운명적 보완방법이 있는가? 자기 생각을 바꾸는 것이 가장 손쉬운 방법이지만 기존의 생각에만 머물러 있다면 위 여덟 가지 방법 중 그 어떤 것도 취하지를 못할 것이다. 분명한 것은 내 주변에 부자로 살며 명예와 건강을 모두 가진 사람이 있다면 상기에 제시된 여덟 가지 방법을 모두 취하고 있는 사람으로 보아야 한다. 이제 그 여덟 가지 방법을 알게 되었으므로 풍수역학을 활용하여 실행으로 옮긴다면 뜻한 바를 이룰 수 있을 것이다.

10. 인연관계

모든 사물은 인(因)이 없으면 연(緣)만으로 결과가 있을 수 없고, 인(因)이 있다 하여도 연(緣)을 만나지 못하면 이 역시 결과가 없다. 인과 연은 서로 연줄이 되어 결과를 만들고 그 인연에 의하여 생멸을 한다. 그래서 좋은 결실을 가져오려면 인도 좋아야 하고 연 또한 좋아야 하는 것이다. 그래서 사람이 행복하게 살려면 음양과 오행이 서로 상생을 하고 서로 잘 어울리는 상생상화(相生相和)의 좋은 인연을 만나야 하는 것이다.

우리가 살아가고 있는 지구는 소멸 진행 과정에 있다. 누군가 태어날 때도 75%의 생성 에너지와 25%의 소멸 에너지가 함께 작용하며 죽을 때에도 25%의 생성 에너지와 75%의 소멸 에너지가 공존하여 작용을 한다. 그래서 죽음은 멸이지만 재창조를 위한 기운을 담고 있는 것이다. 그러기에 모든 인간사는 인연관계를 살피는 것이며, 그 방법론에 있어 사주를 보고 공간인연, 시간인연, 사람의 인연을 뒤적이는 것이다. 운명과 달리 움직이지 않는 숙명(宿命)은 어쩔 수 없다지만 움직임이 가능한 운명만이라도 개선하기 위하여 좋은 인연을 만들려는 것이다.

인간창조의 요소 인자들 중에는 운명적으로 바꿀 수 있는 것과 숙명적으로 바꿀 수 없는 것들이 있으니 생각해 보는 시간을 갖도록 하겠다.

첫째, 종성 인자이다. 가계의 혈통에 의해 만들어진 종성 인자는 숙명일까? 운명일까?

결론부터 말하자면 나의 대(代)에서는 바꿀 수 없는 숙명이다. 다만 영혼과 에너지 인자(因子) 개선에 따라 시간이 흐르면 개선의 여지가 있다. 4~5대에 걸쳐 개선이 이뤄지면 자율의지에 따라 좋은 시공간에 후손이 태어나는 결과를 낳는 인연을 가져다준다.

둘째, 나의 영혼 인자이다. 영혼은 과학의 범위에서는 판단할 수 없는 존재이지만 정신과 구별되는 일종의 생명의 원리를 지니고 있다. 인간이 죽어서도 나의 실체를 존속시킬 수 있는 능력을 가진 기운으로 그래서 우리는 각자의 종교를 믿는 것이다. 영혼 인자는 개인의 수련 등을 통해 운명적으로 바꿀 수 있는 인연 인자이다.

셋째 시공간 인자이다. 시간과 공간적 특성이 합하여 존재 특성을 만들어 낸다. 우리가 여행하고자 하는 사주가 여기에 속하며, 운명이 아닌 숙명적 요소에 지배받고 있기 때문에 다른 인자의 도움 없이는 나만의 노력으로 절대 바꿀 수 없다.

넷째, 나와 연관된 자연의 에너지 인자이다. 에너지 순화과정을 통해 바꿀 수 있으며, 이를 다루는 대표적 학문이 풍수지리학이다. 자연환경 에너지를 얻기 위해 집터와 같은 좋은 공간에서의 생활, 조상 에너지를 동조시키는 조상묘 선정, 사람 인연관계에 의한 상생상화의 좋은 결과를 가져올 수 있다.

나 자신의 운명을 다루고 개선하기 위해 시공간 인자인 사주를 본다지만, 타고난 운명 자체가 숙명적 특성이 강하기 때문에 이를 바꾸고자 한다면 인간창조 요소 중 영혼 인자와 자연 에너지 인자를 활용하여 종성 인자를 개선하고 시공간 인자를 운명적 요소로 활용할 수 있어야 한다. 그래서 우리는 풍수역학을 통해 과거, 현재, 미래를 내다봄과 동시에 공간, 사람, 시간의 인연관계를 살필 줄 알아야 하는 것이다. 즉, 자신의 운명을 바꾼다는 것은 인간창조의 모든 요소를 잘 다룰 줄 알아야 가능한 것이다.

11. 풍수와 사주의 역학관계

천체는 태양을 비롯한 행성과 위성들 외에 수많은 구성요소들이 균형안정을 취하고 있다. 그중 인간이 살고 있는 지구는 태양계에 속해 있으며, 그 태양계는 우리 은하계에 속해 있다. 그 안에 있는 모든 상(相)의 물체들은 세력과 균형의지를 갖고 종적 안정과 횡적 안정을 이루고 있다.

세력에 해당하는 종적 안정은 종자의 힘으로 나타난다. 그 예로 성씨를 보면 많고 적음을 통해 세력을 볼 수 있다. 그 대표적인 세력의 성씨가 김해김, 밀양박, 전주이, 경주김, 경주이, 경주최, 진주김, 광산김, 파평윤, 청주한, 안동권, 인동장, 김녕김, 평산신 씨 순이 되는 것이다.

균형의지에 해당하는 횡적 안정은 남녀 간의 균형, 부모자식 간의 균형, 재물과 명예의 균형, 건강과 영적 균형과 같은 상대적 균형의지가 곧 안정의지가 된다. 즉, 종적과 횡적 구조를 모두 갖추어야 사회적 구조가 유지되어 원만한 가정과 사회가 형성되는 것이며 행복한 삶을 영위할 수 있는 것이다.

풍수는 단순히 명당의 좋고 나쁨만을 찾는 것이 아니라 모든 상의 세력과 균형의지를 보는 학문이다. 그래서 풍수의 개념에서 대칭관계는 명리에서 말하는 서로 찌르거나 때리는 충(衝 혹은 冲)의 개념이 아니라 상대 에너지이자 균형 에너지로 보는 발전적인 에너지가 되는 것이다. 그러나 대칭관계가 대립관계로 대치하여 돌아설 때는 상대되는 세력에 의해 균형이 무너지는 충(衝 혹은 沖)의 관계가 되는 것이다. 이러한 풍수의 원리를 이해하고 습득하는 과정에서 사주원리는 자동적으로 득도하게 되는 것이며, 명리를 이해함에 있어서도 명리에서의 충(沖)도 생으로 볼 수 있는 원리를 깨쳐야 풍수원리와 결부하여 사주를 입체적으로 볼 수 있는 능력을 키울 수 있다.

그럼 풍수역학은 근본적으로 무엇을 보려고 하는 것일까?

첫째, 그 사람의 중심을 보는 것이다. 풍수는 현무, 주작, 청룡, 백호가 잘 형성하여 감싸고 있어야 그 중심에 혈장이 생겨 좋은 터가 되듯이 사람도 그가 가진 기운들이 조화롭게 이뤄지면 인자하고(仁), 의로우며(義), 예의 바르고(禮), 지혜를 겸비하여(知) 올바른 신념(信)이 잘 갖춰지게 되는 것이다.

둘째, 종적과 횡적의 균형을 보는 것이다. 풍수에서 현무와 주작의 대칭, 청룡과 백호의 대칭이 균형을 이루는지 확인하듯 사주도 상하좌우의 기운이 균형을 이뤄야 한다. 즉, 종적인 균형에 의해 지(知)와 예(禮)가 올바른지 보는 것이며, 횡적의 균형은 인(仁)과 의(義)의 관계를 보는 것이다.

12. 풍수역과 조상묘의 관계

사주는 좋은데 조상묘는 좋지 않은 묘가 있을까? 해당 태아가 태어난 시점에서 본다면 결론적으로 그런 사주도 그런 조상묘도 없다. 사주가 좋으면 조상묘도 좋고 조상묘가 좋지 않으면 사주도 좋지 않다.

단지 예외처럼 느껴질 뿐이다. 만약 사주에 천간(天干)에만 합이 있는 경우를 따져 보자.

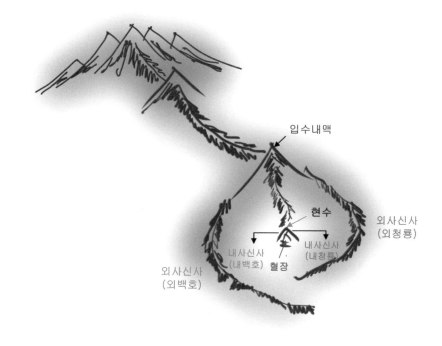

내, 외사신사 구조

먼 조상의 산소만 좋은 경우이거나 조상묘의 터는 좋으나 혈장을 제대로 못 잡은 경우에 나타나는 경우이다. 조상묘와 사주의 관계를 살펴보면 다음과 같은 관계성을 갖는다. 조상묘의 혈장 특성이 강하면 사주의 일주에도 표출되어 드러난다. 일주는 사주에서 가장 중심이 되는 나에 해당하는 부분이다.

풍수역 사주에서 연주(年柱)는 외사신사(外四神砂: 외청룡, 외백호)와 입수내맥(入首來脉), 현수(玄水: 현무) 에너지와 연관이 된다. 생소한 용어들이라 이를 풀어서 설명하자면 조상 묘 터에서 조금은 떨어져 있지만 영향력을 미치는 주변의 산과 묘 터로 직접 이어지는 뒷산의 산맥의 에너지 중 가장 두드러진 기운이 태어난 해로 표출되어 결정된다고 보면 된다.

풍수역의 월주(月柱)는 내사신사(內四神砂: 현무, 주작, 내청룡, 내백호)의 에너지에 의해 결정된다. 즉, 조상묘를 직접적으로 감싸고 있는 주변 산세에 의해 결정되는 것이다.

풍수역의 일주(日柱)는 조상묘의 혈장 중심의 기운에 의해 결정된다. 즉, 조상묘 중심 터로 조상이 누워 있는 자리의 혈장(穴場: 혈터) 기운이다.

풍수역의 시주(時柱)는 조상묘 중심인 혈장(穴場: 혈터) 주변의 터 기운이 내 사주의 시주 기운에 들어가 앉게 된다. 주변 터 기운이 잘 발달되어 있으면 시주(時柱)가 양의 기운으로 표출되는 특성이 있다.

내 후손이 잘되길 바란다면 조상묘를 잘 써야 하는 이유를 위의 글에서 찾아보기 바란다.

13. 풍수역과 집터의 영향력

사람의 운명을 바꿀 수 있는 인연은 크게 세 가지로 나눌 수 있다. 공간인연, 시간인연, 사람의 인연이다. 그중 집터와 관련된 것이 공간인연으로 풍수와 직접적 연관성을 띠며, 한번 결정지으면 손쉽게 바꾸기 어려운 인연이다.

풍수는 땅의 사주나 관상을 보는 것과 같아 땅의 흐름인 산맥(용맥) 그 자체를 파악하여 해당 터가 어떤 기운을 지니고 있는지를 확인하는 것이다. 용맥은 좌우방향의 굴곡과 상하 방향의 기복을 통해 변화의 움직임을 보이는데 이를 통하여 산의 크기와 높낮이, 산맥의 길고 짧음 등의 역량을 판단하여 그 기운이 머물러 안정된 곳을 혈터(혈장)라 하며, 이곳이 바로 좋은 집터나 묘터가 되는 것이다. 그래서 집터의 운명을 볼 때는 풍수를 통해 사신사(四神砂)인 현무(玄武), 주작(朱雀), 청룡(青龍), 백호(白虎)를 보는 것이다. 집터를 보는 방법으로는 주변의 산이나 언덕, 물의 흐름을 보고 사신사의 형세를 판단하게 되며, 이를 통하여 내룡맥세(來龍脈勢), 국세(局勢), 풍수세(風水勢), 혈장세(穴場勢) 등의 입지를 분석하게 된다.

풀어서 설명하자면, 풍수의 원리에 의해 집터를 잡을 때는 좌, 우 청백이 대립되어 다투는 모습을 하는 것보다 백호의 어깨이자 우측 상단 부분에 해당하는 술(戌) 기운이 균형을 이뤄 발달되어 있어야 한다. 반면 청룡은 좌측 하단 부분인 손목 위치의 진(辰) 기운이 잘 발달되어 있어야 한다. 만약 백호의 팔꿈치 이하인 우측 하단부에 해당하는 신(申)만 튼실하게 발달되어 있으면 힘만 주고 있는 모양새가 되어 청백 좌우의 균형이 바로 서지 못하게 된다. 그러므로 백호 어깨에 해당하는 술(戌)의 위치가 같이 발달되어 있는지를 보고 집터로 잡아야 한다. 반면 청룡 어깨 부분에 해당하는 인(寅)만 발달되어 있으면 한쪽이 상대적으로 들리게 되어 그 고집이 세고 폼만 강하게 작용하여 그 터에 살고 있는 사람들까지도 동일한 성향을 띠게 된다. 그래서 백호의 어깨인 술(戌) 기운이 균형을 잡도록 수습을 해 주어야 하는 것이다. 청룡은 그 기운 자체가 추진력이기 때문에 그 힘 그대로 뻗어 버리면 터를 감싸지 못하고 그대로 이탈되기 때문이다. 백호 또한 그 끝이 너무 강하면 들었다 놓기 때문에 해당 기운이 넘쳐 균형을 잃게 되거나 과유불급의 상태가 되는 것이다.

반면 집터의 상하에 해당하는 자(子), 오(午) 대칭이 잘되면 혈터(혈장)에 에너지 공급이 잘되어 좋은 터라 할 수 있다. 명리에서는 子, 午 대칭을 좋지 않게 해석하고 있으나 풍수역에서 좋게 보는 이유는 이러한 이론 특성에 기인한 것이므로 해당 이론이 뜻하는 바를 명확히 이해해야 오해가 생기지 않는다. 입혈맥은 주작(안산)에 의해 에너지장(場)이 형성되지 않으면 혈터(혈장)가 생성되지 않아 불명당이 된다. 이런 연유로 나와 자손의 신체에 영향이 미치면 기(氣)가 막히고 비장과 위장에도 문제가 발생하는 것이다. 비장과 위에 문제가 생긴 것은 이미 혈류(심장)에 문제가 생겼다는 것을 의미한다. 이는 음양오행의 화(火)가 토(土)를 생(生)하기 때문에 심장인 화(火)의 기운에 문제가 생기면 위장에 해당하는 토(土)의 기운을 생하지 못하여 생기는 이치에 기인한 것이다. 마찬가지로 좌, 우의 청룡과 백호의 대칭도 상호 동조를 이루어야 에너지 형성이 잘 이뤄질 수 있다.

그 외에 사신사에도 오행뿐만 아니라 음양이 작용하는데, 양 중에 음양이 있고 음 중에 음양이 들어 있어 서로 동조를 이루지 못한 대칭이나 그보다 더 큰 피해인 형, 충, 파, 해를 일으키면 혈(터) 본질에 문제가 발생하여 양은 양의 발동을 하고 음은 음의 발동만을 하여 질병을 발생시키는 것이다. 질병은 담, 폐, 방광, 심장병이 더 많으나 반응은 콩팥, 소장, 간, 대장에 이상 증상이 먼저 나타나므로 해당 질병의 원인을 잘 파악해야 한다.

이와 같이 풍수에 의해 직접적인 인연의 영향력을 받기 때문에 내 사주에 부족한 기운이 있다면 그 기운을 얻을 수 있는 집터로 들어가서 살아야 한다. 이는 사주에서 보여 주는 모든 생사, 건강, 부, 명예, 성공 등에도 동일하게 영향력을 미치기 때문이다. 그래서 사주의 상위 단계인 풍수를 알면 사주와 관상의 이치를 자연적으로 득도하게 되는 것이다.

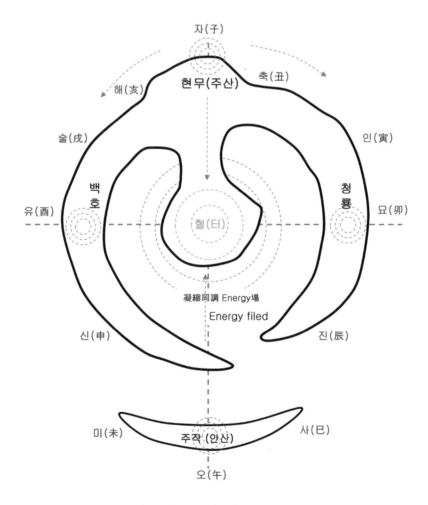

사신사(四神砂)와 지지(地支) 에너지의 관계도

14. 인간의 생멸 과정과 풍수역의 활용법

생기(生氣) 에너지는 생기, 생성, 생주의 리듬을 가지고 있다. 또한 서로 짝을 이루고자 하는 기운들이 모여서 집합을 하려는 동조(同調)현상이 나타난다. 이 과정에서 음양합, 삼합, 반합을 형성하면서 천체기(天體氣)와 지기(地氣) 간에 합을 이루게 된다. 이는 지기(地氣)가 생(生)을 이루는 과정이며 지구상에 있는 모든 인간 및 생명체 또한 같은 리듬을 지니고 살아가게 된다. 이를 유지하기 위한 인간 생명활동은 인간창조의 네 가지 요소인 종성 인자(25%), 시공간 인자(25%), 영혼 인자(25%), 에너지 인자(25%)에 의해 결정된다.

앞선 다른 장에서도 설명하였듯이 종성 인자는 숙명적인 것으로 나 스스로의 의지로 바꿀 수 있는 것이 아니다. 인간의 핵 속에는 영혼이라는 본성이 있는데 4~5대 후손에 걸쳐 꾸준하게 영혼적 에너지 인자를 개선시켜 자율의지에 따라 좋은 시공간(생년월일시)에 후손이 태어나도록 하는 인자이다.

시공간 인자 또한 시간과 공간적 특성으로 숙명적 요소를 지니고 있다. 내가 가지고 태어난 생년월일시와 주변의 공간 환경 특성이다. 나의 노력으로 바꿀 수 있는 인자는 아니며 나의 존재적 특성을 인식하는 거울과 같은 존재이다.

영혼 인자는 인간의 핵 속에 있는 본성으로 마음가짐, 정신상태, 행위, 습관, 인격을 지니고 있으며 스스로 다스릴 수 있는 운명적 요소이다.

에너지 인자는 풍수이론에서도 절대적인 것으로 인간창조의 순화를 일으키는 주요 요소이다. 조상 에너지와 자연환경 에너지를 뜻하며, 이는 인간 생명의 동조장으로 작용하는 운명적 인자이다. 풍수에서의 음택과 양택이 이에 해당하며, 살아가면서 활용 가능한 시공간(장소)과 사람의 인연관계를 통해서도 변화를 가져올 수 있다. 여기서의 시공간 개념은 숙명적으로 결정되어 타고난 사주의 시공간 인자와는 다른 개념이니 착오 없기 바란다.

이후 죽어서는 이산, 괴멸, 환원의 리듬을 가지면서 이산(간섭현상)에 의해 소멸 과정을 갖게 된다. 그러나 환원 에너지장인 음의 특성으로 생명 에너지를 동조 흡수하여 정신적, 육체적으로 자손에게 생명활동력이 개선, 상승하도록 작용한다. 사주는 이러한 인간 각자

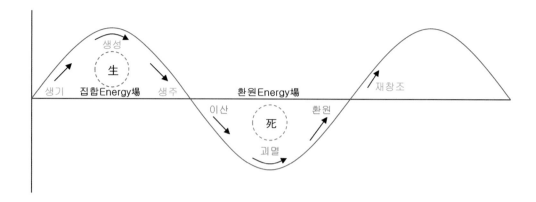

생멸 리듬 사이클

에게 주어진 생명활동이 어떠한지를 확인하는 체계이다. 천체(태양) 에너지장과 달 에너지장이 지구와 상호 동조과정에서 태어난 인간의 시공간 에너지장을 분석하여 과거, 현재, 미래를 유추할 수 있으며, 동시에 인간 생명활동과 관련된 인자(因子)들 간에 동조 혹은 간섭하고 있는가를 분석할 수도 있다.

간섭현상은 생기 에너지가 서로 짝을 이루지 못하고 한쪽에 방해가 되는 현상이다. 만약 간섭현상이 발생하면 동조회로를 형성하지 못하고 서로 간섭이 일어남으로써 생명체의 세포 에너지에 타격을 주게 되어 순(順)에너지 물질원소는 약화되고 역(逆)에너지 물질원소인 병원체(病原體)는 오히려 동조 작용을 얻게 되어 정신과 육체 건강에 영향을 미치게 되는 것이다. 이는 자손들에게까지 영향을 미쳐 선천성 질환이 발생하기도 하는 것이다.

숙명적인 것은 인간의 힘으로는 절대 움직일 수 없는 것이지만, 운명은 움직일 수 있는 것이기에 나의 노력으로 변화할 수 있는 영혼 인자와 자연을 이용한 에너지 인자를 깨우쳐 종성 인자를 개선하고 시공간 인자를 운명적 요소로 활용할 수 있도록 풍수역을 활용하기 바란다.

15. 풍수역의 사주관법(四柱觀法)

　사주를 볼 때 종이 한 장에 연월일시에 해당하는 육십갑자를 찾아 네 개의 기둥을 세워 사주풀이에 들어가지만 머릿속에는 전후, 좌우, 상하의 삼차원적인 입체모양으로 생성시켜 그 모양을 돌려가며 구조를 살피는 과정을 해야 한다.

　사주에서 균형안정이라 함은 원만함을 뜻하는 것이다. 완벽한 사주는 없기 때문에 한 사람의 사주를 공 모양으로 표현하였을 때 어느 부분이 찌그러져 있고 형, 충, 파, 해살로 어느 부분에 바람구멍이 나 있는지를 보기도 하며, 회충(回沖: 회돌이)이나 공망(空亡)에 의해 어느 부분이 닳아 찢어져 있는지를 확인하여 구멍 난 부분은 막아 주고 수선이 필요하면 수리할 수 있는 방법을 제시해 주는 것이 풍수역의 역할이다. 반면 삼합에 해당하는 구조합이 들어 있으면 세 개의 면이 60°의 각을 이루며 정삼각형을 형성하지만 삼차원 구조로 바꿔 놓으면 원형에 가까운 공 모양의 형체로 볼 수 있다. 이유인 즉, 해당 에너지에 대한 에너지장이 형성되어 원만함을 이루고 있기 때문이며, 같은 원형이라도 전후, 좌우, 상하의 위치에 따라 그 특성을 달리 볼 수 있다. 또한 천간과 지지의 상관관계를 볼 때는 천간에 해당하는 천체(天體)의 거리(공간)가 지지(地支)에 비해 상대적으로 넓기 때문에 이를 유의해서 천체에서 지구를 바라보듯이 상하의 개념으로 보아야 한다. 실제 명리는 천간의 합에는 삼합 자체가 없지만 천체의 거리를 감안한다면 천간이 삼합이 되어야 영향력이 작용할 수 있기 때문에 풍수역에서는 이러한 공간적 개념을 반영하여 사주를 보는 것이다. 즉, 음양합이 아닌 삼합에 있어 지지는 반합도 합이 되지만 천간은 삼합이 되어야지만 합이 된다. 천체는 거리(공간)가 넓기 때문에 삼합이 되어야 영향력이 작용한다고 보는 것이다. 그래서 천간의 음양합 외 천간 삼합(구조합)의 개념도 머릿속에 가지고 사주를 풀어야 하는 것이다.

천간합(天干合)					
천간합	**갑기(甲己)**	**을경(乙庚)**	**병신(丙辛)**	**정임(丁壬)**	**무계(戊癸)**
간합 오행	토(土)	금(金)	수(水)	목(木)	화(火)
천간삼합(天干三合) 개념					
천간삼합	甲丙戊, 甲丁戊, 戊庚壬, 戊癸庚, 壬乙己未, 癸乙己未, 丙辛己丑, 丙庚己丑				

즉, 사주를 볼 때는 단순히 종잇장에 써놓고 보는 것이 아님을 인지해야 할 것이다. 풍수역학을 연마할 때에는 머릿속에 풍수이론을 삼차원 구조로 그리고 살펴보는 연습을 끊임없이 해야 함을 잊어서는 안 된다.

※ 참고

천간(天干):

하늘의 기운을 10개로 구분한 것

갑(甲)·을(乙)·병(丙)·정(丁)·무(戊)·기(己)·경(庚)·신(辛)·임(壬)·계(癸)

지지(地支):

땅의 기운을 12개로 구분한 것

자(子)·축(丑)·인(寅)·묘(卯)·진(辰)·사(巳)·오(午)·미(未)·신(申)·유(酉)·술(戌)·해(亥)

육십갑자(六十甲子):

하늘과 땅의 기운이 양은 양, 음은 음끼리 순차적으로 만나 60개의 간지(干支)로 결합한 것으로 수레바퀴가 돌 듯 순환 반복적 윤회(輪廻)를 한다.

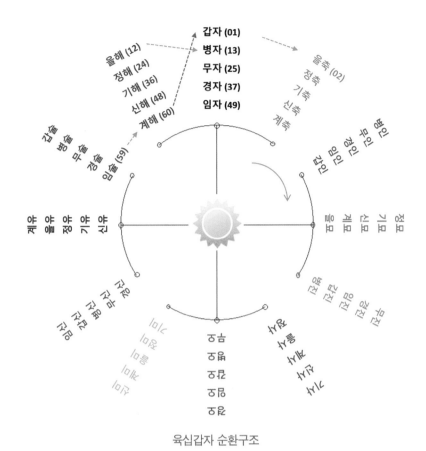

육십갑자 순환구조

16. 사주 속 혼돈의 불균형

   혼돈의 불균형을 불러오는 형(形), 충(沖), 파(破), 해(害), 원진(元嗔)에 해당하는 살(殺)들은 경로를 예측하기 힘든 태풍처럼 나를 힘들게 하기도 하지만 남에게 해를 가하기도 한다. 내 사주에 해당 기운을 가지고 있다면 어떻게 작용하는지를 파악하여 나 스스로를 다스릴 줄 알아야 한다. 자살자가 목숨을 스스로 끊으려 할 때 가족의 의지와 상관없이 동반자살을 시도하는 이들도 여기에 포함된다.

   사주에서 형, 충, 파, 해, 원진살은 천간과 지지에 나타나는 간섭 작용을 말한다. 그 상관성은 천간과 천간, 지지와 지지, 천간과 지지 모두 해당되는데 특히 지지와 지지 간의 관계에서 그 피해가 크다. 피해의 강도는 충 〉파 〉형 〉해 〉원진 순이다. 그러나 그 피해가 오래 지속될 경우에는 충 〉형 〉파 〉해 〉원진 순이 되어 파살(破殺)보다 형살(刑殺)의 고통이 더 커지게 된다.

피해 강도:	충(沖)	파(破)	형(形)	해(害)	원진(元嗔)
지속 강도:	충(沖)	형(形)	파(破)	해(害)	원진(元嗔)

풍수 및 사주에서 요구되는 안정각은 θ = ∠60°이다. 풍수에서 산이 움직일 때는 θ = ∠30° 각으로 움직이지만, 산맥(용맥) 흐름이 안정되면 60°의 안정각을 유지하듯이 사주에서 삼합을 이루는 각 또한 60°로 형성된다. 그래서 신자진(申子辰), 인오술(寅午戌), 해묘미(亥卯未), 사유축(巳酉丑) 삼합을 이루는 것이다. 반면 불배합을 이룰 경우 발생될 수 있는 것이 혼돈의 불균형을 초래하는 것이다.

충(沖)살은 스스로 때리거나 충돌한다 하여 자충(自沖)이라 불리기도 하며, 일시적 한방에 무너지는 기운으로 육체적 충격과 정신적 붕괴가 상당히 크다. 자충은 두 개의 기운이 부딪히는 θ = ∠180°에 해당하여 반대편으로 이동하는 기운이다. 권투선수가 주먹을 맞고 쓰러져 한순간 정신을 놓고 있는 상태라 보면 된다. 그래서 충살 뒤에는 반드시 회생 인자가 있어야 다시 일어설 수 있다. 충살의 강도는 자오(子午) 〉묘유(卯酉) 〉사해(巳亥) 〉인신(寅申) 〉진술(辰戌) 〉축미(丑未) 순이다. 만약 막강한 회충(回沖) 또는 회돌이에 의해 연타로 맞는 기운이라면 육체적, 정신적 충격은 KO패 당하여 회복이 느릴 수밖에 없기 때문에 회복할 수 있는 회생 인자가 더욱 절실해진다. 완전한 멘탈 붕괴 상태이므로 본인도 모르게 남을 배신하거나 상대의 기대에 어긋날 수 있으니 서로 조심해야 한다. 다만 네 개의 기둥 중 세 개가 회충이 되면 클리어해져 남은 하나의 기운이 지속성을 띨 수 있다. 다만 이럴 때는 고독이 수반됨으로 숙명으로 감수해야 한다.

충살 강도:	자오(子午)	묘유(卯酉)	사해(巳亥)	인신(寅申)	진술(辰戌)	축미(丑未)

해(害)살은 정정당당하지 못한 살이다. $\theta = \angle 30°$의 삐딱한 각도에서 흘겨보거나 성가실 정도로 치근덕거리고 괴롭히는 기운이다. 때론 약을 올리거나 화를 돋우는 행위를 말한다. 사주에 해살이 들어 있으면 이런 것들이 주위에서 괴롭히니 그냥 그러려니 해야지 맞설 필요가 없다. 어차피 계속 들어오는 기운인데 거기에 대적하여 싸우다 보면 본인 정신상태만 피폐해져 버리기 일쑤이다. X이 무서워서 피하는 게 아님을 알아야 한다. 해살은 자미(子未), 축오(丑午), 인사(寅巳), 묘진(卯辰), 신해(申亥), 유술(酉戌)이 있으며, 특히 자미(子未)와 축오(丑午)는 원진수와 겹치므로 상대가 더 얄밉게 보일 것이며, 인사(寅巳)는 형살과도 맞물리니 더더욱 조심을 해야 한다. 괴롭힘의 보복으로 상대에게 상해를 입힐 수도 있으니 억울해도 참는 훈련이 필요하다. 업에 의해 내 기운에 들어 있는 것이다 생각하고 스스로 참는 노력으로 업장소멸을 해야 한다. 해살의 강도는 인사(寅巳) 〉묘진(卯辰) 〉신해(申亥) 〉자미(子未) 〉축오(丑午) 〉유술(酉戌) 순이다.

해살 강도:	인사(寅巳)	묘진(卯辰)	신해(申亥)	자미(子未)	축오(丑午)	유술(酉戌)

형(形)살은 해살에 비해 정신적 고통이 더 크며 위험한 둔기로 맞아 신체에 상처가 나는 고통을 수반하기도 한다. 더욱이 억울한 일을 당할 수도 있는 고약스런 기운으로 $\theta = \angle 90°$ 혹은 $\theta = \angle 270°$ 각도에서 형성되는 불배합 기운이다. 형살은 인사(寅巳), 술미(戌未), 축술(丑戌), 자묘(子卯), 인신(寅申), 축미(丑未)가 만나면 형성되며 그중 인사는 해살을 동반하고 술미(戌未)는 파살을 동반한다. 특히 형살 중 인사신(寅巳申)이나 축술미(丑戌未) 삼형살(三形殺)을 이루면 그 강도가 막강해져 엄청난 피해를 가져다주게 된다.

만약 삼형살이 사주에 박혀 있으면 그 기운으로 남을 해치기도 하며, 때론 정신 나간 행동을 하거나 흉폭한 행동을 하기도 한다. 끊임없는 형살이, 재판, 시비, 싸움에 휘말리니 항상 남과 부딪히는 일을 피하여 원수를 만들지 말아야 한다. 寅巳申은 불이 금을 극하고 금이 목을 극하는 사주라 남과 부딪히는 일이 많으며, 축술미는 토(土)가 태과하여 발생한 거라 내 몸 자체에 지병이 발생시키는 사주이다. 내 자신에 대한 형(形)과 내 스스로 발생하는 살(殺) 기운으로 신체적 부자유자가 많음을 유의해야 하는 인자이다.

형살 강도: 인사신 축술미 인사(寅巳) 술미(戌未) 자묘(子卯) 인신(寅申) 축미(丑未)

파(破)살은 한 번에 깨지는 기운으로 해살이나 형살에 비해 육체적 고통이 더 크게 작용한다. 어떤 기운이든 지속되지 않고 바로 깨지는 것으로 멀쩡한 직장을 갑자기 그만두어 재물이나 가정이 한순간에 깨지는 형상이다. 물론 재해나 사고도 여기에 포함된다. 파살 또한 $\theta = \angle 90°$ 혹은 $\theta = \angle 270°$ 각도에서 나타나는데 신체적 고난과 정신적 고통이 동반되거나 순차적으로 오는 경우도 있다.

파살은 진축(辰丑), 술미(戌未), 자유(子酉), 오묘(午卯), 사신(巳申), 인해(寅亥)가 만나면 형성되며, 그중 술미(戌未)는 형(形)을 동반하며, 신사(申巳)와 인해(寅亥)는 음양합(合)을 같이 동반하게 된다. 파살은 순간에 무너지는 기운으로 그 강도는 모두가 강하며, 어떤 형태로든 합(삼합, 반합, 음양합)을 이뤄 다시 일어설 수 있는 선흉후길(先凶後吉: 처음엔 나쁘게 작용하였으나 좋은 방향으로 돌아서는 기운)을 만드는 것이 중요하다.

원진(元嗔: 이별수)은 남을 시기하거나, 원망, 질투로 인해 발생하는 내면의 갈등 인자이다. 그래서 이유 없이 미워하는 마음이 자주 생겨난다면 내 사주에 원진이 들어 있는지 확인해 보아야 한다. 원진은 $\theta = \angle 150°$ 각도에서 형성되는 불배합 기운이다. 자미(子未)와 축오(丑午)는 해살 기운을 동반하는데 해살 기운에 의해 원진의 기운이 약해지기도 한다. 원진의 강도는 진해(辰亥) 〉 인유(寅酉) 〉 묘신(卯申) 〉 자미(子未) 〉 축오(丑午) 〉 사술(巳戌) 순이다. 원진의 기운을 스스로 깨고자 한다면 주는 마음으로 승화시켜야 한다. 미워하는 마음은 뺏으려는 욕심에서 비롯됨을 잊어서는 안 될 것이다.

　내가 가지고 있는 혼돈의 불균형을 확인하였다면 남에게 피해가 가지 않도록 나 스스로를 다스리도록 해야 하며, 나 역시 타인으로부터 피해를 입지 않으려면 처음부터 나쁜 연(緣)을 만들지 않도록 하여 항상 원만한 관계를 유지할 수 있도록 해야 한다. 결혼을 하거나 누군가 동업할 계획이 있다면 상대의 기운이 나에게 어떻게 미치고 내 기운 또한 상대에게 도움을 줄 수 있는지를 꼭 확인해 본 다음 결정해야 할 것이다.

합과 형충파해살 표

	子	丑	寅	卯	辰	巳	午	未	申	酉	戌	亥
子		합		형	삼합		충	해	삼합	파		
丑	합				파	삼합	해	충/형		삼합	형	
寅						형/해	삼합		충/형		삼합	합/파
卯	형				해		파	삼합		충	합	삼합
辰	삼합	파		해	자형				삼합	합	충	
巳		삼합	형/해						합/파	삼합		충
午	해	해	삼합	파			자형	합		삼합		
未	해	충/형		삼합			합			파/형		삼합
申	삼합		충/형		삼합	합/파						해
酉	파	삼합		충	합	삼합				자형	해	
戌		형	삼합	합	충		삼합	파/형		해		
亥			합/파	삼합		충		삼합	해			자형

17. 음양오행과 체질 특성

음양오행의 천간(天干)과 지지(地支)가 지니고 있는 성질과 특성 및 작용력을 알고 나 자신에게 영향을 미치는 천기(天氣)와 지기(地氣) 내에 어떤 기운이 강하고 어떤 기운이 약한지를 판단한다면 나의 타고난 오장육부의 허증과 실증을 파악하여 나의 체질을 분석하는 데 도움이 될 것이다.

1) 목(木)의 체질 특성

목의 기운은 인체에 눈과 힘줄이 되고 간, 담을 주관한다. 그러므로 목기가 강하면 간, 담이 크고 실해 눈이 맑고 힘이 좋으며, 피부가 창백해 보이고 바람의 기운으로 인하여 마음이 안정되지 못하여 들뜨기가 쉽다. 또한 목기가 실증이면 어진 본성이 폭력적이고 쉽게 분노하는 속성으로 나타난다. 목은 위아래로 뻗어나가기만 하는 성질이 있어 욕망과 자존심이 강하고 이기적인 성격을 갖고 있다. 또한 목의 기운은 매우 용감한 기질이 있어 두려움을 모른다. 그러므로 목의 기운이 안성을 취하면 외유내강한 성품에 어진 덕을 깊게 되지만 반대로 목기가 허하면 간, 담이 작고 허약하며 마음은 착하나 매사에 우유부단하고 겁이 많고 의욕과 의지가 약하게 된다.

2) 화(火)의 체질 특성

화의 기운은 인체에 있어 몸을 따뜻하게 유지해 주고 심장과 소장을 주관한다. 화기가 강하면 심장이 크고 실해 열이 많은 체질이고 피부가 붉은색을 띤다. 성격은 항상 활달하고 급한 면을 보이는데, 화기가 실하면 불같은 성질로 물불을 가리지 않으며, 그러다가 태울 재료가 없으면 쉽게 가라앉고 의기가 소침해진다. 밝은 이면에는 항상 어두운 그림자가 따르기 마련이어서 내면에는 고독한 심성이 자리 잡고 있다. 화기가 허하면 심장과 소장이 약하고 몸이 냉하며 화의 속성인 기쁨과 슬픔의 감정변화가 자주 일어나게 된다.

3) 토(土)의 체질 특성

토의 기운은 인체에 있어 비장과 위장을 주관한다. 그러므로 토기가 강하면 비위가 크고 심하면 비만해지고 피부가 누런빛을 띄게 된다. 흙은 모든 기운을 수장하는 위치에 있어 토기가 실하여 무너지면 모든 오행에 문제가 발생하여 여러 가지 질병이 나타날 수 있다. 토의 성격은 욕심이 많으며 남에 대한 의심이 많고 만족해하지 못한 성격을 지니고 있다. 반대로 토기가 허하면 비위가 작고 허약하여 멀미를 자주하고 소화능력이 떨어진다. 그리고 항상 걱정을 많이 하게 되는 체질이다.

4) 금(金)의 체질 특성

금의 기운은 인체에 있어 폐, 대장을 주관한다. 그러므로 금기가 강하면 폐, 대장이 크고 실하며 피부는 두터우며 뼈가 튼튼하다. 금기가 실증이면 옳고 그름을 잘 따지며 폐암과 대장암에 항상 주의를 하여야 한다. 금기가 허하면 폐, 대장이 허약하고 피부는 흰 편에 속한다. 또한 마음이 여려 늙음을 의미하는 금의 속성대로 우울한 심성이 내면에 있어 이 우울증 증세가 나타날 수 있다.

5) 수(水)의 체질 특성

수의 기운은 인체에 있어 혈과 골수가 되고 신장과 방광을 주관한다. 그러므로 수기가 강하면 신장과 방광이 크고 실해 정(精)이 충만하며 두뇌가 뛰어난 대신 체질이 냉해 추위에 약하고 피부는 검은 빛에 속한다. 수기가 실증이면 지혜로운 본성이 간교해지고 두려움이 많은 속성으로 나타난다. 반대로 수기가 허증이면 신장과 방광이 작고 허약하며, 우직한 반면 기억력이 떨어지고 정력이 약해 빨리 늙고 쉽게 피로해진다.

많은 분들이 잘못알고 있는 것이 '나는 무슨 기운에 해당된다고 하던데 내 체질과 맞지 않는 것 같아! 그래서 한의학은 믿을 수가 없단 말이지!' 왜 이런 말들이 나오는 걸까?

사람의 체질은 한 가지 기운이 특정적으로 도드라질 수도 있지만 어느 하나의 오행에 귀속되지 않는 경우도 많다. 그래서 한 가지 기운으로 표출되기보다는 여러 기운이 함께 동반하는 경우가 종종 있고 하루의 시간대 내에서도 변하기도 한다. 그래서 체질이나 질병의 원인을 파악할 때는 내 오장육부의 실, 허를 정확히 파악하고 질병의 진행경과를 잘 살펴보면서 진단을 내려야 한다.

한의학의 체질분석 방법 중 가장 잘 알려진 것이 사상의학이나 팔상의학에 의한 체질분석 방법이 있는데, 4개 혹은 8개로 체질을 구분 짓고 있다. 그런데 방법론의 큰 틀을 벗어나서는 딱 맞아 떨어지지 않는 것을 확인할 수 있다. 그 이유는 체질판단 기준에 서로 겹치는 체질, 혹은 너무 허하여 여러 체질의 증상이 동시에 나타나는 사람인 경우가 그렇다. 그리고 날에 따라서도 실, 허증에 따라 체질이 달리 나타나기도 한다. 그래서 체질분석을 할 때에는 신중을 기할 필요가 있다. 만약 사상의학에 의해 체질을 감별하고자 한다면 풍수역학을 겸하여 함께 볼 필요성이 있으며, 시간대별로도 변화가 있는지 확인하는 습관을 갖도록 한다.

18. 사람의 인연

운명을 바꿀 수 있는 삼간인연(三間因緣) 중 하나가 사람 즉 인간인연이다. 사람이 행복하게 살려면 상생상화의 선연을 맺어야 한다. 인(因)이 있어 연(然)을 만나 열매인 과(果)를 맺게 하는 것이다. 인이 없으면 연만으로 과를 맺지 못하며, 인이 있다 하여도 연을 만나지 못하면 이 역시도 과를 맺지 못한다. 그리고 현재의 과(果)가 좋든 싫든 존재하고 있다면 그것은 이미 인과 연이 만났음을 의미한다. 그래서 사람을 잘 만나면 운명이 바뀌는 것이다.

좋은 사람의 연을 맺기 위해서는 그 사람이 가지고 있는 에너지장(場) 즉, 그 기운이 올바른지를 파악하고 그의 행동이나 사고방식을 보고 구조적인 합을 이루는지를 봐야 한다. 몇 번 만나도 어떤 사람인지 잘 모르겠다면 사주를 통해 구조합(삼합 혹은 반합)을 이루고 있는지를 확인해 보기 바란다. 사주에서의 구조합이란 네 개의 기둥에 해당하는 년, 월, 일, 시가 신자진(申子辰), 인오술(寅午戌), 해묘미(亥卯未), 사유축(巳酉丑)을 이루고 있는지를 보는 것이며, 최소 반합을 이루고 있어야 한다. 또한 사주에서 에너지장을 확인할 때는 그가 가지고 있는 사주 전체의 기운이 어느 한쪽으로 치우치지 않고 중심 선상에 가까운지를 보아야 한다. 그리고 음양합도 남녀 간의 문제에 있어선 중요한 구성 합이기 때문에 연인이나 부부간의 밀접한 관계를 볼 때는 꼭 확인할 사항이다. 그렇지만 남녀 간의 인연을 볼 때에도 구조합을 우선시하여 보아야 한다.

풍수역 - 구조합(삼합)과 반합 형성표

풍수역	역량	합을 이루는 구조			
구조합(삼합)	200%	신자진(申子辰)	인오술(寅午戌)	해묘미(亥卯未)	사유축(巳酉丑)
반합	150%	申子	寅午	亥卯	酉丑
	150%	子辰	午戌	卯未	巳酉
	100%	申辰	寅戌	亥未	巳丑

명리 - 구조합(삼합)과 반합 형성표

명리	역량	합을 이루는 구조			
삼합	200%	신자진(申子辰)	인오술(寅午戌)	해묘미(亥卯未)	사유축(巳酉丑)
반합	100%	申子	寅午	亥卯	酉丑
	100%	子辰	午戌	卯未	巳酉

내가 도움을 받고자 한다면 풍수역에서 자(子) 혹은 오(午) 인자를 가진 사람을 만나야 실패하지 않는다. 만약 베풀고 싶다면 인(寅), 진(辰), 신(申), 술(戌) 인자를 만나면 절대 은혜를 잊지 않는다. 만약 일주에 자(子) 혹은 오(午) 인자를 가지고 있으나 충(沖)을 이루고 있다면 그의 말을 믿는 것조차가 바보이다. 충에 의해 그 기운이 깨진 것이니 오히려 그를 보호해 줘야 할 입장이 되어야 한다. 그래서 항상 사람을 만날 때는 신중하게 인연을 갖고 원하는 과(果)를 맺을 수 있는지를 잘 판다해야 하는 것이다.

이는 부부의 연과도 마찬가지인데 풍역(風易)에서 내 일주를 중심으로 상대방의 일주(日柱)와 공망(쪼亡)이 형성되면 두 사람의 관계는 좋은 과(果)의 결실을 맺지 못하고 고통이 엄습하게 되니 부부의 연을 맺지 않도록 하며, 동업의 관계 역시 좋지 않은 결과를 가져오게 되므로 주의해야 할 것이다. 그러나 일주가 같은 사람끼리 만나면 융합이 잘되어서 서로 공망이 같은 인연이더라도 좋은 관계를 형성할 수도 있다. 그럴 때는 사주를 통해 상호 부족한 기운을 잘 채워 줄 수 있는지를 확인하고 구조합의 관계도 잘 살펴 서로 보완적 균형을 이루는지를 살펴보아야 한다.

그 사람이 가지고 있는 인자(因子)와 내가 가지고 있는 인자 간의 인연뿐만 아니라 어떤 열매(果)를 맺게 되는지를 꼭 확인해야 한다.

19. 시간인연

삼간인연(三間因緣) 중 가장 중요한 것이 시간인연이다. 그해의 연(年)운에 운이 아예 없거나 그 연운마저 놓치면 기회자체가 상실되기 때문이다. 그래서 인연법에 의한 자아(自我)스케줄, 객체(客體)스케줄, 타임스케줄을 모두 일치토록 합하여 시간인연을 내 것으로 만드는 동조(同調) 작업이 필요하다.

시간인연은 예기치 않게 오는 것이 아니라 정해진 인연의 시간이 있기에 그 시간을 마중하고 겸손히 받아들여야 한다. 사주를 보면 정해진 운명의 타임스케줄이 나타나는데 그래서 노력을 통해 미리 준비하고 그 운명을 받아들이는 작업을 하는지도 모르겠다.

만약 내 자녀가 태어날 아이의 날과 시간을 잡아놓고 기다리더라도 그 인연이 닿지 않으면 양수가 미리 터지거나 하여 시간대가 앞당겨 진다든지 아니면 앞선 수술 시간이 길어져 늦어진다든지 하여 받아 놓은 시간대를 놓칠 수도 있다. 때론 어느 유명한 도인이라 하여 그를 통해 좋은 날인 줄 알고 택일을 받아 태어났으나 훗날에 살펴보니 그리 좋지 못한 날일 수도 있다. 좋다 함은 택일을 잡아 준 사람마다 기준이 다를 수 있기 때문에 보는 이의 기준에 따라 다르게 볼 수 있다. 항상 택일을 할 때는 당시 상황에서 어떤 기준으로 잡았는지를 자세히 확인할 필요가 있다. 그리고 때론 아이가 아닌 부모를 위한 기준이 될 수도 있을 것이다.

시간의 순환은 60년을 주기로 다시금 같은 기운이 찾아오지만 그 60년의 기간 내에는 2시간 혹은 10분마다 다른 기운들이 우리를 찾아오고 있다. 그 변화의 흐름과정 속에서 우리는 나에게 도움이 되는 시간인연을 찾아보는 것이다. 인간은 누구나 공평하게 시간의 인연들이 다가오지만 각자의 다른 사주의 기운에 따라 더 많은 시간인연의 기회를 부여받기도 하고 단 한 번의 기회도 없이 그해의 연(年)운을 맞이하기도 한다. 그러나 단 한 번의 기회라도 제대로 내 것으로 만드는 히트를 친다면 나에게 예기치 못한 커다란 힘을 가져다줄 수도 있는 것이다.

남들이 미신이라 할 때 나는 시간인연을 찾는다는 건 얼마나 멋진 경험인가? 나의 일주가 내 안의 연주, 월주, 시주의 시스템에 의한 제어와 통제 속에 움직여지듯이 오늘의 연, 월, 일, 시의 타임 시스템에 의해 너무 무관심하게 순리에만 맡기지 말고 운명의 고리를 내 스스로 제어하고 통제하는 기능으로 전환하여, 나에게 한정된 기회를 더 멋지게 만드는 삶을 추구해 볼 필요가 있다.

※ 다음은 나의 사주에 맞는 타임스케줄을 만들어 시간 관리를 하는 요령이다.
1. 구조합(삼합) 중 나에게 부족한 기운이 도는 시간대를 잘 활용해라.
2. 양의 시간대 중 나에게 도움이 되는 시간대를 활용해라.
3. 음양합이 들어오는 시간대를 활용해라.
4. 형, 충, 파, 해살이 들어오는 시간대는 조심하라.
5. 풍수역에서 나의 사주와 연운을 반드시 살펴보라. 그해의 연운을 무시한 타임스케줄
   은 나에게 도움이 되지 않는다.

20. 새해(年)의 기운

새해가 되면 해돋이를 보기 위해 가까운 산에 오르거나 때론 동해에 가서 새해맞이를 하곤 한다. 새해의 첫날을 남들보다 먼저 맞이하면서 뜻하는 염원을 해에 실어 올리기 위함이다. 주로 음력설보다는 양력설에 많이 보러 가는데 새로운 시작이 동짓날부터 움트기 시작하니 동짓날에서 좀 더 빠른 양력설이 새 기운에 더 가까울 것이다. 굳이 1월 1일이 아니더라도 동짓날부터 입춘이 오기 전 개개인에 해당하는 손 없는 날에 맞추어 해돋이를 보러 가는 것도 좋은 방법이다. 손쉽게 날짜를 확인하는 방법으로 풍수역에서는 일지(日支)를 기준으로 새해의 삼합 혹은 반합으로 나에게 맞는 날로 잡도록 하며, 사주에 형, 충, 파, 해살이 있는 날은 불리할 수밖에 없으니 차량을 통해 멀리 이동할 계획이라면 가급적 날을 피하거나 대중교통을 이용토록 한다.[4]

한 해의 연운은 천운이기 때문에 내 사주가 아무리 좋다 한들 내가 가지고 있는 일주의 기운이 함부로 범접했다가는 그해의 천운에 의해 한 방에 나가떨어질 수 있다. 그러므로 내 사주의 기운이 새해의 기운에 어떻게 작용하는지를 잘 살펴보아야 한다.

내 사주의 연주(年柱) 기운도 마찬가지이다. 연주의 기운은 조상과 부모의 궁으로 나와의 관계를 엿볼 수 있다. 그래서 일주와 연주 간에 관계가 좋게 형성되면 선조와 부모의 덕이 후하고 부모에게 가업을 상속 받기도 하는 것이다.

올 한 해를 무탈하게 보내고 더불어 뜻하는 바를 성취하길 원한다면 새해의 연(年) 기운에 일단 조아려야 한다. 천체의 기운은 지기의 기운보다 멀리서 시작되지만 그해의 기운을 관장하기에 절대적인 신(神)과 같은 기운임을 잊어서는 안 된다.

---

4 풍수역학과 달리 명리에서는 일간(日干)을 기준으로 세운을 맞추어 보는 차이가 있다.

21. 오늘의 기운

　동양의 순환적 시간관은 60년을 일주로 하여 무한 순환을 한다. 올해는 그중 한 해에 해당 될 것이다. 옛 선인들은 이것을 육십갑자로 하여 짜 맞추어 놓았는데 천체에 해당하는 천간(天干)은 십간(十干: 갑, 을, 병, 정, 무, 기, 경, 신, 임, 계)이라 하여 8상(相)의 팔괘와 상하(上下)가 합하여 십방(十方, 시방)을 이룬다. 이는 동, 서, 남, 북의 4방(四方)과 동북, 동남, 서북, 서남의 4유[四維, 4우(四隅)]와 상(上), 하(下)의 10가지 방위를 뜻하여 천체(태양) 에너지 상(相)의 개념으로 이해하면 쉬울 것이다. 지지(地支)는 지구가 태양 주위를 1년간 공전하는데 한 달 동안 30°를 이동하면서 12마당(12개월)을 그린다. 이때에 12마당의 에너지장이 지구 표면에 형성되는 것을 십이지상(자, 축, 인, 묘, 진, 사, 오, 미, 신, 유, 술, 해)로 표현하여 지구에 미친 태양과 달의 기운을 나타낸 것이다.

　그럼 오늘은 어떤 기운이 작용할까? 지구가 움직인 한 개의 마당마다 달이 지구를 30일(약 29.5일) 동안 돌면서 만들어 낸 땅의 기운이자 그날에 태어난 누군가의 일주에 해당하는 기운이다. 즉 달이 지구를 한 바퀴 도는 시간을 기준으로 만든 역법으로 그 해당 일을 음력 일자로 표기하게 된다.

　그러면 오늘은 나에게 좋은 기운을 가져다줄까? 나는 이미 다른 기운에 의해 태어났고 생멸주기에 의해 오늘에 해당하는 새로운 기운을 맞이하고 있다. 누구든 오늘은 60년에 한 번 오는 기운을 맞이하는 날이다. 나의 기운과 합이 되어 좋은 날이 될 수도 있으며, 형, 충, 파, 해살과 같은 불균형의 기운이 들어와 나를 힘들게 할 수도 있다. 또한 시간대별로 기운의 변화를 가져다주어 변칙의 곡선을 그릴 수도 있다. 지구는 시공간 에너지 인자의 영향을 많이 받기 때문에 인간 또한 그 기운의 영향력에 자유로울 수 없다. 태양과 지구, 달의 상호 동조관계를 통해 과거, 현재, 미래를 유추하듯이 오늘 하루 중요한 일정이 있다면 해당 기운을 미리 읽고 준비하는 습관을 갖도록 하자.

22. 예지력

    예지력은 지혜(智慧), 예견력(豫見力), 정도(定道), 정심(定心)에 의한 관찰 능력으로 보는 것을 의미한다. 예지는 본래 실상관(實相觀)이라 하여 우주에 존재하는 모든 실체를 관찰하여 보는 것으로 우주와 영혼이 속해 있어 본체(本体)의 의지인 나의 본령을 통해 보는 것이다.

    예지력의 발생인연은 크게 네 단계의 득지과정을 거치게 되며, 두 번째 단계만 깨치더라도 과거와 미래를 들여다볼 수 있는 경지에 오를 수 있다.

    우리 인간이 행하는 것과 생각하고 의식하는 모든 것은 여덟 가지가 있는 데 그중 다섯 가지에 해당하는 눈으로 보는 것, 귀로 듣는 것, 코로 숨 쉬는 것, 혀로 맛보는 것, 신체로 움직여 활동하는 것이 일반적이며, 현상계의 각종 사물을 인식하여 작용 및 분별하여 일을 하도록 생각하는 것이 모두 광명할 때 첫 단계에 이르게 된다. 이 여섯 가지가 합성되어 의식이 되는 것을 현생식(現生識)이라 한다. 생명체는 과거의 식에 의해 현재의 몸을 받았고, 현재 생에서 갖가지 업을 지어 다시 현생의 식을 짓는다. 그 현생식으로 다시 미래의 몸을 받게 되므로 안(眼)·이(耳)·비(鼻)·설(舌)·신(身)이 의(意)와 함께 광명하도록 하면 첫 단계에 오르게 되는 것이다. 이 첫 단계에 이르러 생각하는 것은 매우 강력하여 과거를 생각하고 현재를 생각하며 미래를 생각하게 한다. 예를 들면 현재 자두를 먹는다고 생각할 때 실제 먹지 않았음에도 현재 입속에 침이 고이는 것처럼 생각만 해도 미래까지 인상이 되어 침을 흘리게 되는 것과 같다 할 수 있다. 그래서 불교에서는 이를 육의식(六意識)이라 불리고 있다.

    육의식(六意識) 외에 말라식(末那識)과 아뢰야식(阿賴耶識)이 있다. 이 중 두 번째 단계에서는 말라식에 의한 총명지가 발로할 때 얻게 된다. 말라식은 내가 가지고 있는 자기애를 말한다. 내가 가지고 있는 자기애로 모든 생각, 가족, 명예, 부, 마음까지도 무의식에서 사라지지 않는 것이다. 그래서 육식을 감추고 바라볼 때 정신과 마음의 단계에서 과거와 현재, 미래를 들여다볼 수 있다. 바로 과현미의 성(性)을 들여다보고 분별까지 할 수 있는 두 번째 단계에 이르게 되는 것이다.

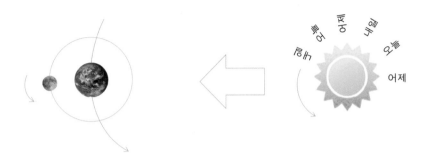

최고의 단계에서는 인간의 도를 초월해서 아상(나라는 상), 인상(인간상), 중생상(미움), 수자상(목숨이 있는 것들이 생각하는 영역)들이 시간과 공간을 초월토록 해야 한다. 그러나 속세를 벗어나 도를 닦지 않는 이상 그 위 단계를 생각하기에는 현실적으로 어려워 보인다. 그러므로 두 번째 단계를 득도하더라도 예지력 발생인연은 충분하지 않을까라는 생각이 든다. 태양은 매일 반시계방향으로 선회하면서 같은 방향으로 선회하는 지구를 비추고 있다. 물론 지구에서 보면 거울(mirror)효과에 의해 모든 만물이 좌선현상으로 드러난다. 태양은 지구를 바라보며 한 달에 30마당을 매일같이 펼쳐놓고 있다. 어제와 오늘, 내일이 한 마당 한자리에 이미 결정되어 있는 것이다. 그래서 과거, 현재, 미래를 볼 때는 태양이 지구를 바라보듯 해야 한다. 구름 위에서 나를 보듯이 내 모습 그대로 어제와 오늘 그리고 내일의 모습을 비추어 보도록 하는 것이다.

설령 풍수나 사주의 이론을 완벽히 터득하였더라도 그 지식만으로 모든 현상을 정확히 이해하고 보는 것은 불가능하다. 그래서 풍수와 사주는 눈이 아닌 령으로 찾는 것임을 거듭 강조하는 것이다. 그리고 자연의 이치를 제대로 터득하기 위해서는 풍수의 원리 안에서 풍수 역도 함께 공부해야 한다. 사주 안에서 모든 인간사를 푸는 것은 실제 불가능하기 때문이다.

23. 예지력을 키우기 위한 좌선(坐禪)훈련

나의 령을 통해 과거, 현재, 미래를 보기 위해서는 호흡훈련 방법을 연마하여 익혀야 한다.

참선의 시각은 60°가 최적이다. 60°의 각은 만유(萬有)의 공통된 에너지와 그 필드의 평등조건으로 좌선 인체구조의 최적의 평등 안정조건이다.

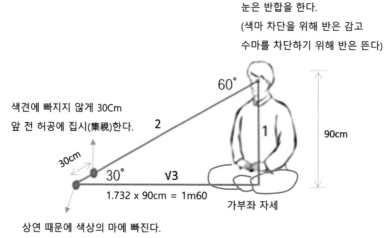

눈은 반합을 한다.
(색마 차단을 위해 반은 감고
수마를 차단하기 위해 반은 뜬다)

색견에 빠지지 않게 30Cm
앞 전 허공에 집시(集視)한다.

60°

90cm

30cm

2

1

30° √3

1.732 x 90cm = 1m60

가부좌 자세

상연 때문에 색상의 마에 빠진다.
(눈 홀림을 막기 위해 쳐다 보아서는 안된다)

좌선훈련 자세

- 눈을 단속하여 수마(睡魔)와 색마(色魔)를 차단한다.
- 입을 단속하여 바르지 못한 사기(邪氣)를 차단하고 잡기인 객기(客氣)를 단속한다.
- 귀를 단속하여 의식으로부터 단속한다.
- 코를 단속하여 의식으로부터 단속한다.
- 혀를 단속하기 위해 입천정 뒤에 붙인다.
- 이를 단속하기 위해 씹는 듯 마는 듯 하여 힘이 들어가지 않도록 한다.
- 턱을 단속하기 위해 목과 일직선을 이루도록 한다.

- 허리를 단속하기 위해 척추와 일직선을 이루도록 한다.
- 어깨를 단속을 위해 직선균형을 유지토록 한다.
- 손을 단속하기 위해 관쇄토록 한다. 남자는 왼손이 위로 여자는 오른손이 위로 가도록 하며, 단전에 엄지가 닿도록 한다.
- 오장육부를 단속하기 위해 흉식을 10~15회 하여 폐의 노폐물을 빼내도록 하며 이후 복식호흡과 단전 순으로 이어간다.
- 흉식과 복식호흡은 동식(動息)이며, 단전호흡은 정식(靜息)이다. 단전 시에 저혈압인 자는 길숨(들이마시는 것)을 길게 하며, 고혈압인 자는 날숨(내쉬는 것)을 길게 하도록 한다. 그 밖에 항문 단속, 신(腎) 단속, 숨소리 단속에도 유의한다.

24. 풍수역과 기운

모든 자연과 생명체는 에너지 즉 기운이 형성되어 있다. 그래서 풍수를 볼 때도 해당 터와 주변 전체를 형성한 국(局)의 기운을 느끼면서 짜인 산세와 지형의 틀을 읽어 내는 능력을 함께 키워야 진정한 풍수인이 될 수 있다. 마찬가지로 사주, 관상, 손금, 작명을 보고자 할 때도 상대가 가지고 있는 혈색과 기색을 보고 감지하여 전체적인 운행의 기운과 그 크기를 느낄 수 있어야 한다. 그래야 풍수역을 보는 과정에서 나타난 과거, 현재, 미래의 변화 과정을 정확히 읽어낼 수 있다. 즉 풍수역에 의해 나온 과정이나 결과가 어떤 규모의 크기인지, 지속가능성은 얼마이며 어떻게 대처하고 유지를 해야 할 것인지를 결정하는 데 있어 중요한 역할을 한다.

연월일시에 의해 도출된 풍수역 풀이의 내용만을 읊는다면 입체적으로 보지 못하고 단편적인 일면만을 바라보는 모순에 빠질 뿐만 아니라 운명을 변화시킬 수 있는 환경적 요인들을 놓칠 수 있다. 즉 자신이 가지고 있는 령의 능력을 발전시켜 상대의 기운을 느끼고 읽어

낼 수 있도록 하는 연마의 과정이 필요하다. 만약 기질적으로 타고났다면 별도의 과정 없이도 그 기운을 느낄 수 있겠지만, 그것이 말처럼 쉬운 일이 아니다. 그래서 감춰진 능력을 찾기 위한 참선과 같은 정신수양을 통하여 그 깨달음을 찾아내는 과정이 필요한 것이다. 짧게는 몇 개월에서 수년이 걸릴 수 있으며, 때론 수년에 걸쳐 조금씩 터득해 가는 경우도 있다. 물론 평생 동안 그 방법을 찾아내지 못할 수도 있다.

그렇다면 다른 대안은 있을까? 기운을 느끼기 어렵다면 관상을 볼 때처럼 기색을 살피는 것으로 대신할 수도 있다. 이를 득도하는 것도 그리 쉬운 것은 아니나 꾸준한 노력과 연습을 통해 관찰할 수 있는 능력을 키워야 한다. 즉, 사주나 관상, 손금 등을 통한 운명을 보기에 앞서 얼굴이나 손, 발의 기색을 먼저 살피는 과정은 기운을 느끼는 것 못지않게 상당히 중요한 부분이라 할 수 있다.

그럼 기색은 어떻게 살피는 것일까?

첫째, 얼굴에 나타난 오행의 기운이 균형을 이루고 있는지를 보는 것이다. 오행의 기운 중 검은색(수), 붉은색(화), 푸른색(목), 하얀색(금) 기운이 얼굴의 어느 부위든 과도하게 시배하고 있으면 좋지 않다. 얼굴의 홍색은 재물이요 건강이지만 붉은 기운으로 돌면 재물을 잃거나 건강에 불길한 징조이다. 얼굴에 흑색이 돌면 저승사자가 찾아오며 검붉은색은 일이 잘 풀리지 않는다. 또한 그러한 기운들이 혼재되어 섞인 모습까지 기색을 띤다면 더욱 좋지 못한 충(沖)살을 엿볼 수도 있다. 예를 들어 얼굴에 나타난 황색 기운에 검은 기운이 혼재되어 있으면 흙에 물이 침범하여 무너지듯 재물이 세어 나가거나 비뇨기 계통의 신체 건강에 문제가 있음을 암시하게 된다. 즉, 몸속의 기는 얼굴에 색으로 나타나며, 기가 막히면 얼굴색이 어두워지고 모든 운대의 기운이 막히게 되는 것이다.

둘째, 기색의 균형도 함께 보아야 하는데 어느 한쪽이 치우쳐 밝거나 어두우면 좋고 나쁨에 대한 정도의 등급을 매기는 기준으로 삼을 수 있다.

셋째, 얼굴 색상의 맑기의 정도도 확인해야 한다. 너무 탁하거나 너무 밝아서도 안 된다. 너무 탁하면 재물의 손실이, 나와 배우자의 불건강 및 사고 등을 감지할 수 있다. 반대로 너무 맑으면 타고난 본성인 성질과 심정이 차갑고 외로운 기운이 돌게 된다. 사사로운 일들도 그냥 넘기지 못하는 성격으로 인하여 남들이 볼 때 항상 피곤한 삶을 살게 된다. 심지어 접근하기 힘든 상대가 되어 반려자를 찾기가 힘들거나 결혼을 하더라도 지속되기 어렵고 자손의 기운마저 쉽게 얻지를 못한다. 그래서 일찍이 속세를 떠나 수도자의 길을 걷게 되거나, 그렇지 못하면 스스로 외로운 삶을 선택하기도 한다.

넷째, 얼굴에 나타난 기색을 볼 때는 얼굴 전체인 눈, 코, 입, 귀, 이마, 관골, 턱, 눈썹, 눈두덩 등을 모두 연관 지어 보도록 한다. 예를 들어 눈썹 사이가 광명하고 광대뼈와 턱이 잘 발달되어 있고 깨끗하면 원하는 목표를 달성할 수 있으며 말년운도 좋게 작용하게 된다. 콧등은 밝은 빛이 도는 것이 좋으며, 하늘에 해당하는 이마와 땅에 해당하는 턱이 균형을 이루고 밝게 빛나면 만사가 형통이다. 기색에 있어서도 눈과 눈썹 사이만 밝고 광대뼈나 턱이 밝지 않은 불균형을 이루면 목표달성을 하는데 한계가 있다. 푸른색의 기운이 코에 나타나면 재산을 잃으며 이마에 나타나면 조상의 탈이요. 눈두덩이면 자손의 탈이다. 코뿌리(명궁)에 검붉은 색은 큰 병을 부르고 광대뼈의 검붉은 색은 운이 따르지 않거나 형살(刑殺)을 부르기도 한다. 눈언저리가 붉으면 기색이 넘쳐 바람기를 주체하지 못한다. 코에 검은 기운이나 푸른 기운이 보이면 질병이 생기거나 예기치 못한 일들이 생기며, 특히 기색을 볼 때는 눈을 같이 보는 것이 중요하다. 눈의 기운은 얼굴 전체의 기색을 관장하기 때문에 설령 얼굴색이 어둡고 탁해도 눈의 기운이 살아 있다면 나쁜 기운도 바로 회복할 수 있음을 유의하기 바란다.

다섯째, 기색에 윤기를 확인한다. 만약 윤기가 없으면 해당 부위에 해당하는 오장육부의 상태가 좋지 못하고 액운이 따르기도 한다.

이와 같이 나쁜 기색은 사람을 죽이기도 하고 좋은 기색은 사람을 살리기도 한다. 또한 영원히 지속되는 기색은 없으니 기색을 살필 때는 항상 주의를 기울여 살펴야 하며 변화의 정도를 잘 감지해야 한다. 기색은 수시로 변하며 어떠한 증상이 사라지면 원래의 기색으로 돌아감을 인지하고 있어야 한다.

25. 사주와 기운(에너지장 균형안정 특성원리)

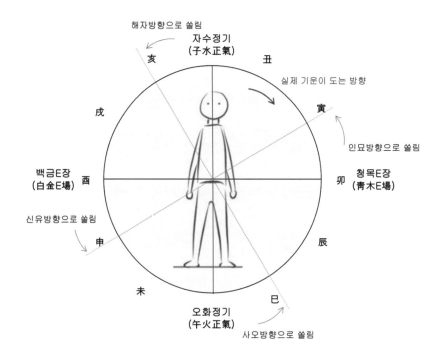

에너지장 균형안정 특성원리

지구상의 모든 에너지 기운은 좌선 방향으로 돌고 있지만 기운 자체가 우단 쪽으로 쏠리려고 하는 특성을 가지고 있다. 그래서 사주상에 우단 쪽으로 쏠린 사람들을 보면 파괴적 특성이 강하여 편협적 성향을 띠게 된다. 그 원리는 이렇다.

태양과 지구는 우측으로 자전과 공전을 하지만 지구에 나타나는 모든 현상은 미러(거울) 효과에 의해 에너지 기운이 좌선 방향으로 돌면서 지구상의 모든 자연만물과 인간은 좌측 방향으로 에너지(기)가 회전을 이루며 에너지(氣)장(場)을 형성한다. 그러나 지구가 도는 속도와 방향에 의해 우측으로 쏠리는 현상을 가지고 있다. 즉, 모든 기운은 좌측으로 돌지만 오행의 수(水) 기운은 해(亥)와 자(子)로 쏠리며, 화(火) 기운은 사(巳)와 오(午)로 쏠리고 목(木) 기운은 인(寅)과 묘(卯)로 쏠리고 금(金) 기운은 신(申), 유(酉)로 쏠리게 된다. 문제는 좌선으로 도는 순방향은 양기(+)의 특성을 가지게 되나 역방향으로 도는 우선의 특성이 너무 강하게 작용하면 음(-) 기운에 의해 소멸적인 파괴현상이 나타나 성격이나 인체건강에 영향을 미치게 되는 것이다.

그래서 사주를 통해 그 사람의 기운을 읽고 소멸적 파괴현상에 의한 불균형이 있는지와 균형안정조건은 잘 갖추고 있는지를 찾아보는 것이다.

인간은 항상 불안정 에너지구조 속에 균형안정을 취해 가면서 삶을 영위하고 있는 것이다. 만약 균형을 취하려는 기운이 깨지면 불건강이 발생하게 된다. 그렇기 때문에 풍수역학의 궁극적 목적은 균형을 잃지 않고 안정된 삶이 유지할 수 있도록 하는데 있다. 즉, 풍역은 한 사람의 기운을 보고 균형안정조건을 찾아주는 것이다. 그리고 더불어 그와 관련된 인과관계인 부, 명예, 인연 등을 살펴 알려 주는 순서가 되는 것이다. 그래야 들어온 재물도 건강도 모두 유지될 수 있을 테니 말이다.

26. 태어난 시(時)의 중요성

사주에서 태어난 시(時)는 본인의 말년운을 관장하기에 영화의 클라이맥스(climax)에 해당되는 대반전의 결정적 전환점이라 할 수 있다. 그래서 말년운이 좋으면 뒤늦게 꽃을 피게 되고 좋지 않으면 늦가을 수확 철에 태풍을 맞아 떨어지는 열매와 같을 수 있다. 화려했던 전성기를 지나 끝에서 모든 것을 다 잃게 되면 얼마나 허망된 인생이 되겠는가? 그래서 말년운이 약하면 과거를 돌아보고 미래를 내다봄으로써 정도를 찾아야 하는 것이다. 그 외에도 말년에 원진수가 들면 부부불화가 이어져 황혼이혼이 되는 것이고 여성에게 있어서는 자궁이나 뇌건강과도 관련되기도 한다. 특히 시(時) 기운은 자손의 강건(剛健)이나 불연(不連)과도 밀접한 관계에 있어 자식과의 인연관계를 내 사주를 통해 엿볼 수도 있다.

또한 시의 인연은 살아가는 현생(現生)의 연에서 멈추지 않고 죽음과 사후(死後)와도 밀접한 관계를 가지고 있다. 전생의 인연으로 정해진 목숨을 정명(定命)이라 하는데 최고의 선한 죽음은 편안하게 숨을 거두는 죽음이라 할 수 있다. 선한 죽음은 정명법(定命法)을 통해 알 수 있는데 돌아가신 날과 망자의 사주를 맞추어 확인하는 것으로 특히 태어난 시간이 가장 크게 작용한다. 그뿐 아니라 시(時)의 작용력은 망자의 죽은 뒤의 운명까지도 내다볼 수 있다. '망자의 길흉지선택결(吉凶地選擇訣)'이라 하여 풍수지리나 풍수역에서는 망자의 사후운을 보기도 한다. 망자의 사후운은 선천 기운의 일시운(先天日時運, 25%)과 후천 기운의 일시운(後天日時運, 75%)을 가지고 생기 에너지 운행곡선을 그려 보고 생멸 이후 어떻게 작용하는지를 보는 것이다.

사주를 볼 때 연월일시의 중요성은 일 〉 년 〉 시 〉 월 순이지만 실제 모든 결과의 답은 이미 시(時)가 가지고 있다 해도 과언이 아니다. 시의 기운은 이미 전생과 현생 그리고 후생의 기운까지도 담고 있음을 알아야 한다.

그래서 사주를 확인할 시에는 무엇보다 내가 태어난 시(時)의 기운이 어떻게 작용하는지를 정확히 분석해야 한다. 내 인생에 있어 클라이맥스의 전개가 해피엔딩으로 끝나길 원한다면 말이다. 만약 명(命)의 갈림길에 서 있을 때를 생각해 보고 혹여 문제가 있다면 회생의 대안을 어떻게 가져갈 것인가에 대해 나 자신을 되돌아보는 시간을 가져 보았으면 한다.

27. 타고난 운명

타고난 사주가 좋으면 행복하고 나쁘면 불행할까? 꼭 그렇지만은 않다. 남의 떡이 더 커 보이듯이 부모 잘 만나 많은 재산을 물려받고 고가의 주택에서 산다고 하여 행복한 것만은 아니다. 사주가 좋아 보이더라도 욕심이 가득하다면 채우고 채워도 부족하여 그저 욕심을 메꾸다 명을 다할 것이고 사심이 많다면 아무리 부와 명예를 가졌다 한들 사사로운 마음에 갇혀 자기 욕심만을 채우다 명을 다할 것이다. 반면 사주가 좋지 않아 종지 그릇 하나 간신히 품었지만 욕됨이 없이 매사가 긍정적인 건강한 삶을 산다면 이보다 행복함은 없지 않을까 싶다.

사주에 일찍이 관운과 재물운이 들어 승승장구하다 보면 남들보다 빠르게 원하는 위치에 오르겠지만 혹여 건강에 문제가 생긴다면 한순간에 꺾어질 수도 있다. 그럼에도 돈 한번 만져 보고 죽어 봤으면 원이 없겠다는 사람이 있을 것이다.

불교에서는 오욕(五慾)에 해당하는 다섯 가지 욕심을 제시하고 있다. 색(色), 성(聲), 향(香), 미(味), 촉(觸)의 감각이 욕망을 일으켜 불러오는 재욕(財欲), 성욕(性欲), 식욕(食欲), 명예욕(名譽欲), 수면욕(睡眠欲)이다. 색(色)에 의해 불러지는 성욕은 생기가 소멸되어 명을 단축하고 재욕은 번 것을 쓸 줄 모르는 돈의 노예가 되어 결국 자신의 꿈도 버리게 만든다. 명예는 진리성을 가지면 선(善)이 되지만 그 근본이 변질되어 명예욕이 발생하면 부와 권력이 연결되어 사회악이 되어 버린다. 수면 또한 소멸적 기운이 강하다. 건강 유지를 위한 적절한 수면은 정신적 감정 상태를 정리할 수 있는 꼭 필요한 시간이 되겠지만 그 이상의 수면은 게으름이 잠식하는 것이고 결국 생기가 소멸된다. 평정심과 적절한 식사, 규칙적인 생활을 한다면 하루에 3~4시간의 수면도 충분할 수 있다. 마지막으로 식욕이다. 음식은 재생산을 축적할 만큼만 먹으면 되는데 그게 쉽지만은 않다. 몸이 비대하다는 것은 곧 소멸성으로 가고 있음을 보여 주는 것이므로 절제된 식습관을 갖도록 노력해야 할 것이다.

사주를 통해 오욕(五慾) 여부를 가지고 있는지를 알 수 있다. 욕심은 내 기운이 균형을 이루지 못하고 한쪽으로 쏠릴 때 많이 나타난다. 쏠림현상우 국동조(局同調)처럼 한쪽으로 기운이 치우치는 경우인데, 해(亥), 자(子), 축(丑) 방향으로 기운이 쏠리면 명예욕, 벼슬욕, 이성욕 등이 발생하고 신장 계통의 질병을 얻는 경우가 많다. 사(巳), 오(午), 미(未) 방향으로 기운이 쏠리면 재욕, 이성욕, 번식욕 등이 발생하고 혈이나 심장 계통의 질병을 얻게 된다. 인(寅), 묘(卯), 진(辰) 방향으로 기운이 쏠리게 되면 출세욕이 발동하여 남을 밟아서라도 일어서고자 하며, 간, 담 계통의 질병을 얻게 된다. 신(申), 유(酉), 술(戌) 방향으로 기운이 쏠리면 재물 욕심이 극대화되고 폐, 대장 계통의 질병을 얻게 되니 오욕에 의해 병을 함께 얻어가지 않도록 주의해야 한다. 과욕은 항상 불행을 몰고 오는 것이니 내 사주에 과욕이 침범하지 못하도록 절제하는 습관을 절대 잊어서는 안 될 것이다.

무슨 일이든 역경을 이겨 내는 과정은 힘들 수밖에 없다. 그러나 불행의 척도는 역경과 사뭇 다르다. 역경이 있어야 발전이 있고 새로운 도전이 있는 것이다. 그럼에도 간혹 남을 위해 헌신하고 착하게 사는데 잘 못사는 사람이 있다면 어떻게 생각할 수 있을까? 이는 전생의 업 갚음을 하는 경우이며, 그런 기운은 사주를 통해서도 엿볼 수 있다. 그렇지만 그런 삶은 결국 자손에게 득을 줄 것이고 그자 또한 다음 생을 위해 복을 짓는 것이니 너무 불행하다고 볼 필요는 없다. 그래도 불쌍히 보이면 나의 것을 좀 나눠 주는 베풂을 행하기 바란다.

28. 나의 그릇

운명에는 내가 채워 나가야 할 그릇의 크기와 모양, 쓰임새 등이 이미 정해져 있다. 내 그릇에 더 채우고 싶다 하여 아무리 바둥바둥 거려도 넘치기만 할 뿐 더 채워지지가 않는다. 나의 그릇을 내 욕심대로 가득 채우겠다고 해서 더 담아지는 게 아니라는 것이다. 내 그릇이 종지그릇이라면 맛을 내는 간장을 채워야 하며, 밥그릇이라면 매 끼니를 위해 쌀밥을 담아내야 하고 국그릇이라면 다양한 국을 맛볼 수 있도록 담아내도록 해야 하는 것이다. 각자에게는 맡은 소임(所任)이 있기에 다른 그릇에 욕심을 낸다 한들 분탕만 일어날 뿐 달라지는 게 없으니 내 그릇이 채워진 듯하면 다른 이의 그릇이 채워질 수 있도록 베푸는 삶을 사는 것이 현명할 것이다. 그래야 다른 사람이 만들어 낸 음식도 맛볼 수 있지 않을까?

내 그릇의 크기와 모양, 쓰임새를 모르겠다면 사주는 그것을 찾아주는 도구이다. 사주를 보면 알 수 있기 때문이다. 그런데 사주나 신점을 보러 가면 과거는 잘 맞추는 듯한데 왜 미래는 두리뭉실하게 들리는 걸까? 과거는 이미 진행된 사항이므로 사주의 큰 틀에서 들여다보니 잘 맞는 것이다. 그런데 미래는 쉽게 보이지 않는다. 일반적인 건 다 맞추는 듯한데 내가 간절히 알고자 하는 것은 이상하게도 딱 떨어지지 않는 것 같아 보인다. 그 이유는 이러하다. 사주가 가리키는 가짓수가 많은 건 이제 알 것이다. 그리고 인연에 따라 운명의 변수도 발생할 수 있을 것이다. 즉, 그 수많은 가짓수 중에 내가 원하는 답을 잘 뒤적여 찾아주어야 하는데 그 짧은 시간에 그것을 찾아내는 것이 쉽지만은 않은 일이다. 답은 있으나 사지선다도 아니고 그래서 사주를 찾는 공식을 통해 디테일한 것까지 찾아낼 수 있는 혜안이 필요한 것이다.

그렇다면 미래를 펼칠 당신의 그릇이 어떠한지를 풍수역학으로 확인해 보자. 간단하게 확인할 수 있는 방법으로는 우선 자기 에너지(기운)가 만들어 낸 규모와 구조합의 형성 여부를 확인한 다음 12운성(포태법)을 함께 보면서 그릇의 크기를 가늠해 보는 것이다. 그런 다음 혜안으로 원하는 답을 찾을 수 있다. 이젠 먼 산만 바라보지 말고 목표를 정하여 멋지고 화려한 인생으로 채워 나갈 수 있도록 혜안을 쌓기 바란다. 그리고 내 그릇을 확인하여 멋진 인생을 펼쳐 나가도록 한다.

29. 후천운의 반전

운명의 전개는 크게 선천운과 후천운으로 나누어지는데 후천운의 시기에 반전하는 인생이 있다. 우리는 주변에서 남들보다 빠르게 인기와 부를 축적하여 승승장구하는 모습을 보고 부러워한 적이 있을 것이다. 그런데 어느 한순간 날개 없이 추락하는 경우도 간혹 볼 수가 있다. 사업을 확장하여 부도를 맞는다던지 아니면 보증을 잘못 서거나 투자를 잘못하여 전 재산을 잃어버리기도 한다. 혹은 갑자기 건강에 문제가 생겨 예기치 않은 병원신세를 지는 경우도 주변에서 볼 수 있다. 반면 대기만성형도 있다. 별다른 이목을 끌지 못하던 사람이 갑자기 성공가도를 달리거나 뒤늦게 혜성처럼 나타나 유명세를 타기도 한다. 이는 꾸준한 노력에 의해 뒤늦게 빛을 발하는 사람들이다. 그런가 하면 항상 변함없이 발전적이지 못하거나 뜻을 펼치지 못하는 이들도 있다. 그럼 왜 인생에 있어 각기 다른 삶이 펼쳐지는 것일까?

평생 운을 볼 때 풍수역에서는 평생의 운을 가늠할 수 있는데, 일생 중 반전할 수 있는 터닝포인트 자리를 짚어 운세의 변곡점 여부를 확인해 볼 수 있는 특징이 있다.[5] 각자의 사주마다 틀리겠지만 대략 40대 전후의 시점이며, 그 앞전을 선천운, 뒤쪽을 후천운으로 나누어 변화의 여부를 확인하는 것이다. 선천의 작용 운은 천체(태양) 에너지에 기인하며, 후천의 작용 운은 지기(달) 에너지에 기인한다. 선천운과 후천운을 나누는 풍수역의 가늠은 이러하다.

선천운은 타고난 기골(氣骨)에 의해 결정되는 양의 기운으로 천체(태양)와 지구 에너지 간의 동조관계에 의해 형성되며, 태어나서 평균 40세 전후까지의 시기이다. 기골에 의해 형성되며 해당 신체 장기로는 오장육부 중 육부에 해당하는 소장, 위장, 대장, 담장(쓸개), 방광, 삼초이다. 후천운은 보통 40대 전후로 찾아오나 빠르면 30세 초반, 늦으면 40세 후반에 찾아오기도 한다. 혈육(血肉)에 의해 결정되는 음의 기운으로 달과 지구 에너지 간의 동조관계에 의해 형성됩니다. 혈육에 의해 형성된 해당 신체 장기는 오장육부 중 오장에 해당하는 심장, 폐장, 비장, 간장, 신장에 해당되며, 질병발생 여부 및 치료 목적을 위한 관계성을 살피는 기준으로 삼기도 한다.

선천과 후천운은 해당 변곡점에서 운세의 변화과정이 들어오거나 선천의 기운을 그대로 유지하기도 한다. 간혹 체질이 바뀌는 사람이 있는데 선, 후천 기운의 음, 양이 바뀌면 체질도 같이 변하기 때문이다. 그리고 선천운과 후천운이 크게 바뀌어도 상호 영향력을 미치게 된다. 선천운은 후천 기운의 25~50% 정도 영향을 받으며, 후천운 또한 선천운의 기운에 따

---

5   풍수역학과 달리 명리에서는 사주의 연월일시의 기운과 대운을 주기로 그 변화를 보는 차이가 있다.

라 25~50%의 영향력을 가지고 있다. 대개는 25% 정도가 상호 영향력을 미치는데 선, 후천운 중 사주의 기운이 더 강한 쪽 기운이 더 지배적으로 관장을 하게 된다.

그래서 사주를 안 보는 사람이더라도 인생의 변환점이 있는 40대 전후에는 신중함을 기해야 하는 것이다. 사업이 잘된다고 하여 무조건 확장해서도 안 되며, 직장을 옮기더라도 한 번 더 생각하고 결정을 해야 한다. 특히 이 시기에 보증을 잘못 서서 가세가 기우는 경우가 잦으므로 아무리 친분이 있더라도 단호히 거절하는 것이 인생의 변환점을 잘 대처하는 길임을 명심해야 한다. 또한 사업이 잘되던 사람도 후천운 이후에 사업운이 다한 경우가 있으므로, 그럴 때는 명의를 다른 사람으로 옮기거나 잘되던 사업이라도 정리하는 것이 내 재산 전체를 지키는 지름길이 될 수 있다. 반면 뒤늦게 운이 피는 경우도 있다. 30대 이후로 후천운이 발하여 뒤늦게 노력의 결실을 맺는 경우이다. 때론 후천운 말년에 발하여 50대 이후에 꽃을 피우는 경우도 있을 수 있다. 운명은 이유 불문 끝이 좋아야 한다. 말년운이 좋아야 노후가 안정되기에 늦게 피는 꽃이 더 행복한 보일 수 있다.

선천운과 더불어 후천운의 흐름을 정확히 인지해야 인생전체에 방패 역할을 할 수 있는 것이다. 젊었을 때의 기운이 끝까지 가는 경우도 있지만, 그렇지 않은 경우도 많으므로 내 인생에 찾아올 터닝포인트 시점과 그 운명을 정확히 알고 대비해야 한다.

30. 풍수역에서의 균형안정의 의미

타고난 기질이 좋다는 것은 타고난 기운이 센 것일 뿐 그 지속성을 말하지는 않는다.

풍수역에서는 내 일주를 중심으로 부족한 인연을 찾아 안정된 균형을 이루도록 하고 있다. 기운이 한쪽으로 너무 기울면 해당 부분이 태과하여 충(沖)과 같은 현상을 일으키게 된다. 특히 건강에도 문제를 일으키는데 큰 병일 경우 처음에는 실증으로 병명이 나타나지만 결국 허증 부위가 무너져 일어서지 못하게 만든다. 그래서 개성이 강한 사람들은 어떻게든 꽃을 피우지만, 반면 명(命)이 짧은 사람이 많다. 꽃도 오랫동안 펴야 열매도 오래가는 것이다. 개성만 너무 강하면 성과는 있을지 몰라도 사멸하기 쉬운 기운이므로 건강관리를 잘 해야 한다. 우리가 풍수지리를 으뜸으로 보는 이유가 여기에 있다. 천하만물이 균형안정을 취하는 것이 풍수의 원칙이기 때문에 풍수를 통해 중도와 중용을 배우고 자연에서 그 이치를 깨달을 수 있게끔 하기 때문이다.

우린 그래서 타고난 기질이 좋아도 안정된 균형을 이루기 위해 합이 있는지를 확인하는 것이다. 내 안에서 합을 찾지 못하면 인연에서 찾아보는 것이고 거기에도 없다면 시공간에서도 찾는 것이다.

용신이나 안정균형 인자를 찾는 것은 내 기질을 죽이거나 없애는 것이 절대 아니며, 타고난 기질을 변함없이 오랫동안 유지시키기 위함임을 분명히 알아야 한다. 즉 풍역 사주에서 합을 만들지 못하면 타고난 기질은 오랫동안 써먹지 못하고 퇴화되고 말 것이다.

31. 숙명(본성적 특성)

운명은 사람이 태어남과 동시에 선천적으로 타고난 것이라 운명이란 그 자체도 숙명에 더 가까운 것이다. 이미 정해져 있는 생사의 명운이라 하여 숙분(宿分), 숙운(宿運)이라고 불리는 이유이다.

숙명론에 있어 가장 잘 정의한 것이 원불교 교리가 아닌 듯싶다. 원불교는 숙명론을 다음과 같이 정의하고 있다. '숙명론 자체가 인간의 자유의지를 부정하는 것이 되므로 이를 인정치 않고 자작자수[自作自受: 자기가 저지른 일의 과보(과거의 업인에 따른 결과)를 자기가 받음의 인(因)과 이(理)법에 따른 것으로 보고 있다.' 전생이든 이승에서의 과업의 결과로 보는 인과응보의 이치라는 생각이 든다.

한편 인간을 포함한 우주만유의 일체가 어떤 힘이나 존재의 지배를 받음에 있어 운명과 숙명을 나누어 볼 수도 있지 않을까 싶다. 운명은 어떠한 여지에 의해 그 생에서 움직여질 수도 있으나 숙명은 날 때부터 타고난 정해진 운명으로 그 생에선 절대 피할 수 없는 운명으로 볼 수 있다.

만약 선한 행위에 의해 받은 좋은 결실이라면 모르겠지만, 악한 행위에 의해 받은 고되고 힘든 결실이라면 어떻게 받아들이는 게 옳을까? 숙명은 절대적으로 피할 수 없는 것일까?

숙명에 대한 정의로 볼 때 즐거운 낙과(樂果)든 괴로운 고과(苦果)든 숙명에 의한 것이라면 현재의 나에게는 피할 수 없는 과업으로 결론지어야 한다. 또한 그로 인하여 몇 대에 걸친 후손에게도 미칠 수밖에 없는 운명의 대물림이 있을 수 있는 부분이기도 하다. 그러므로 후대의 자손들을 위한 노력은 해야 하지 않을까 싶다. 낙과는 지속될 수 있도록 하며, 고과는 나의 대에서 끝날 수 있도록 해야 한다.

그럼 후대에 미칠 숙명을 피할 수 있는 대안이 있을까?

종성 인자는 숙명이기에 바꿀 수 없으나 영혼 인자는 바꿀 수 있다. 숙명적 요소라 할 수 있는 사주는 시간과 공간적 특성을 함께 지니고 있어 하나의 존재 특성을 만든다. 그러므로 조상묘나 집터의 공간적 특성을 좋게 하여 조상 에너지와 자연환경 에너지 간 순화를 일으켜 바꿀 수 있다. 또한 시간인연의 흐름에서 숙명적 영혼 인자를 개선하기 위해 무단히 노력한다면 자율의지에 따라 최소한 4~5대 후에는 고과의 숙명에서 완전히 벗어날 후손이 태어나게 될 것이다. 후대에 이르러 좋은 시공간인연을 맞게 될 것이며, 나 또한 그 업에서 다음 생에서 벗어나게 되는 것이다. 이것이 숙명을 피하는 유일한 길일 것이다.

※ 숙명: 과보생(果報生)으로 결정된 것이다. : 이미 포물선이 그려진 것이다.

　운명: 인연 변생으로 업작생(業作生)이다. : 변화성을 지니고 있다.

32. 운명(기질적 특성)

여러분의 현재 생(生)은 지구라는 별에서 시공간 여행을 하고 있다. 멋지고 행복한 여행을 하고 계신분도 있을 것이고 반면 고되고 힘든 여행을 하고 계신분도 있을 것이다. 어떤 연유인지 몰라도 수많은 별 중에 지구라는 별이 택하여졌고 인연에 따라 어느 한 가정에 태어나 그 가족들과 함께 만나고 또 새로운 인연을 만나 가정을 꾸려 갈 것이다. 여행의 막바지에선 또 다른 여행을 위해 아픈 이별을 하게 될 것이다. 그리고 우리는 또다시 여행을 나설 것이다. 지구이든 아니면 다른 별에서 말이다. 그 여행이 어디가 되었든 우리는 행복한 여행이 되어야 한다. 우리는 무(無)에서 여행을 떠날 때, 목적지마다 하나씩 여행 티켓을 부여받는다. 이 티켓은 내 영혼이 몸담을 인간 혹은 어느 생명체에 주어진 운명과 함께 부합되는 것인데 이는 전생의 업과도 연계되는 특징을 가지고 있다. 내가 전생에 어떻게 여행을 하였나에 따라 그 여행 티켓은 좋고 나쁨의 정도가 반영되어 각자에게 부여되는 것이다.

즉, 우리는 지구라는 별에 도착하여 인간의 몸을 통해 태어나는 시점과 동시에 태양(천체)과 달의 역학관계에 의해 지구에 도달한 에너지들이 만나는 과정을 겪게 된다. 그 에너지들은 서로 융화되는 동조과정을 거치게 되며, 일부는 간섭과 충돌되는 영향을 받게 되는데 이러한 기운들에 의해 각자의 운명과 맞닿아 엮어지게 되는 것이다. 이것이 궁금하였던 옛 선조들은 해당 연월일시와 역학관계를 결부하여 만든 기본원리가 바로 역법인 것이다. 이후 역법에 의해 시공간인연을 보는 풍수지리와 시간인연을 보는 사주역학이 탄생하게 된 것이다.

인간은 지금보다 더 나은 행복을 추구하고자 운명을 개척하고 바꾸려 하는 의지를 가지고 있다. 그래서 운명을 바꿀 수 있는 해법 중 하나인 사주를 통해 해결하고자 하는 것이다. 그리고 지구여행을 하다보면 가끔은 생각지 않던 행운도 찾아오기도 하는데 이 세상에 그냥 찾아오는 것은 하나도 없다. 내 삶속에 항상 열정과 노력이 뒤따라야 그 행운도 찾아오기 때문이다.

    사주는 시공간 여행자의 길에 25%의 직접적 작용을 하고 주변 요인들에도 간접적 영향력을 미치고 있다. 그 나머지 75%의 작용력에는 영혼 인자, 종성 인자, 지기(地氣) 인자에 의해 인연되고 있음이다.

    그러므로 유의할 점은 풍역 사주를 통해 과거, 현재, 미래를 알 수 있다 하더라도 사주에만 묶여 운명을 바꾸려 하면 안 된다. 사주가 갖고 있는 25%의 영향력은 상당히 큰 것이지만 75%에 해당하는 다른 작용력도 고려되어야 하기 때문이다. 사주만을 가지고 내 운명을 바꾸고자 한다면 결코 성공하기 어렵다. 그래서 사주에 대해 부정적 시각을 가진 사람들은 사주이론을 보고는 코에 걸면 코걸이 귀에 걸면 귀걸이라는 말을 하는 것이다(이현령비현령). 인간의 삶은 어느 하나가 아니라 수많은 요인들이 밀접하게 얽혀 있어 자칫 꼬이면 헤어나기 어렵지만 그 실타래를 푸는 요령을 터득하게 되면 인생의 운명이 언제 그랬냐는 듯이 술술 풀리기도 하는 것이다.

    이미 정해진 내 운명의 티켓을 바꾸지는 못하더라도 내가 원하는 의지대로 이끌어 갈 수 있는 기회를 만들어야 한다. 사주와 더불어 해결할 수 있는 다른 인연들도 잘 활용한다면 인생의 여행길이 행복과 즐거움으로 가득 찰 것이다.

Ⅱ

풍수지리 기본원리

지구의 자전에 의해 북극성을 중심으로 반시계 방향의 일주운동을 하는 별들의 궤적 모습

1. 혈장(穴場) 에너지 형성구조

일반적으로 풍수지리적 양, 음택 입지의 전제조건은 바로 배산임수(背山臨水)이다. 집을 중심으로 집 뒤에는 산이 있어 나를 좌우로 감싸고 있고 집 앞으로는 물을 품어 흘러가는 곳이다. 또한 전착후관(前窄後寬)으로 집터와 구조는 앞이 좁고 뒤가 넓은 형태로 이루어져야 한다. 지세가 형성된 곳은 전착후관으로 청룡과 백호가 집터를 감싸 안아 응기를 해 준다. 이와 달리 역성이 되어 청룡과 백호가 벌어진 터는 응기되지 못하고 지기가 설기(洩氣)가 되어 흩어진다.

또 하나 고려되어야 하는 것은 전저후고(前低後高)로 집의 터가 주변 밖의 지형보다 높게 하여 풍수해(風水害)에 의한 나쁜 기운이 집안으로 내습하지 않게 하기 위함이다. 이는 혈장 에너지가 형성되기 위한 풍수 이론적 설명으로 혈(穴) 에너지場의 형성구조 특성은 다음과 같다.

입력 에너지인 입수맥(入首脈) 에너지가 제1차 안정취기점이 형성되어 입수두뇌(入首頭腦)[6]가 된다. 입수두뇌에서 들어온 직진성 에너지에 의해 입혈맥(入穴脈) 에너지가 혈장에 들어오며, 동시에 주화[朱火(朱案)] 에너지도 혈장으로 밀어주면서 직진성 에너지가 제2차 안정을 취하게 된다. 제3차 안정 에너지는 좌선 에너지로 청선 에너지(靑蟬翼)가 형성되고 제4차 안정 에너지는 좌청선 균형원리에 의해 우선 에너지인 백선 에너지(白蟬翼)가 순차적으로 형성되면서 현무, 안산, 청룡, 백호의 사신사(四神砂) 에너지가 응축되고 입혈맥 에너지에 의해 혈장 에너지(핵에너지)가 형성되는 것이다. 이와 같은 순서가 반복되면서 혈장에는 혈핵과(穴核果)가 형성되어 양택 및 음택의 터가 된다. 특히, 음택지(묘터)를 보면 혈장 에너지 형성과정을 뚜렷이 볼 수 있는데 다음 그림의 순서를 참조하면 ①, ⑥ 순서가 입수맥(入首脈) 에너지가 되고 ②, ⑦ 순서가 입혈맥(入穴脈)과 주작(안산) 에너지가 된다. ②, ⑦은 상대 에너지장으로 입혈맥 에너지가 지속적으로 진행되어 전순에서 청선(靑蟬)의

---

6 입수두뇌는 산의 용맥이 혈장으로 들어오는 첫 관문으로 내룡맥을 타고 온 생기가 모여 볼록하게 솟아오른 형태를 한다.

여기(余氣: 남은 기운) 그리고 백선(白蟬)의 여기(余氣)가 형성된다. ③, ⑧ 순서에서 청룡(靑龍)의 선익(蟬翼)[7]과 요(曜)[8]가 형성되고 ④, ⑨ 순서에서 백호(白虎)의 선익(蟬翼)과 요(曜)가 형성된다. 그리고 ⑤, ⑩에서 혈핵과(穴核果)가 형성되는 것이다.

 양택지(집터)도 광의적으로 혈핵과가 형성되는 지형에서의 터는 풍수로의 기(氣)흐름이 원활하게 작용하여 부(富)와 건강을 유지하게 하는 형성구조이다.

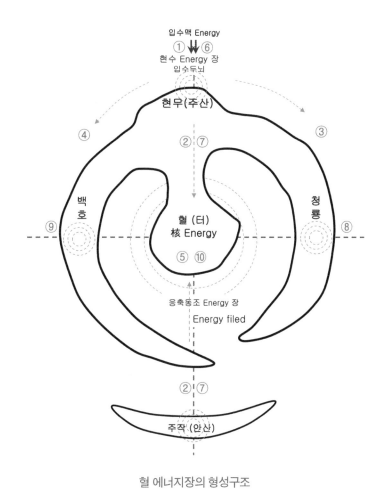

혈 에너지장의 형성구조

7 선익은 매미의 날개라는 뜻으로 혈장의 청백(좌우)에 붙어 조금 높게 형성된 위치이다.
8 요는 혈장의 좌우 선익 바깥쪽에 붙어서 혈심에 청백(좌우)의 에너지 재공급과 재응축을 해 주는 역할로 산가지 형태를 한다.

2. 천간지지합성구조(天干地支合成構造)

양택지의 천간지지합성구조(天干地支合成構造) 즉, 음양복합안정구조는 혈 에너지 형성 구조에 있어서 다음과 같이 작용한다.

- 天干의 壬(+)은 地氣인 亥, 子의 아버지요, 天干 癸(-)는 亥, 子의 어머니이다.
- 天干의 甲(+)은 地氣인 寅, 卯의 아버지요, 天干 乙(-)은 寅, 卯의 어머니이다.
- 天干의 丙(+)은 地氣인 巳, 午의 아버지요, 天干 丁(-)은 巳, 午의 어머니이다.
- 天干의 庚(+)은 地氣인 申, 酉의 아버지요, 天干 辛(-)은 申, 酉의 어머니이다.
- 天干의 戊辰(+)은 地氣인 丑, 辰의 아버지요, 天干 己丑(-)은 丑, 辰의 어머니이다.
- 天干의 戊戌(+)은 地氣인 未, 戌의 아버지요, 天干 己未(-)은 未, 戌의 어머니이다.

이와 같이 天體 에너지場은 합성지기(合成地氣) 에너지場에 작용하며 풍수적 양택지(陽宅地)에도 동일하게 적용이 되어 영향을 미치게 된다.

- 甲陽木 에너지場은 혈장 외곽 청룡의 시발 형성 에너지場으로 혈장 선익 어깨 부분 에너지의 모체 에너지場이 된다.
- 乙陰木 에너지場은 혈장 외곽 청룡 부분 중부 형성 에너지場으로 혈장 선익 허리 부분 에너지의 모체 에너지場이 된다.
- 戊辰陽木 에너지場은 혈장 외곽 청룡 부분 말단부 형성 에너지場으로 혈장 선익 하단 에너지의 모체 에너지場이 된다.
- 丙陽火 에너지場은 혈장 외곽 아래 朱火 중 우단부 전순 형성 에너지場으로 좌단 에너지의 모체 에너지場이 된다.
- 丁陰火 에너지場은 혈장 외곽 아래 朱火 중 좌단부 전순 형성 에너지場으로 우단 에너지의 모체 에너지場이 된다.

- 己未陰火 에너지場은 혈장 朱火 좌단부 형성 에너지와 전순 우단 에너지의 모체 에너지場이 된다.
- 庚陽金 에너지場은 혈장 외곽 백호 부분 말단부 형성 에너지場으로 혈장 선익 하단 에너지의 모체 에너지場이 된다.
- 辛陰金 에너지場은 혈장 외곽 백호 부분 말단부 중부 형성 에너지場으로 혈장 선익 허리 부분 에너지의 모체 에너지場이 된다.
- 戊戌陽金 에너지場은 혈장 외곽 백호 부분 시발 형성 에너지場으로 혈장 선익 어깨 부분 에너지의 모체 에너지場이 된다.
- 壬陽水 에너지場은 혈장 외곽 玄水 중 우단부 에너지場으로 혈장 입수두뇌의 중우단부 에너지의 모체 에너지場이 된다.
- 癸陰水 에너지場은 혈장 외곽 玄水 중 좌단부 에너지場으로 혈장 입수두뇌의 중좌단부 에너지의 모체 에너지場이 된다.
- 己丑陰水 에너지場은 玄水 좌단부 에너지場으로 혈장 입수두뇌의 좌단 에너지의 모체 에너지場이 된다.

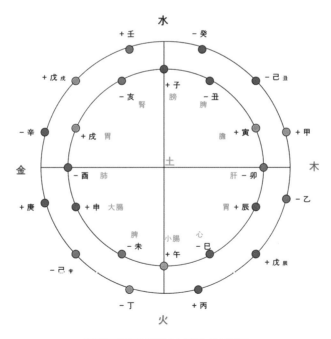

천간(天干)과 지지(地支)의 합성구조

천간지기합성구조와 음양오행(陰陽五行) 원리에 따라 오행(五行)과 천간(天干), 지지(地支)의 위치는 상기 그림과 같이 배치가 되며 이에 대한 각각의 성질과 작용을 살펴보면 다음과 같다.

천간과 지지는 크게 종횡(縱橫)적 구조로 나뉜다. 종(縱)적 구조는 수화(水火)의 기운으로 지기(地氣)는 子, 午의 陽的 특성으로 나타나며, 횡(橫)적 구조는 목금(木金)의 기운으로 地氣는 卯, 酉의 陰的 특성으로 상하좌우의 균형을 이루고 있다.

1) 木

天干甲木: 甲은 木의 天氣로서 陽이며 인체에 있어서는 담을 주관한다.

天干乙木: 乙은 木의 天氣로서 陰이며 이체에 있어서는 간을 주관한다.

地支寅木: 寅은 木의 地氣로서 陽이며 天氣 甲과 성질과 작용이 같으나 아버지인 甲과 어머니인 乙의 기운을 같이 지니고 있다. 인체에 있어서 담을 주관하므로 寅木의 기를 과다하게 받으면 담이 실하고 沖[정룡선익의 寅木 부분에 풍수해(風水害)의 직접적 피해]을 받으면 실증이 되어 해당 장기의 질환으로 발생한다. 木의 기운이 허하면 담의 기운도 허증으로 작용하여 제 기능을 하지 못하게 된다.

地支卯木: 卯는 목의 地氣로서 陰이며 天氣 乙과 성질과 작용이 같으나 아버지인 甲과 어머니인 乙의 기운을 같이 지니고 있다. 인체에 있어서 肝을 주관하므로 卯木의 기를 과다하게 받으면 肝이 실하고 沖[청룡선익의 卯木 부분에 풍수해(風水害)의 직접적 피해]을 받으면 실증이 되어 해당 장기의 질환으로 발생한다. 또한 卯는 성장호르몬이 넘치는 기질이 있어 子와 卯의 기운을 함께 받으면 성욕을 참지 못하는 경향이 있다. 이는 水氣가 많은 신장과 방광이 크고 실하여 색욕이 강해지는 것이다. 木의 기운이 허하면 간의 기운도 허증으로 작용하여 제 기능을 하지 못하게 된다.

2) 火

天干丙火: 丙은 火의 天氣로서 陽이며 인체에 있어서는 소장을 주관한다.

天干丁火: 丁은 火의 天氣로서 陰이며 인체에 있어서는 심장을 주관한다.

地支巳火: 巳는 火의 地氣로서 陰이며 天氣 丁과 성질과 작용이 같으나 아버지인 丙과 어머니인 丁의 기운을 같이 지니고 있다. 인체에 있어서 심장을 주관하므로 巳火의 기를 과다하게 받으면 심장이 실하고 沖[주작의 巳火 부분에 풍수해(風水害)의 직접적 피해]을 받으면 실증이 되어 해당 장기의 질환으로 발생한다. 火의 기운이 허하면 心腸 기운도 허증으로 작용하여 제 기능을 하지 못하게 된다.

地支午火: 午는 火의 地氣로서 陽이며 天氣 丙과 성질과 작용이 같으나 아버지인 丙과 어머니인 丁의 기운을 같이 지니고 있다. 인체에 있어서 소장을 주관하므로 午火의 기를 과다하게 받으면 小腸이 실하고 沖[주작의 午火 부분에 풍수해(風水害)의 직접적 피해]을 받으면 실증이 되어 해당 장기의 질환으로 발생한다. 火의 기운이 허하면 소장 기운도 허증으로 작용하여 제 기능을 하지 못하게 된다.

3) 土

天干戊辰(戊戌)土: 戊는 土의 天氣로서 陽이며 인체에 있어서는 위장 주관한다.

天干己丑(己未)土: 己는 土의 天氣로서 陰이며 인체에 있어서는 비장 주관한다.

地支丑土: 丑은 土의 地氣로서 陰이며 天氣 己丑과 성질과 작용이 같으나 土의 天氣인 아버지 戊辰과 어머니 己丑의 기운을 같이 지니고 있다. 인체에 있어서 비장을 주관하므로 己土의 기를 과다하게 받으면 비장이 실하고 沖[혈, 핵심(核心)의 丑土 부분으로 풍수해(風水害)의 직접적 피해]을 받으면 실증이 되어 해당 장기의 질환으로 발생한다. 丑土는 냉한 기질이 있어서 丑의 기가 많이 유행할 때 태어나면 체질 역시 냉해서 추위에 약하다. 특히 여성의 경우 水가 많은 체질이면 유산하거나 자궁이 냉습해 자궁질환을 앓기 쉽다. 土의 기운이 허하면 비장 기운도 허증으로 작용하여 제 기능을 하지 못하게 된다.

地支未土: 未는 土의 地氣로서 陰이며 天氣 己未와 성질과 작용이 같으나 土의 天氣인 아버지 戊戌과 어머니 己未의 기운을 같이 지니고 있다. 인체에 있어서 비장을 주관하므로 己土의 기를 과다하게 받으면 비장이 실하고 沖[穴 核心의 未土 부분으로 풍수해(風水害)의 직접적 피해]을 받으면 실증이 되어 해당 장기의 질환으로 발생한다. 未의 기운이 많을 때 태어나면 열이 많은 체질이어서 더위를 참지 못한다. 土의 기운이 허하면 비장 기운도 허증으로 작용하여 제 기능을 하지 못하게 된다.

地支辰土: 辰은 土의 地氣로서 陽이며 天氣 戊辰의 성질과 작용이 같으나 土의 天氣인 아버지 戊辰과 어머니 己丑의 기운을 같이 지니고 있다. 인체에 있어서 위장을 주관하므로 辰土의 기를 과다하게 받으면 위가 실하고 沖[穴 核心의 辰土 부분으로 풍수해(風水害)의 직접적 피해]을 받으면 실증이 되어 해당 장기의 질환으로 발생한다. 또한 매우 습한 기실이 있어서 辰의 기운이 많을 때 태어나면 체질이 습하고 추위에 약하다. 土의 기운이 허하면 위장 기운도 허증으로 작용하여 제 기능을 하지 못하게 된다.

地支戌土: 戌은 土의 地氣로서 陽이며 天氣 戊戌의 성질과 작용이 같으나 土의 天氣인 아버지 戊戌과 어머니 己未의 기운을 같이 지니고 있다. 인체에 있어서 위장을 주관하므로 戌土의 기를 과다하게 받으면 위가 실하고 沖[穴 核心의 戌土 부분으로 풍수해(風水害)의 직접적 피해]을 받으면 실증이 되어 해당 장기의 질환으로 발생한다. 또한 인체에 있어서 허한 심장으로도 볼 수 있다. 戌土는 건조한 체질이어서 戌의 기운이 많을 때 태어나면 덥고 건조한 날씨를 견디기 어려워한다. 土의 기운이 허하면 위장 기운도 허증으로 작용하여 제 기능을 하지 못하게 된다.

4) 金

天干庚金: 庚은 金의 天氣로서 陽이며 인체에 있어서 대장을 주관한다.

天干辛金: 辛은 金의 天氣로서 陰이며 인체에 있어서 폐를 주관한다.

地支申金: 申은 金의 地氣로서 양이며 天氣 庚과 성질과 작용이 같으나 아버지인 庚과 어머니인 辛의 기운을 같이 지니고 있다. 인체에 있어서 大場을 주관하므로 申金의 기를 과다하게 받으면 대장이 실하고 沖[백호선익의 申金 부분에 풍수해(風水害)의 직접적 피해]을 받으면 실증이 되어 해당 장기의 질환으로 발생한다. 申의 기운이 많을 때 태어나면 더위가 아직 가시지 않은 터라 몸이 차지 않은 체질이다. 金의 기운이 허하면 대장 기운도 허증으로 작용하여 제 기능을 하지 못하게 된다.

地支酉金: 酉는 金의 地氣로서 陰이며 天氣 辛과 성질과 작용이 같으나 아버지인 庚과 어머니인 辛의 기운을 같이 지니고 있다. 인체에 있어서 폐를 주관하므로 酉金의 기를 과다하게 받으면 폐가 실하고 沖[백호선익의 酉金 부분에 풍수해(風水害)의 직접적 피해]을 받으면 실증이 되어 해당 장기의 질환으로 발생한다. 酉金의 기운이 많을 때 태어나면 金의 차가운 기운을 받게 된다. 또한 色을 즐기고 色에 강한 체질이라 子氣나 卯氣에 배속되면 色에 대한 기운은 더욱 강해진다. 金의 기운이 허하면 폐 기운도 허증으로 작용하여 제 기능을 하지 못하게 된다.

5) 水

天干壬水: 壬은 水의 天氣로서 陽이며 인체에 있어서 방광을 주관하며 성질은 차다.

天干癸水: 癸는 水의 天氣로서 陰이며 인체에 있어서 신장을 주관하며 성질은 냉하다.

地支亥水: 亥는 水의 地氣로서 陰이며 天氣 癸와 성질과 작용이 같으나 아버지인 壬과 어머니인 癸의 기운을 같이 지니고 있다. 인체에 있어서 신장을 주관하므로 亥水의 기를 과다하게 받으면 신장이 실하고 沖[현무의 亥水 부분에 풍수해(風水害)의 직접적 피해]을 받으면 실증이 되어 해당 장기의 질환으로 발생한다. 水의 기운이 허하면 신장 기운도 허중으로 작용하여 제 기능을 하지 못하게 된다.

地支子水: 子는 水의 地氣로서 陽이며 天氣 壬과 성질과 작용이 같으나 아버지인 壬과 어머니인 癸의 기운을 같이 지니고 있다. 인체에 있어서 방광을 주관하므로 子水의 기를 과다하게 받으면 방광이 실하고 沖[현무의 子水 부분에 풍수로(風水路)의 직접적 피해]를 받으면 실증이 되어 해당 장기의 질환으로 발생한다. 水의 기운이 허하면 방광 기운도 허중으로 작용하여 제 기능을 하지 못하게 된다.

3. 인간 생명 동조장(同調場)

인간창조의 요소는 크게 네 가지로 나뉜다. 첫째가 종성 인자로, 이는 숙명적인 것으로 나 스스로의 의지로 바꿀 수 있는 것이 아니다. 인간의 핵 속에는 영혼이라는 본성이 있는데 4~5대 후손에 걸쳐 꾸준하게 영혼적 에너지 인자를 개선시켜 자율의지에 따라 좋은 시공간(生年月日時)에 후손이 태어나도록 하는 것이다. 둘째는 앞에서 언급한 시공간 인자이다. 시간과 공간적 특성으로 이 또한 숙명적 요소를 지니고 있어 나의 노력으로 바꿀 수 있는 인자는 아니며 나의 존재적 특성을 인식하는 거울과 같은 존재이다. 세 번째 인자가 영혼 인자이다. 인간의 핵 속에 있는 본성으로 마음가짐, 정신상태, 행위, 습관, 인격을 지니고 있으며 스스로 다스릴 수 있는 운명적 요소이다. 네 번째로 에너지 인자이다. 풍수이론에 절대적인 것으로 인간창조의 순화를 일으키는 주요 요소이다. 조상 에너지와 자연환경 에너지를 뜻하며 이는 인간 생명의 동조장으로 작용하여 인간에게 운명적으로 다가서는 절대 필요한 인자로 작용된다. 숙명적인 것은 인간의 힘으로 움직이지 않는 것이지만, 운명은 움직이는 것으로 나의 노력으로 변화할 수 있는 영혼 인자와 자연을 이용한 에너지 인자를 알아야 종성 인자를 개선하고 시공간 인자를 운명적 요소로 활용할 수 있게 되는 것임을 깨우쳐야 한다. 이것이 바로 인간 생명 동조장을 알아야 하는 이유이다.

모든 물질적 현상의 세계는 크고 작은 무한 개체수의 형체가 존재하며 각 개체는 에너지 원소들의 집합체로서 원소 간의 에너지들이 서로 연분이 되어 끊임없이 역학적인 상호관계 작용을 일으키고 있다. 각 객체 간의 상호관계 작용은 동조현상과 간섭현상의 두 가지 특성관계를 나타내는데 동조현상은 陽적인 생기적 에너지 작용을 나타내며 간섭현상은 陰적인 소멸적 에너지로 작용한다.

이러한 에너지 작용은 상호간에 동일 에너지장으로 작용을 하는데 태양계는 우주에너지 장과 동일 에너지장으로 작용을 하며 지구는 태양계의 에너지장과 동일 에너지장으로 작용한다. 마찬가지로 지구에 있는 모든 개체 존재는 지구의 에너지장 내에서 동일한 에너지장으로 작용을 하게 된다. 인간도 지구 에너지장 내에서 동일한 에너지場을 형성하게 되는데 특히, 조상과 자손은 유전 인자가 동일하여 직접적 동조회로(同調回路)가 형성하게 된다.

즉, 동일한 에너지 파장이 서로 만나 같은 진동수로 공진(共振)하면서 증폭현상이 일어나고 이로 인해 동조 에너지 Filed가 형성되면 생명체의 창조와 에너지를 충전시키고, 그 에너지를 환원시켜 주는 등, 생명 에너지에 대하여 순작용(順作用)을 하게 되는 것이다.

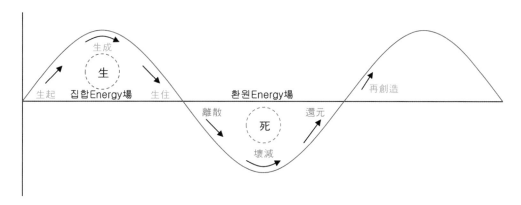

제 존재 특성(諸 存在 特性) Cycle

생명체 에너지는 생기(生起), 생성(生成), 생주(生住)의 Cycle로 집합 에너지場인 양의 특성을 지니며, 죽어서는 이산(離散), 괴멸(壞滅), 환원(還元)의 Cycle로 환원 에너지場인 음의 특성으로 생명 에너지를 동조 흡수하여 정신적, 육체적으로 자손에게 생명활동력이 개선, 상승하도록 작용한다.

반대로 간섭현상은 동일 에너지장과 동일 에너지 인자(因子)에서 일어나지만, 두 개의 에너지가 보조를 이루지 못하고 한쪽에 방해가 되는 현상이다. 이는 동조회로를 형성하지 못하고 서로 간섭함으로써 자손의 생명체 세포 에너지에 타격을 주게 되는 것으로 생명체의 순(順)에너지 물질원소는 약화되고 역(逆)에너지 물질원소인 병원체(病原體)는 오히려 동조 작용을 얻어 자손의 정신적, 육체적 건강에 영향을 미치게 되는 것이다.

따라서 음택풍수지리는 부모와 조상의 환원 에너지장을 최상의 생명 에너지로 동조 흡수할 수 있도록 함에 있으며 양택풍수지리는 수백여 종의 에너지 원소의 집합체로 이루어진 인간의 에너지장에 다른 개체에 대한 간섭 작용을 피하고 양(陽)의 특성으로 자연의 이로운 에너지장(전기장, 자기장, 지중력장, 일력장, 청력장, 지구양력장, 지구행력장, 지수력장, 지열력장, 지풍력장)을 동조 작용으로 받아들이고 조상의 이산과 환원의 특성에 의해 발산되는 음(陰) 특성의 환원 에너지[1초에 30만㎞/s의 속도(모든 파장의 속도임)로 자손의 생명체 에너지와 공진)를 자손의 생명 에너지 원소에 교감 흡수되게 하는 중요한 원리가 되는 것이다. 즉, 혈 에너지 형성구조 내에서는 생명 에너지의 집합체인 지기장에 의해 인간 생명 동조장이 형성되며 풍수로에 의한 피해를 막아주는 역할을 하게 되는 것이다.

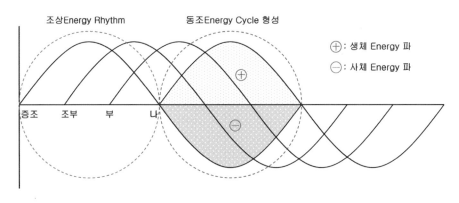

조상과 자손의 인체 에너지 리듬

4. 지기 에너지체의 안정의지 질서원리

에너지 작용은 생기 에너지화되는 동조 작용과 소멸 에너지화가 되는 간섭 작용을 지니고 있다. 두 에너지 작용은 생기적 안정의지에 따라 변화성을 가지게 되는 포지티브적 안정의지에서는 생기, 생성, 생주하는 집합 존재로서 생명핵과를 형성하게 되어 색(色) 존재 안정의지를 갖게 되어 핵이 융기되어 산이 형성되고 형성된 산은 산맥을 이루어 혈핵과를 맺게 되는데 이곳이 양, 음택지가 결정되는 명당으로서 생명활동 에너지장을 형성하게 되는 것이다.

반대로 네거티브적 안정의지에서는 환원하는 무기(無起) 또는 사멸(死滅) 존재로서 공(空) 존재 안정의지를 갖게 되어 늪, 들, 강, 하천, 바다가 형성되는 것이다.

앞에서도 언급하였듯이 만물의 생성원리는 30° 변위각으로 원형응축 에너지장을 형성한다. 지구는 태양을 공전하며 θ = ∠30° × n에 입각하여 12마당의 에너지 filed가 형성되며 이는 지구내의 모든 에너지체의 이동각도와 동일하다. 생명질서 에너지 각도는 지구 에너지체의 증거물인 산맥과 지형을 통해 확인이 가능한데 이 산맥과 지형은 생명 에너지의 집합체인 지기장에 의해 형성된 것으로 이 안에는 전기장, 자기장, 지중력장, 일력장, 청력장, 지구양력장, 지구행력장, 지수력장, 지열력장, 지풍력장 등 모든 생명 에너지장의 증거물이라 할 수 있다.

θ = ∠30° × n는 色질서이며 θ ≠ ∠30° × n는 空질서가 된다. 면의 최소구조물인 정삼각면의 θ = ∠60°로 입체구조물의 최상의 안정구조가 되는 것으로 제일 안정된 산의 모습도 θ = ∠60°가 되는 것이며, 안정 동조의지와 자체 안정의지가 형성되어 혈장이 강하게 만들어지게 되는 것이다. θ = ∠30°는 이동 안정각으로 산 에너지체의 이동각으로서 자체 안정노력은 없으나 상대 안정 동조의지가 있어 강하지는 못하나 혈장을 만드는 구조 각이다.

이러한 진행용맥 에너지체의 진행지속성과 중심 에너지장의 안정목적 또는 자체 정지 안정노력 질서구조를 정확히 읽을 수 있는 것이 양음택지의 혈장 에너지를 찾을 수 있게 되는 원동력이 되고 이에 따라 풍수로의 흐름도 파악하게 되어 인체건강에 미치는 영향력을 파악하는 데 중요한 단서를 제공하게 된다.

5. 혈장 내외과(內外果) 특성

혈장 에너지 특성은 혈장 에너지 형성구조에 맞게 혈의 앞에는 입수(入首)인 水氣 에너지가 들어와야 하며, 혈의 후에는 전순(前脣)에서 나오는 火氣 에너지가 받쳐주고 左右에선 청룡선익(靑龍蟬翼)과 백호선익(白虎蟬翼)인 木氣와 金氣 에너지가 감싸주어 혈장 에너지 형성구조를 형성하여 나를 보호하여야 한다.

① 입수는 집터의 바로 뒤 또는 위쪽 부분으로서 水氣(수소: H) 에너지 공급처로서 신장과 방광의 기운을 주관한다. 이 水氣 에너지는 건강 유지의 원천이 되는 에너지로 수명에 직접적 영향을 주며 자손번창 및 두뇌 건강에도 좋은 영향을 미치는 에너지로 혈장 형성에 가장 중추적 역할을 한다. 반대로 입수가 무기(無氣)로 에너지 취기가 없거나 불안정하면 정신적, 육체적으로 불건강을 초래하고 임신의 어려움도 발생하게 된다.

② 전순은 집터의 바로 앞부분으로 火氣(산소: O) 에너지의 공급처로서 심장과 소장의 기운을 주관하며 집터 에너지의 보호 장치 역할을 한다.

③ 청룡선익은 집터의 왼쪽을 보호하는 곳으로 木氣(질소: N) 에너지 공급으로 간장과 담낭의 기운을 주관한다.

④ 백호선익은 집터의 우측을 보호하는 곳으로 金氣(탄소: C) 에너지 공급으로 폐와 대장의 기운을 주관한다.

집터의 가운데 위치한 양택지는 중앙부 혈 에너지場(field)이 형성된 곳으로 H, N, C, O의 합성 에너지로 인체의 모든 기관을 관장하면서도 특히 위장과 비장의 기운을 주관하게 된다.

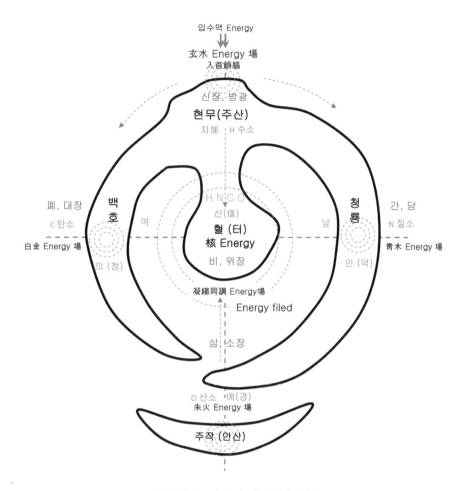

입수맥 Energy

玄水 Energy 場
入首頭腦

신장, 방광

현무(주산)

지혜 H 수소

폐, 대장

백호

C 탄소

白金 Energy 場

여

의 (정)

H N C O

신(信)

혈 (터)
核 Energy

비, 위장

凝縮同調 Energy場

Energy filed

심 소장

청룡

간, 담

남

N 질소

靑木 Energy 場

인 (덕)

O 산소 예(경)

朱火 Energy 場

주작 (안산)

혈 에너지場의 내외과(內外果) 특성

혈장 내외과(內外果) 특성

사신사	위치	오행	에너지체(体)	장·부(臟·腑)	관장(管掌)
현무(주산)	터의 뒤	水	Energy Filed	신장, 방광	지혜, 명예
안산(안산)	터의 앞	火	Energy Filed	심장, 소장	예(禮)
청룡	터의 좌측	木	Energy Filed	간, 담	인(仁), 덕(德), 관(官)
백호	터의 우측	金	Energy Filed	폐, 대장	의(義)
혈(터)	터의 중심	土	Energy Element	비장, 위	신(信)

혈장 내외과(內外果) 생체 특성

사신사	내용 해석
현무(주산)	穴場에 水氣를 공급하여 신, 방광을 주관하고 정신 및 육체적 건강과 수명을 관장한다.
안산(안산)	穴場에 火氣를 공급하여 심장과 소장을 주관하고 혈액 공급과 심혈관계를 통한 호흡가스와 영양분의 이동역할과 영양분 흡수를 관장한다.
청룡	穴場에 木氣를 공급하여 소장의 부속기관인 간과 담을 주관하고 남자 자손의 선악미추(善惡美醜)와 신체의 대사기능과 조절기능을 관장한다.
백호	穴場에 金氣를 공급하여 폐, 대장을 주관하고 여자자손의 선악미추와 대사기능에 필요한 산소공급과 대사산물인 이산화탄소와 같은 잔여물을 배출시킨다.
혈(터)	穴場에 土氣를 공급하여 비장과 위를 주관하고 水, 火, 木, 金氣가 모이는 장소가 되어 혈(터)이 무너지면 모든 기운이 무너진다. 따라서 면역기능에도 중요한 역할을 한다.

6. 인간 생명 에너지장

1) 음양오행과 체질 특성

음양오행은 천지자연을 뜻하며, 하늘과 땅, 그리고 자연과 인간의 모든 구성체의 본질적 요소를 포함한다. 기후와 방위, 계절과 시간, 색깔과 소리, 맛 그 외 보고 듣고 감각되고 느끼는 모든 것, 생명체의 근본적 특성과 인간의 본성과 속성, 그리고 우리가 느끼지 못하지만 존재하는 자연의 모든 특성을 말한다.

天干·地支의 陰陽 관계표

천간 (天干)	甲, 丙, 戊, 庚, 壬은 양에 속하니 陽干이 되며, 乙, 丁, 己, 辛, 癸는 음에 속하니 陰干이 된다.
지지 (地支)	子, 寅, 辰, 午, 申, 戌은 양에 속하니 陽支이며, 丑, 卯, 巳, 未, 酉, 亥는 음에 속하니 陰支가 된다.

오행의 木氣, 火氣, 土氣, 金氣, 水氣의 기운이 우주 안에 가득 차 있는 만물에 녹아 오행

가운데 하나에 속하게 된다. 그래서 사람도 태어나는 순간 년월일시의 각 기운에 따라서 체질과 성격, 그리고 운명까지 결정된다.

그러므로 타고난 체질과 운명의 결정체를 반영하여 나이가 몇 살이면 어디에 어떻게 병이 오는지, 그리고 길흉화복과 부귀와 빈천은 어떻게 다가올 것인지를 예측하여 나 자신을 깨닫고 올바른 삶의 대처와 앞으로 발생할 수 있는 질병의 예방과 치료를 할 수 있게 된다. 따라서 음양오행의 천간과 지지가 지니고 있는 성질과 작용을 알고 나 자신에게 영향을 미치는 天氣와 地氣 중 어떤 기운이 강하고 어떤 기운이 약한지를 판단한다면 나의 타고난 오장육부의 허증과 실증을 파악하여 나의 체질을 분석할 수 있게 되며, 또한 사신사(四神砂)에 의한 혈장(穴場) 에너지 형성구조에도 동일하게 적용되어 생명 에너지장의 흐름과 풍수로의 방향에 따라 음양오행을 판단하게 된다.

각 오행별 체질 특성은 제1장 풍수와 역 '음양오행과 체질 특성'을 참조한다.

인체 오행귀류표

	목(木)	화(火)	토(土)	금(金)	수(水)
오장(五臟)	간	심장	비장	폐	신장
육부(六腑)	담	소장	위	대장	방광
관규(官竅)	눈	혀	입	코	귀
형체(形體)	근	맥	육	피모	골
정지(情志)	화	기쁨	생각	슬픔	두려움
오신(五神)	혼(魂)	신(神)	생각(意)	백(魄)	지(志)
오성(五聲)	숨(呼)	웃음(笑)	소리(歌)	울음(哭)	신음(呻)

2) 현무 에너지체가 인체에 미치는 영향

(1) 현무와 풍수로의 지세 관계

현무(玄武)는 입수(入首)하기 전 입체 에너지 집합체로 형성된 가장 가까운 특출한 산으로서 용맥 에너지가 집합하고 저장하는 역할을 한다. 현무는 혈장에 양질의 생기를 안정적으로 공급하면서 안산과 상호균형을 유지하면서 좌, 우 균형을 유지해야 한다. 현무와 혈장 사이의 경사 각도는 중조산(中祖山)에서 현무에 이르는 용맥의 대, 소, 강, 약에 따라 결정되는데 그 경사각이 60° 이상일 경우 좌, 우 응축사(凝縮砂)가 없으면 혈장을 만들기 어렵다고 볼 수 있다. 즉, 입력 에너지인 입수맥 에너지가 제1차 안정취기점이 형성되어 입수두뇌가 되는 것이다.

현무는 음양오행에 있어 水에 해당하며 천간에 있어서는 壬(+), 癸(-)에 해당한다.

壬陽水 에너지장은 혈장 외곽 현수 중 우단부 에너지장으로 혈장 입수두뇌의 중우단부 에너지의 모체 에너지장이 되며, 癸陰水 에너지場은 혈장 외곽 현수 중 좌단부 에너지장으로 혈장 입수두뇌의 중좌단부 에너지의 모체 에너지장이 된다.

壬癸의 천간 에너지와 어우러진 亥(-), 子(+)와 丑(-) 방향의 지지 에너지가 진행용맥 에너지체의 진행지속성과 중심 에너지場의 안정목적 또는 자체 정지 안정노력 질서구조가 풍수로의 동조적 작용에 의해 좋은 양, 음택지가 형성되는 것이다.

(2) 현무와 생체기전 관계

현무에서 바람(風)이 생기석 동소 삭용을 일으켜 혈장이나 국에 지세 및 국세로 작용하는 힘으로 작용하고, 물(水) 또한 地氣 에너지를 생육(生育), 조윤(調潤), 순화(醇化), 취융(聚融), 보호(保護)하여 용맥(龍脈)과 혈장에 생기적 동조 작용을 하여 혈장과 국(局)의 지세(地勢) 및 국세(局勢)에 생기조절하는 역할을 하여 혈장에 水氣를 공급하여 신, 방광이 건실하며, 혈과 골수형성이 원활이 이루어지고 정이 충만하며 두뇌활동이 빠르다. 또한 정신 및 육체적 건강과 수명을 관장하여 해당 장기가 건강 및 장수를 누리게 된다.

반대로 천풍(天風), 地風(계절풍, 국지풍), 자생풍(自生風), 목근풍(木根風)에 의한 간섭 작용으로 작용되어 형(刑), 충(沖), 파(破), 해(害), 살(殺)의 사멸 기운으로 혈장 및 국(局)을 파괴(破壞)하기도 하고, 지기 에너지를 설기(泄氣) 또는 산기(散氣)시키거나 물(水)의 태과 불급에 의해, 지기 에너지와 혈장 에너지에 조폭건한(燥暴乾寒)케 하는 간섭 작용으로 작용하여 많은 물의 량이 빠른 속도로 작용하면 형(刑), 충(沖), 파(破), 해(害), 살(殺)의 사멸 기운으로 혈장 및 국(局)을 침하(沈下)시키거나 때리고, 밀치고, 부숴 트리고, 찌르고, 함몰

시킨다. 반대로 물이 부족하면 땅이 윤기가 없고 메말라서 땅의 성분이 파괴되고 에너지 응축이 되지 않아 地氣 에너지를 설기(泄氣) 또는 산기(散氣)시키기도 한다. 이러한 현상에 따라 해당 장기의 실, 허증으로 나타나게 되어 병증 증세를 보이게 된다.

① 地支 **亥水**는 水의 地氣로서 陰이며 天氣 癸와 성질과 작용이 같으나 아버지인 壬과 어머니인 癸의 기운을 같이 지니고 있다. 인체에 있어서 신장을 주관하므로 亥水의 氣를 과다하게 받으면 신장이 실하고 沖[玄武의 亥水 부분에 풍수해(風水害)의 직접적 피해]을 받으면 실증이 되어 해당 장기의 질환으로 발생한다.

- 실증이면 정강이가 붓고 천식 기침이 있으며, 잠잘 때 땀을 흘리고 바람(風)을 싫어한다.
- 허증이면 가슴속과 배가 아프며 마음이 즐겁지가 않으며, 정력이 감퇴된다.

② 地支 **子水**는 水의 地氣로서 陽이며 天氣 壬과 성질과 작용이 같으나 아버지인 壬과 어머니인 癸의 기운을 같이 지니고 있다. 인체에 있어서 방광을 주관하므로 子水의 氣를 받으면 방광이 실하고 沖[玄武의 子水 부분에 풍수해(風水害)의 직접적 피해]을 받으면 실증이 되어 해당 장기의 질환으로 발생한다. 방광은 사정의 역할도 담당하며, 방광이 안 좋으면 따라서 신장도 일을 하지 않게 된다. 또한 방광이 병들면 폐상부 비장 부위(地支丑土)도 병이 들어 인슐린 조절이 어렵게 된다.
방광이 병든 증세는 어깨에 열이 나고 하초(배꼽 아랫부분)에 열이 맺히며 아랫배가 그득하고 괴롭다.

- 실증이면 열이 나고 소변 횟수가 정상인보다 적다.
- 허증이면 소변이 자주 마려우며 오줌 방울이 뚝뚝 떨어진다. 너무 태과하여도 허증 증세가 나타나기도 한다.

③ 地支 丑土의 土는 지기로서 인체에 있어 비장을 주관하지만 지지가 현무 위치에 있어 水에 연관된 질환이 발생하거나 동반한다. 또한 巳亥 대칭은 풍수질환인 심장병, 중풍, 콩팥에 질환이 발생할 수 있으므로 심장병과 연관된 뇌동맥류가 발생하기도 하며, 그밖에 뇌종양 및 정신질환과 같은 뇌질환이 발생하게 된다.

(3) 발병 질환

현무에 풍수해(風水害)의 간섭적 영향이 미치면 亥水에너지 및 그 에너지場에 문제가 발생하여 병이 발생한다. 현무의 병은 주령병이라 하여 심령 즉, 정신의지가 무너져서 나타나는 병이다. 입수맥 조직의 이상현상, 두뇌 에너지체 조직의 이상현상, 입혈맥 조직의 이상현상에서 나타나며, 이에 대한 질환으로는 신장·방광암과 뇌와 척수로 구성되어 있는 중추신경계에 이상을 주어 뇌출혈, 뇌졸중 등 뇌질환을 발생시킨다.

두뇌신경 및 에너지장의 불안정은 신경계에 영향을 준다. 즉, 중추신경계와 말초신경계에 영향을 미치는데, 중추신경계의 이상은 혈관장애와 같은 뇌경색, 뇌출혈, 지주막하 출혈 등을 발생시키며, 변성 질환으로 알츠하이머병, 파킨슨병과 같은 신경세포 및 신경섬유가 원인불명의 변성, 위축, 탈락을 가져와서 같은 부위에 백모증이 생기는 질환이다. 그 외에 악성종양이나 선천성 이상 증상인 뇌성마비가 발생하기도 한다.

특히, 뇌혈관질환이 많이 발생하는데, 그중 뇌출혈과 뇌졸중이 많이 발생한다. 이는 사기가 몸으로 들어와서 발생하는 간섭현상으로 뇌출혈을 쉽게 표현하자면 혈관이 약해서 터진 것으로 현무(玄武)가 약하고 안산(案山: 전순)이 강한 곳의 터에서 나타나며, 뇌졸중은 단조(斷組)현상에서 나타나는 현상으로 입력 에너지가 약해서 에너지가 일률적으로 못 들어오거나 끊겨서 들어오는 곳에서 주로 발생한다. 특히, 요도[9]와 같은 단절맥에 쓰면 무조건 뇌졸중 증상이 나타나게 된다. 특히 요도지역은 간섭적 바람길을 형성하거나 수맥길을 열어 주는 역할을 하기 때문에 더욱 그러하다.

그러므로 뇌혈관질환은 수맥처나 물길, 바람길, 전순이 무너진 곳에서 발생하므로 양택

---

9 요도(橈棹)는 용맥의 진행방향 변위(變位)와 생기를 증가시켜 주는 보조적인 반(反)에너지다.

지를 선정할 때는 이 점을 유의해야 한다.

(4) 발병 원인

혈터에 水氣 에너지를 공급하여 신, 방광을 주관하고 정신 및 육체적 건강과 수명을 관장하는 玄武(主山)의 영향을 받지 못하여 진행용맥 에너지체의 진행지속성과 중심 에너지장의 안정목적 또는 자체 정지 안정노력 질서구조를 찾아보기 어려운 경우 질병이 발생한다.

특히 풍수로의 영향은 亥子丑의 地氣 에너지와 壬癸의 天氣 에너지의 흐름에 동조적 조화를 이루지 못하고 반대적 영향의 작용 에너지 역할을 하고 있다. 혈 주위의 모든 사(砂)가 짜임새 있게 이루지 못하여 혈을 골고루 응기하는 형세를 갖추지 못하므로 국(局)을 형성하지 못하였다. 즉, 지기의 에너지를 순환시키거나 에너지량을 조절하는 역할로서의 생기적 동조 작용을 일으키지 못하고 혈장이 형성되지 못할 뿐만 아니라 지세 및 국세로 작용하는 힘의 작용을 하지 못하는 지역이 대부분이었다. 바람의 세기의 정도에 따라 생기동조를 조절하지 못하다 보니 골짜기의 역할을 하게 되어 좌청룡과 우백호도 형성되지 못하고 또한 좌, 우로 인위적인 도로가 형성된 곳은 바람의 세기가 더욱 강하게 작용하여 형, 충, 파, 해, 살의 사멸 기운으로 지기 에너지를 설기 또는 산기시키게 된다.

이러한 지역은 玄水 에너지의 영향뿐만 아니라 청룡국세가 혈을 감싸 안아 응기시키지 못할 경우, 청룡 측 풍수로의 간섭적 영향으로 간, 담이 무너질 경우 중풍까지 발생할 수 있다.

3) 청룡 에너지체가 인체에 미치는 영향

(1) 청룡과 풍수로의 지세 관계

혈장 좌측에서 혈장을 보호, 육성, 응축하는 산을 말하며 청룡도 내청룡, 외청룡이 여러 겹 있을수록 좋고 단절이나 배역(背逆)이 없어야 하며 백호의 높이와 균형을 유지해야 하고 에너지 응기 각도가 유지되면서 혈장을 많이 감싸 안을수록 좋은 것이다.

또한 물의 흐름을 관쇄(關鎖)하는 기능을 발휘하여 물의 흐름을 거스르며 혈을 감싸듯 안은 모양이 좋으며, 청룡 끝이 당판으로 찌르는 모양이나 주산보다 높으면 역성의 기운이 있을 수 있고 연속하여 3절 이상 배역하면 보호 종사로 보기 어렵다.

청룡은 현무정 기운을 혈장에 공급하는데 그 역할을 돕고 혈장을 보호하기 위해 백호와 균형을 유지하면서 용맥의 생사(生死)를 관여하여 혈에 응기 작용을 제대로 해 주는 역할을 한다. 혈장을 응기(凝氣)하기 위해서는 용의 변화 각도가 30° 이상 꺾여 안아야 한다. 내 몸에서 직접 출맥(出脈)한 청룡이라야 그 역량이 크며, 고개를 치켜든 청룡은 60% 이상 배주(背走)[10]한 것이다. 특히 청룡이 행도(行途)하면서 당판 쪽으로 요도가 있으면 혈이 형성되지 않는 곳이다. 또한 혈판을 감싸는 변화력이 없이 흘러 빠져나가는 청룡은 설기(洩氣)한 것으로 보아야 한다.

청룡은 음양오행에 있어 木에 해당하며 천간에 있어서는 甲(+), 乙(-)에 해당한다. 甲陽木 에너지場은 혈장 외곽 청룡의 시발 형성 에너지장으로 혈장 선익 어깨 부분 에너지의 모체 에너지장이 되며, 乙陰木 에너지장은 혈장 외곽 청룡 부분 중부 형성 에너지장으로 혈장 선익 허리 부분 에너지의 모체 에너지장이 된다.

갑을의 천간 에너지와 어우러진 寅(+), 卯(-)와 辰(+) 방향의 地支 에너지가 진행용맥 에너지체의 진행지속성과 중심 에너지장의 안정목적 또는 자체 정지 안정노력 질서구조가 풍수로의 동조적 작용에 의해 좋은 양, 음택지가 형성되는 것이다.

(2) 청룡과 생체기전 관계

청룡에서 바람(風)이 생기적 동조 작용을 일으켜 혈장이나 국에 지세 및 국세로 작용하는 힘으로 작용하고, 물(水) 또한 지기 에너지를 생육(生育), 조윤(調潤), 순화(醇化), 취융(聚融), 보호(保護)하여 용맥(龍脈)과 혈장에 생기적 동조 작용을 하여 혈장과 국의 지세(地勢) 및 국세(局勢)에 생기 조절하는 역할을 하여 혈장에 木氣를 공급하여 간(肝), 담(膽)이 건실하고 신체의 대사기능과 조절기능을 관장한다. 또한 木의 기운은 인체의 눈을 맑게 해주고 힘줄이 건실하다.

반대로 간섭 작용에 의해 해당 장기의 실, 허증으로 나타나게 되어 병증 증세를 보이게

---

10 혈장을 보호, 육성, 응축하지 않고 배반하여 도망가는 용맥(산맥)이다.

된다.

① 地支 **寅木**의 寅은 木의 地氣로서 陽이며 天氣 甲과 성질과 작용이 같으나 아버지인 甲과 어머니인 乙의 기운을 같이 지니고 있다. 인체에 있어서 담을 주관하므로 寅木의 기를 과다하게 받으면 담이 실하고 沖[청룡선익의 寅木 부분에 풍수해(風水害)의 직접적 피해]을 받으면 실증이 되어 해당 장기의 질환으로 발생한다.

담낭은 간이 담즙을 생산한 것을 모아 농축시켜서 일시적으로 저장하는 장소로 간과 함께 정맥성 혈액을 처리하는 대사기능적 역할을 한다. 인체 부위에 있어서 손톱을 주관하기도 한다.

담이 상한 증세는 잘 놀라고 쉽게 기뻐한다. 그리고 무서움이 많고 한숨을 잘 쉰다. 심한 증세는 가슴속이 울렁이고 입안이 쓰며 쓴 구역질이 난다. 성을 잘 내지만 겁이 많고 잠이 많아진다.

木의 기운이 허하면 담의 기운도 허증으로 작용하여 제 기능을 하지 못하게 된다.

② 地支 **卯木**의 卯는 목의 地氣로서 陰이며 天氣 乙과 성질과 작용이 같으나 아버지인 甲과 어머니인 乙의 기운을 같이 지니고 있다. 인체에 있어서 간을 주관하므로 卯木의 기를 받으면 간이 실하고 沖[청룡선익의 卯木 부분에 풍수해(風水害)의 직접적 피해]을 받으면 실증이 되어 해당 장기의 질환으로 발생한다. 또한 卯는 성장호르몬이 넘치는 기질이 있어 子와 卯의 기운을 함께 받으면 성욕을 참지 못하는 경향이 있다. 이는 水氣가 많은 신장과 방광이 크고 실하여 색욕이 강해지는 것이다. 木의 기운이 허하면 간의 기운도 허증으로 작용하여 제 기능을 하지 못하게 된다. 너무 태과하여도 간이 제 기능을 하지 못하게 된다.

간에 사기가 침범하면 먼저 양 옆구리가 아프고 아랫배가 당기는데 무엇보다도 성질이 급해지고 성을 잘 낸다.

간의 중요한 기능은 혈당농도 유지, 지방대사, 비타민 A, B 및 heparin의 저장, 담즙의 생산, 혈장단백질의 분비, 해독 작용 등 다양하며, 태아나 신생아 시절에는 혈구형성 작용도 맡고 있다.

특히, 간담이 무너지면 중풍이 오므로 청룡이 없는 지역에선 바람(風)에 의해 중풍이 올 수 있으니 주의해야 한다. 또한 음양오행에 따라 간이 병들면 담이 병들거나 심장에 가까운 상위 위장도 병이 들 수 있으며, 또한 신장도 병들 수 있다.

③ 地支 辰土의 辰은 土의 地氣로서 인체에 있어서 위장을 주관하지만 地支가 청룡위치에 있어 木에 연관된 질환이 발생하거나 동반할 수 있다.

(3) 발병 질환

青龍에 풍수해(風水害)의 간섭적 영향이 미치면 青木 에너지 및 그 에너지場에 문제가 발생하여 병이 발생한다. 青龍의 병은 청룡선익 조직의 이상 문제, 조직의 질이 바뀐 경우 이상현상에서 나타나며, 이에 대한 대표적 질환이 간, 담의 암이다. 청룡선익 조직의 이상은 그 지역의 불규칙적 집합 에너지체이거나 불완전 규격 에너지장일 때 지각의 혈심(穴心)조직에 이상조직 현상이 나타나게 된다. 암은 토질병에 의해서도 많이 발생하는데 토질을 살펴보면 풍화암이나 현무암이 들어 있거나 흰돌, 돌줄과 같은 흉석질이 지각조직 내에 섞이거나 두 가지 이상의 토질성분이 섞여 있는 곳에서 발생한다.

청목의 생명 에너지는 질소(N)로 청룡 측에 물, 바람이 침입하면 공기순환이 안 되게 되고 간, 담의 재생기능이 떨어져서 생명 에너지 원소인 질소가 썩게 되며, 인체요소 중 질소가 많이 함유된 근육에 이상이 생기게 된다. 따라서 근육으로 이루어진 오장육부에 이상 질환이 발생하게 되는 것이다. 간이 병들면 삼장에 가까운 상위 측, 위장도 병들 수 있다.

간, 담의 기능저하는 대사기능의 저하로 당, 지질, 단백질, 비타민, 호르몬 등의 대사에 영향을 주게 되며, 간의 해독 작용에 있어서도 쿠퍼세포의 기능이 저하되어 병원미생물이 쉽게 대순환으로 들어가 감염이 쉽게 발생하게 된다. 빌리루빈과 담즙산으로 이루어진 담즙생산에 있어서도 혈액 중의 빌리루빈의 비정상적 증가로 황달 등의 증상이 나타나게 된다. 그러므로 간, 담질환은 청룡 부분에 물길이나 수맥처, 바람길로 청룡이 무너진 곳에 발생하므로 청룡선익에 있어서는 이러한 점을 유의하여 양택지를 선정해야 한다.

(4) 발병 원인

혈터에 木氣 에너지를 공급하여 소장의 부속기관인 간, 담을 주관하고 있어 신체의 대사 기능과 조절기능을 관장하는 청룡 기운의 영향을 받지 못하여 진행 용맥 에너지체의 진행 지속성과 중심 에너지장의 안정목적 또는 자체 정지 안정노력 질서구조를 찾아보기 어려운 경우 질병이 발생한다.

특히 풍수로의 영향은 寅卯辰의 지기 에너지와 甲乙의 천기 에너지의 흐름에 동조적 조화를 이루지 못하고 반대적 영향의 작용 에너지 역할을 하고 있다. 좌청룡의 기능인 보호기능과 육성기능 그리고 응축기능을 발휘하지 못하면 짜임새 있는 국을 형성하지 못하게 된다. 따라서 본 표본조사에 있어서도 청룡 측 바람의 침입으로 지기 에너지를 순환시키거나 에너지량을 조절하는 역할로서의 생기적 동조 작용을 일으키지 못하고 혈장이 형성되지 못하게 된다.

4) 백호 에너지체가 인체에 미치는 영향

(1) 백호와 풍수로의 지세 관계

혈장 우측에서 혈장을 보호, 육성, 응축하는 산을 말하는데 청룡과 균형을 이뤄야 하며 백호도 내백호, 외백호가 여러 겹이 있을수록 좋고 부드럽고 아름답게 혈을 감싸 안는 듯한 모습으로 혈장에 응기 각도를 유지함이 가장 좋다.

백호는 청룡과 균형을 유지하면서 청룡과 동일한 관쇄역할을 행한다. 청룡과 마찬가지로 물의 흐름을 거스르며 혈을 감싸듯 안은 모양의 백호가 좋다. 백호 맥이 3절 이상 배역하면 이미 보호종사가 아닌 증거이며 혈판을 온전히 감싸지 않고 그 끝을 당판으로 향한 백호는 역성을 지니어 판을 깨트린다.

현무정 본신에서 뻗은 백호의 역량이 크고 백호사의 진행 중 당판 쪽으로 요도가 발달된 것은 전혀 불가하다. 또한 혈판을 감싸는 변화력 없이 흘러 빠져나가는 백호는 설기된 것으로 혈판을 안고 제대로 응기해 주기 위해서는 30° 이상의 각도로 꺾이는 용의 변화가 있어야 하지만 각도가 과도하게 크면 오히려 혈의 형성을 간섭하므로 좋지 않다. 그리고 당판

쪽으로 뻗은 요도는 절대 금물이니 만약 이런 요도를 가진 백호가 입지한 곳은 혈이 있을 수 없으므로 이런 자리는 반드시 피해야 한다. 백호는 음양오행에 있어 金에 해당하며 천간에 있어서는 庚(+), 辛(-)에 해당한다.

庚陽金 에너지장은 혈장 외곽 백호 부분 말단부 형성 에너지장으로 혈장 선익 하단 에너지의 모체 에너지장이 되며, 辛陰金 에너지장은 혈장 외곽 백호 부분 말단부 중부 형성 에너지장으로 혈장 선익 허리 부분 에너지의 모체 에너지장이 된다.

庚辛의 天干 에너지와 어우러진 申(+), 酉(-)와 戌(+) 방향의 地支 에너지가 진행용맥 에너지체의 진행지속성과 중심 에너지장의 안정목적 또는 자체 정지 안정노력 질서구조가 풍수로의 동조적 작용에 의해 좋은 양, 음택지가 형성되는 것이다.

(2) 白虎와 생체기전 관계

백호에서 바람(風)이 생기적 동조 작용을 일으켜 혈장이나 국에 지세 및 국세로 작용하는 힘으로 작용하고, 물(水) 또한 地氣 에너지를 생육(生育), 조윤(調潤), 순화(醇化), 취융(聚融), 보호(保護)하여 용맥(龍脈)과 혈장에 생기적 동조 작용을 하여 혈장과 국의 지세(地勢) 및 국세(局勢)에 생기 조절하는 역할을 하여 혈장에 金氣를 공급하여 폐, 대장을 주관하고 여자 자손의 선악미추와 대사기능에 필요한 산소공급과 대사산물인 이산화탄소와 같은 잔여물을 배출시킨다. 또한 水 기운과 만나 튼튼한 골격을 유지시켜 준다. 반대로 간섭 작용에 의한 해당 장기의 실, 허증으로 나타나게 되어 병증 증세를 보이게 된다.

① 地支 **申金**의 申은 金의 地氣로서 양이며 天氣 庚과 성질과 작용이 같으나 아버지인 庚과 어머니인 辛의 기운을 같이 지니고 있다. 인체에 있어서 대장을 주관하므로 申金의 氣를 받으면 대장이 실하고 沖[백호선익의 申金 부분에 풍수해(風水害)의 직접적 피해]을 받으면 실증이 되어 해당 장기의 질환으로 발생한다.

대장은 심장, 신장, 방광에 서로 이어져 있고 소장의 내용물을 받는다. 대장에 병이 오는 증세는 배꼽 주위가 아프며 숨을 헐떡이고 오래 서 있지 못한다.

대장이 실하면 배가 더부룩하고 냉하면서 배에 열이 있게 된다. 또한 변비, 설사가 잦고 냉함이 심하면 호흡기질환이나 암에도 취약해진다.

② 地支 **酉金**의 酉는 金의 地氣로서 陰이며 天氣 辛과 성질과 작용이 같으나 아버지인 庚과 어머니인 辛의 기운을 같이 지니고 있다. 인체에 있어서 肺를 주관하므로 酉金의 기를 과다하게 받으면 폐가 실하고 沖[백호선익의 酉金 부분에 풍수해(風水害)의 직접적 피해]을 받으면 실증이 되어 해당 장기의 질환으로 발생한다.

폐기능은 맑음과 탁함을 주관하며, 폐는 2개의 혈통이 있는데 하나는 목구멍과 통하고 그 속에서 심장 계통과 통한다. 그리고 폐는 피부를 주관한다.

폐가 실하면 酉金의 기운이 강하여 금의 차가운 기운을 받게 되어 호흡기질환이 취약한데 가슴으로 숨을 쉬어 숨이 차고 헐떡이며 등이 아프다. 배꼽 오른쪽이 단단해 아픈 듯하고 배가 마르고 살이 빠지고 가슴속이 그득해서 숨쉬기가 어렵게 된다. 또한 폐가 병들면 간 기능 또한 저하되고 위장까지 병들 수 있다.

酉金의 기운이 강하면 色을 즐기고 色에 강한 체질이라 子氣나 卯氣에 배속되면 色에 대한 기운은 더욱 강해진다. 폐가 허하여도 호흡기질환이 취약해져 숨을 쉬기가 힘들고 귀가 잘 안 들리며 목이 마르고 기침이 잦고 슬픔을 자주 느끼게 된다. 즉, 金의 기운이 허하면 肺 기운도 허증으로 작용하여 제 기능을 하지 못하게 된다.

③ 地支 **戌土**의 戌는 土의 地氣로서 인체에 있어 위장을 주관하지만 지지가 백호에 위치하고 있어 金에 연관된 질환이 발생하거나 동반한다.

(3) 발병질환

白虎에 풍수해(風水害)의 간섭적 영향이 미치면 白金 에너지 및 그 에너지場에 문제가 발생하여 병이 발생한다. 白虎의 병은 白虎선익 조직의 이상 문제, 조직의 질이 바뀐 경우 이상현상에서 나타나며, 이에 대한 대표적 질환이 폐, 대장의 암이다. 백호선익 조직의 이상은 그 지역의 불규칙적 집합 에너지체이거나 불완전 규격 에너지장일 때 지각의 穴心 조직에 이상조직 현상이 나타나게 된다. 앞에서도 언급하였지만, 암은 토질병에 의해서도 많이 발생하는데 토질을 살펴보면 풍화암이나 현무암이 들어 있거나 흰돌, 돌줄과 같은 흙석질이 지각조직 내에 섞이거나 두 가지 이상의 토질성분이 섞여 있는 곳에서도 발생하므로 이 점도 유의해야 한다.

白金의 생명 에너지는 탄소(C)로 백호 측에 물, 바람이 침입하면 공기순환이 안 되게 되고 폐, 대장의 재생기능이 떨어져서 생명 에너지 원소인 탄소에 이상증상이 나타나게 되며, 인체요소 중 폐, 대장 장기에 이상이 생기게 된다.

호흡기계에 속해 있는 폐(lung)는 폐 형성 이상에 따른 폐 형성부전, 폐 낭포와 같은 선천성 질환과 폐 순환장애에 따른 폐울혈, 폐출혈, 폐수종, 폐색전증, 폐경색, 폐고혈압증 그밖에 세균성 감염에 의한 폐렴, 폐결핵과 종양에 의한 폐암 등이 있다.

소화기계에 속해 있는 대장은 발육이상적 질병과 장폐색, 순환장애, 장결핵, 충수염, 세균성 이질, 궤양성 대장염, 그밖에 양성 상피성 병변과 대장암 등이 발생한다. 그중, 양택지의 간섭적 작용의 풍수에 의해 발생할 수 있는 질환은 폐순환장애, 폐렴, 폐암, 양성 상피성 병변과 대장암 등을 들 수 있는데 발생 원인의 가장 큰 원인은 백호 측 풍수해(風水害)의 간섭적 영향으로 호흡기를 통한 말라 없애 트리는 조음기(朝音氣)가 발생하여 나타나게 된다. 또한 백호 측 물의 정체로 썩거나 물의 광물질이 정상수지 이상으로 낮은 경우나 백호 산맥에 따라 흐르는 물의 성질이 바뀌는 경우에 발생할 수 있다. 이 밖에 백호 측 지질조직에 풍화암이나 현무암이 들어 있거나 두 가지 이상의 토질성분이 섞여 있는 곳에서 발생한다. 또한 청룡 측 질환과 마찬가지로 폐에 이상이 생길 경우, 위장에도 병이 발생할 수 있음을 유의해야 한다.

(4) 발병 원인

혈터에 金氣 에너지를 공급하여 폐, 대장을 주관하고 대사기능에 필요한 산소공급과 대사산물인 이산화탄소와 같은 잔여물을 배출하는 백호 기운의 영향을 받지 못하여 진행용맥 에너지체의 진행지속성과 중심 에너지場의 안정목적 또는 자체 정지 안정노력 질서구조를 찾아보기 어려운 경우 질병이 발생하였다.

특히 풍수로의 영향은 申酉戌의 지기 에너지와 庚辛의 천기 에너지의 흐름에 동조적 조화를 이루지 못하고 반대적 영향의 작용 에너지 역할을 하고 있다. 좌청룡과 마찬가지로 우백호의 기능인 보호기능과 육성기능 그리고 응축기능을 발휘하지 못하면 짜임새 있는 국을 형성하지 못하게 된다. 따라서 본 표본조사에 있어서도 백호 측 바람의 침입으로 지기 에너지를 순환시키거나 에너지량을 조절하는 역할로서의 생기적 동조 작용을 일으키지 못하고 혈장이 형성되지 못하게 된다. 우백호의 풍(바람)은 호흡기를 통해서 폐, 대장에 영향을 주며, 말라 없애 트리는 조음기(燥音氣)의 풍이 발생한다.

5) 안산 에너지체가 인체에 미치는 영향

(1) 안산과 풍수로의 지세(地勢) 관계

안산은 穴場 앞의 가장 가까운 산으로 현무와 마주 보고 있는 산을 말하는데 원근에 따라 가까이 있는 산을 안산이라 하며 안산보다 멀고 높은 산을 조산(朝山)이라 한다. 안산은 현무에서 시작된 용맥의 진행력을 혈장에 맞는 에너지체로 응축시켜 적절한 힘의 균형점을 만들어 입혈맥 에너지에 의해 혈을 이루게 하는 역할을 한다.

안산은 혈장과 멀수록 당판이 열리기 쉽고 물은 감아 돌기 어렵기 때문에 가까울수록 좋고 크기와 높이가 혈장과 균형되고 에너지 응기 각도가 유지되어야 현무정과 균형을 유지하면서 청, 백의 관쇄기능을 돕고 입수두뇌에서 들어온 직진성 에너지에 안산 에너지도 혈장으로 밀어주면서 혈장 에너지가 형성된다.

양택에 있어서도 안산이 혈장의 왼쪽에 있으면 왼쪽으로, 오른쪽에 있으면 오른쪽으로 안산이 있는 방향으로 집의 좌향을 잡아야 하며 안산으로서의 방향이 너무 벗어나 있으면 청룡이나 백호로 보아야 된다.

안산은 본맥과 90°를 이루면 그 역량이 100%의 반(反)에너지를 공급하게 되므로 본맥과의 각이 적어도 30° 이상 응축각도를 이루어야 안산의 역할을 제대로 하게 된다. 안산은 음양오행에 있어 火에 해당하며 천간에 있어서는 丙(+), 丁(-)에 해당한다.

丙陽火 에너지장은 혈장 외곽 아래 朱火 중 우단부 전순 형성 에너지장으로 좌단 에너지의 모체 에너지장이 되며, 丁陰火 에너지장은 혈장 외곽 아래 朱火 중 좌단부 전순 형성 에

너지장으로 우단 에너지의 모체 에너지장이 된다.

丙丁의 天干 에너지와 어우러진 巳(-), 午(+)와 未(-) 방향의 地支 에너지가 진행 용맥 에너지체의 진행지속성과 중심 에너지장의 안정목적 또는 자체 정지 안정노력 질서구조가 풍수로의 동조적 작용에 의해 좋은 양, 음택지가 형성되는 것이다.

(2) 안산과 생체기전 관계

안산에서 바람(風)이 생기적 동조 작용을 일으켜 혈장이나 국에 지세 및 국세로 작용하는 힘으로 작용하고, 물(水) 또한 地氣 에너지를 생육(生育), 조윤(調潤), 순화(醇化), 취융(聚融), 보호(保護)하여 용맥(龍脈)과 혈장에 생기적 동조 작용을 하여 穴場과 局의 지세(地勢) 및 국세(局勢)에 생기조절하는 역할을 하여 혈장에 火氣를 공급하여 심장과 소장을 주관하고 혈액공급과 심혈관계를 통한 호흡가스와 영양분의 이동역할과 영양분 흡수를 관장한다.

반대로 간섭 작용으로 인한 해당 장기의 실, 허증으로 나타나게 되어 병증 증세를 보이게 된다.

① 地支 巳火의 巳는 火의 地氣로서 陰이며 天氣 丁과 성질과 작용이 같으나 아버지인 丙과 어머니인 丁의 기운을 같이 지니고 있다. 인체에 있어서 심장을 주관하므로 巳火의 기를 받으면 심장이 실하고 沖[주작의 巳火 부분에 풍수해(風水害)의 직접적 피해]을 받으면 실증이 되어 해당 장기의 질환으로 발생한다.

심장이 병이 들면 당뇨에 걸리기 쉬우며, 근심 걱정이 많으면 가슴이 답답하고 번민이 많으며 건망증이 심해진다. 그리고 쉽게 피로가 오고 권태가 빠르며 얼굴이 붉고 몸이 무거워진다.

- 허증이면 슬픔과 두려움이 많아 가슴이 두근대고 불안, 성냄, 불쾌한 감정으로 번잡스럽다.
- 실증이면 심장이 크고 심장 부위에 통증이 오며 기쁨과 슬픔의 감정변화와 빈혈증세가 나타난다. 감정 상태는 잘 웃고 열이 많아진다.

② 地支 **午火**의 午는 火의 地氣로서 陽이며 天氣 丙과 성질과 작용이 같으나 아버지인 丙과 어머니인 丁의 기운을 같이 지니고 있다. 인체에 있어서 소장을 주관하므로 午火의 기를 과다하게 받으면 소장이 실하고 沖[주작의 午火 부분에 풍수해(風水害)의 직접적 피해]을 받으면 실증이 되어 해당 장기의 질환으로 발생한다.

소장병의 증세는 아랫배가 아프고 허리와 척추가 당기며, 주변 장기인 음경과 고환이 아프며 소변이 원활하지 못하다. 특히, 午火의 질병은 타력적 기운에 의해 발생되는 경우가 많은데 沖을 받은 반대쪽 기운에 의해 허증이 발생하는 것으로 실증으로 병이 생긴 후, 병증이 깊어지고 따라서 소장 부위에 허증 증세가 지속되는 경우이다. 특히, 당뇨, 골수, 백혈병, 신경통, 관절질환 등은 수(水)병에 의해 발생되고, 중풍, 고혈압, 뇌출혈은 바람(風)의 영향에 의해 발생하므로 안산을 포함한 사신사에 간섭적 풍수로가 침범하지 않도록 한다.

③ 地支 **未土**의 未는 土의 地氣로서 인체에 있어 비장을 주관하지만 地支가 안산위치에 있어 火에 연관된 질환이 발생하거나 동반한다.

(3) 발병 질환

안산에 풍수로의 간섭적 영향이 미치면 朱火[안산(案山)] 에너지 및 그 에너지장에 문제가 발생하여 병이 발생한다. 朱火의 병은 객신병(客神病)이라고도 하는데, 안산조직의 이상현상, 안산 전순조직의 이상현상, 물, 바람이 들어오는 경우, 심·소장에 질환을 발생시킨다.

朱火의 생명 에너지는 산소(O)로 모든 에너지를 축적하는 용기(用器)로 작용하여 朱火가 무너지면 모든 에너지가 소멸되게 된다. 따라 기가 빠지면 제일 먼저 신장에 문제가 생기지만 결국엔 혈압에 문제가 발생되고 혈류에도 문제를 일으키게 된다.

순환기계에 속해 있는 심장은 선천성 심장기형에 따른 질환과 심판막증, 비대·확장과 심부전, 협심증, 심근경색과 같은 허혈성 심질환, 염증에 의한 심내막염, 심근염, 심막염, 그리고 종양에 의한 점액종, 횡문근종, 악성중피종 등의 질환이 있다. 그밖에 혈관질환으로는 동맥경화증, 동맥류, 정맥류, 혈전증, 상대정맥 및 하대정맥 증후군 등이 있다.

소화기계에 속해 있는 소장(십이지장, 공장, 회장)은 발육이상적 질병과 장폐색, 순환장애, 장결핵 그밖에 유암종 등이 발생한다. 그중, 양택지의 간섭적 작용의 풍수에 의해 발생할 수 있는 질환은 비대·확장과 심부전, 협심증, 심근경색과 같은 허혈성 심질환, 종양에 의한 심장질환과 유암종과 순환장애 등의 질환이 소장에 발생할 수 있다.

(4) 발병 원인

巳午未의 지기 에너지와 丙丁의 천기 에너지의 흐름에 동조적 조화를 이루지 못하고 반대적 영향의 작용 에너지 역할을 하고 있다. 안산은 좌청룡과 우백호의 보호, 육성, 응축기능과 현수 에너지의 전체적 풍수세를 안정시키는 중요한 역할을 하는 것으로 기운은 입력 에너지인 현무에서 결정되지만 안정평등은 조안(朝案)에서 형성된다.

6) 혈장 에너지장 및 그 에너지체가 인체에 미치는 영향

(1) 혈장과 풍수로의 지세 관계

입력(入力) 에너지인 입수맥 에너지가 태조산(太祖山)에서 시작하여 수십 내지 수백 절을 변화 진행하여 안정취기점이 형성되어 입수두뇌인 현무봉을 만든 후에 입수두뇌에서 들어온 직진성 에너지에 의해 입혈맥 에너지가 혈장에 들어오며 동시에 주화 에너지도 혈장으로 밀어주면서 직진성 에너지가 안정을 취하게 된다. 또한 청룡, 백호 등의 좌우선 에너지와 연분이 되어 좌우보호와 응기를 받음으로써 여기(余氣)와 요(曜)가 형성되어 사신사의 역리학적 작용과 天干과 地支, 바람, 물 등의 역리학적 작용이 함께 작용하여 穴核果가 형성되는 것이다.

혈장은 음양오행에 있어 土에 해당하며 천간에 있어서는 戊(+), 己(-)에 해당한다. 戊, 己는 천간지지합성구조에 의해 각 사신사에 위치하여 해당 砂의 모체 에너지로서의 역할을 하나 혈(터)에 가장 영향력을 미치는 天干 기운으로 작용한다. 그렇지만 혈(터)는 모든 천간 에너지와 지지 에너지의 중심부에 위치하기 때문에 모든 에너지의 안정적 균형을 이루어야 되며, 이와 아울러 진행용맥 에너지체의 진행지속성과 중심 에너지場의 안정목적 또는 자체 정지 안정노력 질서구조가 풍수해(風水害)의 동조적 작용에 의해 좋은 양음택지가 형성될 수 있다.

(2) 혈장과 생체기전 관계

　모든 사신사(四神砂)에서 바람(風)이 생기적 동조 작용을 일으켜 혈장이나 국에 지세 및 국세로 작용하는 힘으로 작용하고, 물(水) 또한 地氣 에너지를 생육(生育), 조윤(調潤), 순화(醇化), 취융(聚融), 보호(保護)하여 용맥(龍脈)과 혈장에 생기적 동조 작용을 하여 혈장과 국의 지세(地勢) 및 국세(局勢)에 생기조절(生起調節)하는 역할을 하여 혈장에 土氣를 공급하여 비장과 위를 주관하고 水, 火, 木, 金氣가 모이는 장소가 되어 혈(터)가 무너지면 모든 기운이 무너진다. 따라서 면역기능에도 중요한 역할을 한다.

　반대로 간섭 작용에 의해 해당 장기의 실, 허증으로 나타나게 되어 병증 증세를 보이게 된다.

① 地支 **丑土**의 丑은 土의 地氣로서 陰이며 天氣 己丑과 성질과 작용이 같으나 土의 天氣인 아버지 戊辰과 어머니 己丑의 기운을 같이 지니고 있다. 인체에 있어서 비장을 주관하므로 己土의 기를 받으면 비장이 실하고 沖(穴 核心의 丑土 부분으로 풍수로의 직접적 피해)을 받으면 실증이 되어 해당 장기의 질환으로 발생한다. 丑土는 냉한 기질이 있어서 丑의 기가 많이 유행할 때 태어나면 체질 역시 냉해서 추위에 약하다. 특히 여성의 경우 水가 많은 체질이면 유산하거나 자궁이 냉습해 자궁질환을 앓기 쉽다.

土의 기운이 허하면 비장 기운도 허증으로 작용하여 제 기능을 하지 못하게 된다.

비장의 기능에 있어 한의에선 소화의 기능으로 보며, 양의에선 활발한 포식작용에 의해서 세균 및 이물질을 섭취하고 수명이 다된 적혈구를 파괴시켜 헤모글로빈, 빌리루빈 및 페리틴을 분해시켜 혈액으로 방출한다. 또한 순환 혈류량을 조정할 수 있으며, 림프조직을 갖고 있어서 면역반응에 중요한 구실을 한다.

② 地支 **未土**의 未는 土의 地氣로서 陰이며 天氣 己未와 성질과 작용이 같으나 土의 天氣

인 아버지 戊戌과 어머니 己未의 기운을 같이 지니고 있다. 인체에 있어서 비장을 주관하므로 己土의 기를 받으면 비장이 실하고 沖[穴 核心의 未土 부분으로 풍수해(風水害)의 직접적 피해]을 받으면 실증이 되어 해당 장기의 질환으로 발생한다. 未의 기운이 많을 때 태어나면 열이 많은 체질이여서 더위를 참지 못한다.

- 실증이면 옆구리가 아프고 빨리 달리지 못한다. 소화가 잘되지 않으며 몸이 무겁고 특히 관절이 아프며 대소변이 어려워진다.
- 허증이면 옆구리가 당기고 아프며, 비장이 냉하고 당뇨에 걸리기 쉬우며 여러 질병에 취약해진다.

③ 地支 辰土의 辰은 土의 地氣로서 陽이며 天氣 戊辰의 성질과 작용이 같으나 土의 天氣인 아버지 戊辰과 어머니 己丑의 기운을 같이 지니고 있다. 인체에 있어서 위장을 주관하므로 辰土의 기를 받으면 위가 실하고 沖(穴 核心의 辰土 부분으로 풍수로의 직접적 피해)을 받으면 실증이 되어 해당 장기의 질환으로 발생한다. 또한 매우 습한 기질이 있어서 辰의 기운이 많을 때 태어나면 체질이 습하고 추위에 약하다.
土의 기운이 허하면 위장 기운도 허증으로 작용하여 제 기능을 하지 못하게 된다.
위는 음식물을 일시적으로 저장하여 소화시키는 중요한 기능이 있고, 위벽을 통한 영양분의 흡수는 일어나지 않으나 알코올은 흡수가 잘된다.

④ 地支 戌土의 戌은 土의 地氣로서 陽이며 天氣 戊戌의 성질과 작용이 같으나 土의 天氣인 아버지 戊戌과 어머니 己未의 기운을 같이 지니고 있다. 인체에 있어서 위장을 주관하므로 戌土의 기를 받으면 위가 실하고 沖(혈 핵심의 戌土 부분으로 풍수로의 직접적 피해)을 받으면 실증이 되어 해당 장기의 질환으로 발생한다. 또한 인체에 있어서 허한 심장으로도 볼 수 있다. 戌土는 건조한 체질이여서 戌의 기운이 많을 때 태어나면 덥고 건조한 날씨를 견디기 어려워한다.
土의 기운이 허하면 위장 기운도 허증으로 작용하여 제 기능을 하지 못하게 된다.

풍수로의 간섭적 작용 중 혈장에 수맥이 침범하면 비, 위장 계통의 질병 외에 골과 관련된 질환 및 골수, 통풍, 관절, 당뇨, 신방광암 등이 발생되며, 혈장이 형성되지 않은 곳의 토질 중 풍화암, 현무암 같은 흉석질이 있는 곳에서는 암이나 간담환자가 발생할 수 있다.

(3) 발병 질환

혈(터)에 풍수해(風水害)의 간섭적 영향이 미치면 응축동조 에너지 및 그 에너지장에 문제가 발생하여 병이 발생한다. 穴土의 병은 혈토조직에 화강암이나 유문암이 박혀 있는 차돌이나 자갈 등이 박혀 있거나 날카로운 바위들로 이루어진 경우, 사신사에 바람이나 물의 침범으로 혈토조직이 썩은 경우에 비·위에 질환을 발생시킨다. 특히 물, 바람이 침범한 곳은 습(濕)하게 되어 위장질환, 피부질환, 식도암 등도 발생하게 된다.

혈(터)에는 혈 에너지場이 형성된 곳으로 H, N, C, O의 합성 에너지가 형성되는 곳으로 혈(터)에서의 응축과 응기는 상하 응축급 응기장(천체, 지구 에너지장), 전후 응축급 응기장(현무, 현수 에너지장), 좌우 응축급 응기장(청룡, 백호 에너지장), 국 응축급 응기장(사신사 균형 에너지場)이 작용하는 곳이다. 따라서 혈(터)가 무너진 곳은 그 이전에 다른 기운이 무너진 경우가 많으며, 면역기능에도 영향을 미치므로 질병발생의 범위도 과히 위력적이라 할 수 있다.

소화기계에 속해 있는 위는 양택지의 간섭적 작용의 풍수에 의해 발생할 수 있는 질환으로는 급·만성 소화성궤양, 종양 및 종양상 병변인 용종, 위암 비상피성 종양 등으로 여겨진다.

면역은 특정질환에 대한 특이적 방어로 외부로부터 병원체의 침입이나 병원 작용 또는 항원물질의 독 작용에 대한 방어를 말하는데 그 작용의 주요 장기 중의 하나가 비장으로 면역기능에 중요한 구실을 한다. 면역계는 세균과 진균, 바이러스, 기생충 등의 병원성 미생물에 대한 생체 방어 작용으로 유익한 작용을 하기도 하나 과민반응이나 알러지 등의 조직 상해를 입히게 된다. 그중 풍수와 관련되어 발생할 수 있는 질환으로는 면역부전, 자가면역성 질환, 만성 류머티스성 관절염 등으로 예상된다.

⑷ 발병 원인

穴場에 水, 火, 木, 金氣가 모여 土 기운의 혈핵과(穴核果)를 형성하지 못하면 질병이 발생한다. 상기 사례를 보면 다음과 같은 공통 특징을 확인할 수 있다.

특히 풍수로의 영향은 사신사 각 방향의 지기 에너지와 戊己의 천기 에너지의 흐름에 동조적 조화를 이루지 못하고 반대적 영향의 작용 에너지 역할을 하고 있다. 바람의 형, 충, 파, 해, 살의 사멸 기운으로 지기 에너지를 설기 또는 산기시켜 혈장에 사신사 에너지의 균형이 불규칙적 집합 에너지체이거나 불완전 규격 에너지장일 때 혈심(穴深)조직에 이상 조직현상이 질병을 초래하게 된다.

Ⅲ

풍수역학 기본원리

지구에서 안시로 운행 확인이 가능한 행성은 목, 화, 토, 금, 수 오행(五行)이다.
사진에서 화성이 운행하며 마차부자리를 지나가고 있다. (좌측 하단부 붉은별)

1. 사주의 구성

① 연월일시의 시공간 에너지장이다. 천체(태양) 에너지장 ↔ 지구 ↔ 달 에너지장의 상호 동조관계에 의해 형성된다.

② 사주 인자의 동조와 간섭체인 형, 충, 파, 해, 원진은 지기의 영향을 받는다. 지기 에너지의 동기감응은 부모 조상의 묘(墓)인 음택과 연관되어 있다.

③ 타고난 사주의 개선과 쇠퇴 여부는 현재 살고 있는 양택의 동기감응 생명활동에너지와 영혼 에너지다

1) 동기감응(同氣感應) 유형

① 순화(醇化)감응: 생명 에너지장 감응은 生氣감응, 주변 사람 혹은 형제간의 감응이다.
② 농기(同氣)감응: 에너지장 감응, 간접감응, 유도 동조로 地氣 + 人氣로 형제 혹은 부부 간의 감응이다.
③ 동기(同期: 같은 시기) 감응: 생명 에너지 감응은 주파수 동조로 人氣 + 人氣로 동조감응으로 직계조상과 나의 감응이다.

2) 동기감응의 조건

① 유전 인자 동일
② 유전형질 동일
③ 에너지 주파수 동일
④ 자손 집합 에너지장(陽 에너지장)
⑤ 조상 환원 에너지장(陰 에너지장)
⑥ 동일한 주파수 에너지장은 상호 동조(조산과 자손 간의 에너지 전달)

3) 지구 에너지장 형성원리

① 태양 ↔ 지구 ↔ 달 ⇔ 인간관계로 지구상의 모든 생명체는 태양과 달 에너지장의 영향을 가장 많이 받는다.

② 십간(十干): 8相(팔괘) + 上下 → 十方 → 천체 에너지相 개념

③ 12相: 지구는 태양 주위를 1달 동안 30°씩 이동하고 지구가 태양 주위를 1바퀴 돌 때, 달은 지구 주위를 12번 돈다. 즉 12마당의 에너지장이 지구 표면에 형성되며, 이를 표현한 相이 십이지(十二支)이다.

∴ 지구에 살고 있는 인간은 태어난 연월일시의 시공간 에너지 인자(태양, 지구, 달의 상호 동조관계)를 파악, 분석해 봄으로서 과거, 현재, 미래를 유추하는 것이다.

4) 사주의 작용력

인간의 사주는 인간이 태어난 시점의 태양과 지구, 달의 상호 동조 및 간섭 에너지장의 영향을 받아 형성된다. 사주는 인간 생명활동 100% 중 25%의 시공간 에너지장에 해당되는 것으로 나머지 75%의 에너지장(영혼 인자, 종성 인자, 지기 동조 에너지 인자)과 인연 동조하여 결정된다.

풍수역학은 25%의 시공간 인자인 사주분석과 사주 외의 인과(因果)관계(75%)를 함께 규명해 볼 수 있다.

· 동조 작용: 天地氣 음양합, 삼합(△합), 반합에 의해 길하게 작용
· 간섭 작용: 天地氣 형, 충, 파, 해, 원진살에 의해 흉하게 작용

2. 풍수와 풍역 역학관계

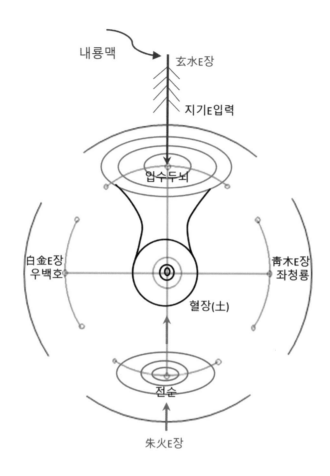

① 혈장은 선천(氣⊕형성) 에너지 인자를 형성한다.

② 내룡맥은 후천(血⊖형성) 에너지 인자를 형성한다.

③ 내룡맥이 살아 있는 맥으로 혈장에 들어오면 좌청룡, 우백호, 전순까지 만들어졌다고 볼 수 있다.

④ 단맥은 무기[無氣: 사맥(死脈)]맥이요, 두 개의 맥은 생(生)맥으로 혈장을 만들거나 기울어진 편맥, 병맥, 와혈이 만들어진다. 세 개의 맥은 유돌혈이 만들어진다.

⑤ 후천이 튼튼하면 내룡맥이 강하다는 것을 알 수 있다.

⑥ 내룡맥이 약하면 혈장 기운이 약해져서 후천 기운이 약하다. : 내룡맥이 10절 이후, 뒤

틀리면 후천 기운이 약해진다.

⑦ 선천 기운에서 시주(時柱) 기운은 입수두뇌와 연관된다. 물론 혈장 내의 씨알이지만 입수두뇌의 기운이라 할 수 있다.

⑧ 선천의 년주, 월주는 국형성(혈장모양)으로 혈장의 폼(형태)이다. 일주, 시주는 혈장 내 알맹이로 혈장 내 짜임새이다. 즉, 입수두뇌가 좋아야 알맹이가 좋은 것이며, 전순이 좋아야 입수두뇌도 좋다.

⑨ 후천에는 시주(時柱)를 전순으로 본다. 선천에서는 시주를 입수두뇌로 본다. 좋지 않은 시주는 丑, 卯, 未, 亥, 酉, 巳이다. 물론 합이 없을 경우를 말한다.

· 합이 없는 丑은 좌편함정으로 죽은 어깨인 웅덩이다.

· 합이 없는 卯는 산기, 산만하여 퍼진 기운으로 정신적 건강문제가 따른다.

· 합이 없는 未는 입수두뇌가 메말라 있다. 설기되어 기운이 빠진 것이다. 돌바위, 부수러진 돌입수가 해당된다. 정신적 문제를 갖는다.

· 합이 없는 亥는 우측으로 기울어 있는 것으로 우편 입수이다. 정신적 문제를 갖는다.

· 합이 없는 酉는 치우친 뼈로 들어왔다. 백호로 기울어져 있다.

· 합이 없는 巳는 불특정 특이형으로 육체적 문제를 갖는다. 울퉁불퉁하거나 정돌하지 않으면서 특이형이다. 즉, 특이한 재질은 있으나 건강(암) 요소가 좋지 않다.

· 子, 寅, 辰, 午, 申, 戌은 양명하다고 본다. 혈핵은 숨어 있으면 안 되는데, 해당 인자들은 드러나 있다. 時가 양명하지 않는 자는 자식을 정성들여 키워야 한다.

⑩ 자자충(子自沖) 후 午로 가서 형충파해를 받는 것은 입수가 아예 끊어진 경우로 후손이 끊어진다. 살아남을 경우, 입수 25%가 살았다는 의미이다. (늦아들, 후실손 등이 겨우 후손을 이어간다.)

⑪ 회충(回沖)시 子, 午 모두 죽은 것이다. ① 규봉이 빗겨 현수를 친 경우, ② 안산이 깨진 경우, ③ 규봉이 세게 친 것이다. 회충은 극심으로 절손된다. 午 自沖시 현수 75%, 주화 25% 기운으로 감소된다. 寅, 戌과 합을 이룬 경우 100%회복되며, 申辰과 합할 경우 175% 충만된다.

⑫ 卯木이 酉金보다 현수 기운을 먼저 받는다. 청목이 현수기능을 백금보다 잘 받는다.

즉, 白金이 주화 에너지장을 먼저 받는다.

⑬ 乙, 辛, 酉, 卯 특성

・乙, 辛은 객산이 멀리 있는 청룡, 백호 기운이다.

・卯, 酉는 객산이나 천간보다 가까이 있는 백호, 청룡이다.

∴ 辛卯: 청룡도 자기맥이 아닌 객산에 의해 형성된 국이다.

∴ 酉金 숙살지기

・숙살지기 기운이 직접 들어와 살벌해지면(음기) 자손이 없다. (합이 없는 독거): 살기가 있는 음침한 산. 즉, 乙酉에 申金이나 戌金이 없고 申子辰, 寅午戌이 없으면 백호가 유정한 산이 아니다.

3. 풍수역학의 안정적 구조

태양의 궤적이 내일의 일을 이미 결정하고 있듯이 풍역구조를 통한 나의 에너지장을 정확히 분석하는 능력을 키우면 나의 내일과 미래를 파악할 수 있다.

풍역구조는 크게 세 가지로 구분된다. △델타구조는 申子辰, 寅午戌이 해당되며, Y스타구조는 亥卯未, 巳酉丑이 해당된다. ┼안정구조는 子午卯酉이다.

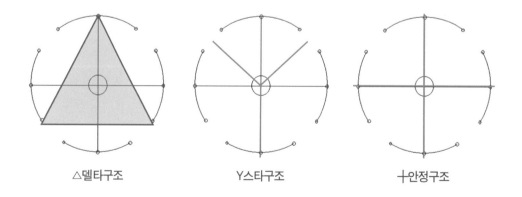

△델타구조 　　　　　 Y스타구조 　　　　　 ┼안정구조

예를 들자면 '풍역구조체'는 전기공학의 '3상 전동기 구조'와 유사하다. 회전하는 일반적인 모터는 세 군데 코어가 감겨 있는 전기선이 서로 작용을 해서 자기의 힘을 빌어 회전체가 돌게 되어 있는데, 전기를 연결하는 방식에 있어 안전구조 라인은 Y결선과 델타결선 방식이 있다. Y결선은 좌, 우선 어느 방향으로 돌려놓아도 Y 모양이며, 삼각형 모양의 델타결선 역시 좌, 우선 어느 쪽으로 돌려도 60°의 안정각을 이룬다. 만약 역방향으로 돌리고자 한다면 R과 S의 2개의 전선 위치만 바꿔주면 된다. 마찬가지로 풍수역학 구조에서도 상기세 개의 역학 구조를 이룬 사주는 본인의 의지대로 정(正)과 역(逆)을 자유로이 바꿀 수 있는 안정적 삶의 구조체가 되는 원리라 할 수 있다. 그러나 Y결선이 델타 결선에 비해 1/3의 전류만 흐르듯 풍수역학에서도 다 같은 안정구조라 하더라도 양(陽)적 델타구조가 음(陰)적 Y구조에 비해 상대적으로 질이 높다 할 수 있다.

여기에 더하여 +안정구조는 전후좌우 중심을 잡는 안정구조체로 포함된다. 다만 안정구조를 유지하기 위해선 멈추지 않고 계속 돌고 있어야 하는 특징을 지닌다.

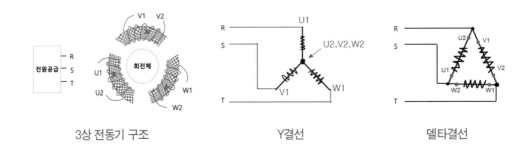

3상 전동기 구조   Y결선   델타결선

1) 델타구조: 申子辰, 寅午戌 ⇒ 군자

· 자신만을 위한 구조이다.

· 관직에 있는 사람은 횡적(스타구조) 구조가 없어 대화가 안 되는 사람일 수 있다.

· 申子辰은 생산적 집합 안정구조: 끌어모으는 힘이다.

· 寅午戌은 이산 안정구조: 활동성

∴ △(삼합) 에너지장 동조는 합거원리이다. 집합 에너지장 응축 동조장으로 입체E장이다.

2) 스타구조: 亥卯未, 巳酉丑 ⇒ 유명인사

· 화려한 꽃이나 소멸성이 강하다.

· 단, 亥卯未, 巳酉丑이라도 형, 충, 파, 해, 원진이 없으면 △에너지장구조이다.

· 亥 + 卯 + 未 ⊕ 200%, 亥 + 卯 150%⊕, 未 + 卯 150%⊕, 亥 + 未 100%⊖, 卯 100%⊕

∴ Y에너지장 동조는 형, 충, 파, 해, 원진이 있는 경우이다. 이산(離散) 에너지장 선구조 E장으로 진행동조 E장이다.

3) 180°(진행과정의 안정구조): 현재 상태유지, 보존. 자기만 생각

· 대칭구조로 사람을 발전시키는 구조: 선흉후길(균형의지 때문), 배위(配位)

4) 30°는 활동적 생산구조이며, 45°의 陰은 폐쇄적이고 陽은 변위적

5) 90°는 형살, 파살, 해살

· 子卯형살, 子酉파살, 午卯파살, 午酉형살, 寅亥파살

· 寅巳 형살은 불에 나무가 타서 寅이 무너진다.

· 巳申파살은 불에 금이 깨져서 申이 무너진다.

· 申亥해살은 金生水에 해당되어 절반은 生이다.

· 戌未파살, 丑戌형살, 辰丑파살

· 辰未는 未가 일주면 미진한 해살(소모가 더 강하다.)이며, 辰이 일주면 진미로우나 노는 것을 즐겨 문제가 된다. (잔정은 많으나 소모적이다.)

6) 구조 특성

· 홀수배 → 변위질서, 스타구조, 변위특성

· 짝수배 → 안정질서, 델타구조, 집합특성

· 최적정 안정으로 가는 것은 절대평등이다.

4. 기질(운명)의 선천운과 후천운 기준

사주는 내가 태어난 시점의 시공간 에너지장이다. 풍수역학은 인간이 태어난 시점의 연월일시에 내재된 태양·지구·달의 상호 동조/간섭 에너지장이 조상의 종성 인자와 산소의 지기 동조 에너지 인자와 어떻게 동조, 간섭하고 있는가를 분석하는 것이다.

운명(運命)은 천지인(天地人) 합성 에너지장의 리듬(命의 흐름 현상) 특성이다. 이것을 살피는 것이 풍수역학의 주된 원리로 달을 중심으로 한 천지인 합성 동조장의 기질적 구조 질서다. 월력은 몸과 마음을 보는 것으로 삼독심[三毒心: 탐심(탐내는 것), 진심(성내는 마음), 치심(어리석은 마음)]을 확인할 수 있다.

1) 선천 기질운

태양 에너지장과 지구 에너지장을 분해한 명운으로 기골을 형성한다.

· 선천운 분해는 음력을 기준으로 태양 에너지장 365일을 지구가 움직인 거리 30일(30°)을 1마당으로 1년을 12등분하여 나누어진다. (1등분마다 30일간 좌선 회전 운동을 한다.)
· 에너지의 기초 에너지 각은 30°이다. $\theta = \angle 30° \times n$의 질서를 그려야 한다.
· 태양은 천체 에너지장을 대변한다. 지구와 제일 가까운 천체는 태양이기 때문이다. 이는 상대적인 것으로 우주에서 제일 가까운 태양을 천체 에너지장으로 본다.
· 태양, 지구, 달은 실제 우선으로 에너지 운동을 하나 미러(mirror) 효과에 의해 지구상 내에선 좌선으로 형성한다.

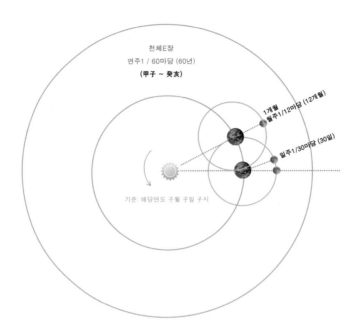

천체E장
연주1 / 60마당 (60년)
(甲子 ~ 癸亥)

1개월
월주1/12마당 (12개월)

일주1/30마당 (30일)

기준: 해당연도 子月 子日 子時

1년(360°) = 12개월(30° × 12마당)
: 실제 천체상(天體像)에선 우(右)선을 한다.

예시 1) **陰. 辛亥年 5月 6日 巳時**

年에너지장: 辛亥年

月에너지장: 辛亥年에서부터 좌선 다섯 마당 이동한 乙卯月

　　신(辛) → 임(壬) → 계(癸) → 갑(甲) → 을(乙)

　　해(亥) → 자(子) → 축(丑) → 인(寅) → 묘(卯)

日에너지장: 乙卯月에서부터 좌선 여섯 마당 이동한 庚申日

　　을(乙) → 병(丙) → 정(丁) → 무(戊) → 기(己) → 경(庚)

　　묘(卯) → 진(辰) → 사(巳) → 오(午) → 미(未) → 신(申)

時에너지장: 庚申日에서부터 좌선 여섯 마당 이동한 乙丑時

경(庚) → 신(辛) → 임(壬) → 계(癸) → 갑(甲) → 을(乙)

신(申) → 유(酉) → 술(戌) → 해(亥) ⟩ 자(子) → 축(丑)

12운성(포태법): 연, 월, 일, 시 60갑자에 해당하는 12운성 확인

* 제5장 풍수역학 구조원리 중 '12운성(포태법)' 참조

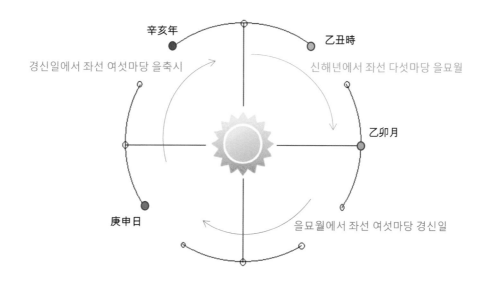

∴ 선천운 :

時	日	月	年
乙丑	庚申	乙卯	辛亥
쇠	건왕	관대	생욕

예시 2) 陰. 甲子年 9月 13日 申時

年에너지장: 甲子年

月에너지장: 甲子年에서부터 좌선 아홉 마당 이동한 壬申月

갑(甲) → 을(乙) → 병(丙) → 정(丁) → 무(戊) → 기(己) → 경(庚) → 신(辛) → 임(壬)

자(子) → 축(丑) → 인(寅) → 묘(卯) → 진(辰) → 사(巳) → 오(午) → 미(未) → 신(申)

日에너지장: 壬申月에서부터 좌선 열세 마당 이동한 甲申日과 壬申月이 沖하여 대칭에 위치한 일곱 마당 이동한 庚寅日

임(壬) → … 천간 13마당 갑(甲)에서 지지충하여 대칭한 반대편 庚으로 이동

신(申) → … 지지 13마당 신(申)에서 지지충하여 대칭한 반대편 寅으로 이동

※ 만약 열세 마당으로 이동한 자리가 '절(포)' 운기가 아닌 '건왕' 운기였다면 입체E장이 있는 운기가 되어 충(沖)하지 않고 '申'인 그 자리에 안착한다. 충(沖)할 시에는 반대편 자리로 이동하여 안착한다.

時에너지장: 庚寅日에서부터 좌선 아홉 마당 이동한 戊戌時

경(庚) → 신(辛) → 임(壬) → 계(癸) → 갑(甲) → 을(乙) → 병(丙) → 정(丁) → 무(戊)

인(寅) → 묘(卯) → 진(辰) → 사(巳) → 오(午) → 미(未) → 신(申) → 유(酉) → 술(戌)

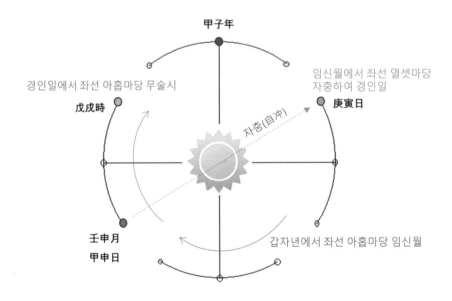

∴ 선천운:

時	日		月	年
戊戌	庚寅	甲申	壬申	甲子
묘	절	절	생욕	생욕
		冲		

예시 3) 陰. 辛亥年 5月 9日 卯時

年에너지장: 辛亥年

月에너지장: 辛亥年에서부터 좌선 다섯 마당 이동한 乙卯月

　신(辛) → 임(壬) → 계(癸) → 갑(甲) → 을(乙)

　해(亥) → 자(子) → 축(丑) → 인(寅) → 묘(卯)

日에너지장: 乙卯月에서부터 좌선 아홉 마당 이동한 癸亥日일과 辛亥年이 冲하나 癸亥日
이 건왕 기운으로 그대로 안착한다.

　을(乙) → … 천간 아홉 마당 계(癸)에서 지지충하나 癸亥 건왕 운기에 해당

　묘(卯) → … 지지 아홉 마당 해(亥)에서 지지충하나 癸亥 건왕 운기에 해당

　※ 만약 아홉 마당 이동한 자리가 '건왕' 운기가 아닌 다른 12운성이었다면 충(冲)에 해당되어
　　 대치하는 반대 자리인 '巳'로 이동해야 한다.

時에너지장: 癸亥日에서부터 좌선 네 마당 이동한 丙寅時

　계(癸) → 갑(甲) → 을(乙) → 병(丙)

　해(亥) → 자(子) → 축(丑) → 인(寅)

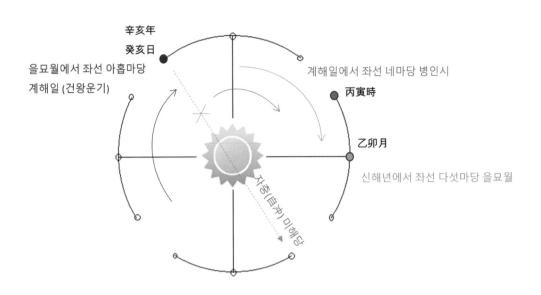

辛亥年
癸亥日

을묘월에서 좌선 아홉마당
계해일 (건왕운기)

계해일에서 좌선 네마당 병인시

丙寅時

乙卯月

신해년에서 좌선 다섯마당 을묘월

자충(自沖) 미해당

∴ 선천운:

時	日	月	年
丙寅	癸亥	乙卯	辛亥
생욕	건왕	관대	생욕

예시 4) **陰. 甲辰年 12. 8 丑時**

∴ 선천운 :

時	日	月	年
癸亥	壬戌	乙卯	甲辰
건왕	관대	건왕	쇠

포인트

① 초년운은 쇠하여 안 좋다. 그러나 건왕 운기로 돌아서 빠르게 회복됐다. → 묘(산소)를
　잘 썼다.

② 묘술이 있어 재주가 있다.

③ 시절운에서 己를 만나면 壬乙己 합이 되어 잘 풀린다. (예. 己巳年)

④ 일주와 시주운이 좋으면 술술 해결된다. (일취월장)

⑤ 술해는 술술 해결되나 해묘미는 묘를 강하게 하여 묘 + 술이 강하다. 그러나 진해원진이 있어 원망이 많다. 묘 + 해가 함께 있어 묘한 면이 있다.

　→ 묘한 면이 있는 사주는 어떤 사람인지 이해하기 어렵다. 같이 사는 배우자도 잘 모른다.

⑥ 辰戌충은 뇌에 녹이 슨다. 다만 관대운이라 강하게 작용하지 않으나 건록궁이 아니라서 머리에 영향을 받을 수밖에 없다.

⑦ 선천 시주가 건왕이면 아들운이 좋고, 후천시주가 건왕이면 본인 말년운이 좋다.

⑧ 壬乙己는 공직운이다.

2) 후천 기질운

달 에너지장과 지구 에너지장을 분해한 명운으로 혈육(血肉)을 형성한다. 병소(질병)을 관찰하는 데 있어 후천운이 제일 정확하다. : 달과 인간과의 동조 에너지장 특성 구조이다.

· 후천운 분해는 음력을 기준으로 달 에너지장 30일을 12등분(2.5)하여 계산한다.

일	1~3	4~6	7~8	9~11	12~13	14~16	17~18	19~21	22~23	24~26	27~28	29~31
등분	1	2	3	4	5	6	7	8	9	10	11	12

· 후천의 명운이 선천 명운을 간섭하면 운세가 좋지 않은 방향으로 변환된다.
· 명리는 출산을 기준으로 하며, 풍수역은 입태를 기준으로 한다.

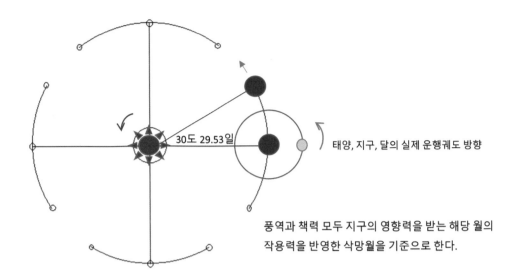

30도 29.53일

태양, 지구, 달의 실제 운행궤도 방향

풍역과 책력 모두 지구의 영향력을 받는 해당 월의
작용력을 반영한 삭망월을 기준으로 한다.

예시 1) **陰. 辛亥年 5月 6日 巳時**

年에너지장: 辛亥年

月에너지장: 辛亥年에서부터 좌선 다섯 마당 이동한 乙卯月

　신(辛) → 임(壬) → 계(癸) → 갑(甲) → 을(乙)

　해(亥) → 자(子) → 축(丑) → 인(寅) → 묘(卯)

日에너지장: 乙卯月에서부터 좌선 두 마당 이동한 丙辰日

∴ 6÷2.5 = 2.4이므로 2등분(두 마당) 이동

　을(乙) → 병(丙)

　묘(卯) → 진(辰)

時에너지장: 丙辰日에서부터 좌선 여섯 마당 이동한 辛酉時

　병(丙) → 정(丁) → 무(戊) → 기(己) → 경(庚) → 신(辛)

　진(辰) → 사(巳) → 오(午) → 미(未) → 신(申) → 유(酉)

12운성(포태법): 연, 월, 일, 시 60갑자에 해당하는 12운성 확인

* 제5장 풍수역학 구조원리 중 '12운성(포태법)' 참조

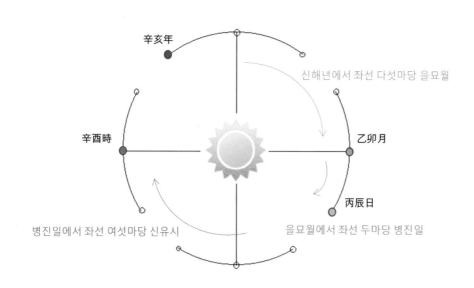

∴ 후천운:

時	日	月	年
辛酉	丙辰	乙卯	辛亥
건왕	관대	관대	생욕

예시 2) **陰. 甲子年 9月 13日 申時**

年에너지장: 甲子年

月에너지장: 甲子年에서부터 좌선 아홉 마당 이동한 壬申月

日에너지장: 壬申月에서부터 좌선 다섯 마당[13÷2.5=5.2로 5등분(다섯 마당)] 이동한 丙
子日과 甲子年이 沖하여 대칭에 위치한 반대 자리로 이동하여 壬午日이 된다.

　※ 만약 다섯 마당으로 이동한 자리가 '태(胎)' 운기가 아닌 '건왕' 운기였다면 입체E장이 있는

운기가 되어 沖하지 않고 '子'인 그 자리에 안착한다.

時에너지장: 壬午日에서부터 좌선 아홉 마당 이동한 庚寅時

∴ 후천운:

時	日		月	年
庚寅	壬午	丙子	壬申	甲子
절	태	태	생욕	생욕
		충		

예시 3) 陰. 甲辰年 12. 8 丑時

年에너지장: 甲辰年

月에너지장: 甲辰年에서부터 좌선 열두 마당 이동한 乙卯月

日에너지장: 乙卯月에서부터 좌선 세 마당[8÷2.5=3.2로 3등분(세 마당)] 이동한 丁巳日

時에너지장: 丁巳日에서부터 좌선 두 마당 이동한 戊午時

∴ 후천운:

時	日	月	年
戊午	丁巳	乙卯	甲辰
건왕	건왕	건왕	쇠

포인트

① 甲丁戊 천간합은 인기가 많다. (천간은 윗사람들의 인기다.)

② 일시가 건왕이면 모든 일이 술술 풀린다. (하늘이 돕는 사주, 영혼이 맑은 사주)

5. 본성(숙명)의 선천운과 후천운 기준

풍역에서 음력(陰曆) 기준이 운명과 연관된 기질을 보는 것이라면 풍역에서의 양력(陽曆)의 기준은 숙명의 본성을 보는 것이다.

본성의 특성은 숙명적으로 가지고 있는 한 사람의 성향이자 성품이다. 때론 살아가는 데 있어 기질의 도구로 생성되기도 하므로 상호 연관성에 대한 세심한 풀이가 요구된다.

즉, 본성은 평소에 감추어져 있는 성격이자 숨겨진 필살기와 같다. 그러므로 한 사람이 지닌 성품이나 기질을 발휘하기 위한 재주 또는 재능의 도구가 무언지를 확인할 때 중요하게 볼 수 있는 요소이다.

궁합을 볼 때도 감추어진 본성의 성향을 잘 파악해야 하며, 지속적 특성을 지닌 '선천적 기질'의 특성도 함께 초점을 맞추어 보는 것이 중요하다.

인간은 本性의 命을 가지고 태어난 생기체(生氣体)로 천지인(천체 에너지장 + 지기 에너지장 + 인간 에너지장)의 합성 동조 에너지체이다. 즉, 인간은 천지인의 자율의지인 영혼을 지니고 있다. 숙명은 천지인 합성 동조 에너지장 특성 질서로 타고난 생명(정해진 명)과 목숨의 생기(生氣)현상이다. 숙명은 운명과 달리 현생에서 뛰어넘는 것이 안 되기 때문에 반드시 4대 농사가 필요하다.

즉, 태양력에 의한 풍역은 태양 중심의 천지인 합성 동조 에너지장의 본성적 구조 질서로 태양은 인간의 본성을 나타낸다. (기질, 본성)

1) 선천 본성운
태양 에너지장과 지구 에너지장을 분해한 명운으로 본성의 기골을 형성한다.

· 선천운 분해는 양력을 기준으로 태양 에너지장 365일을 지구가 움직인 거리 30일(30°)을 1마당으로 1년을 12등분하여 나뉜다. (1등분마다 30일간 좌선 회전 운동을 한다.)

· 양력 1월 1일이 년주의 띠가 전환되는 시점이다.

  예) 23. 12. 31(일) 癸卯年, 24. 1. 1(월) 甲辰年

· 그 외 방식은 '선천 기질'을 보는 방식과 동일하다.

예시 1) **陽. 癸卯年 6月 05日 巳時(陰. 4. 17 巳時)**

年에너지장: 계묘년(癸卯年)

月에너지장: 계묘년에서부터 좌선 여섯 마당 이동한 무신월(戊申月)

  계(癸) → 갑(甲) → 을(乙) → 병(丙) → 정(丁) → 무(戊)

  묘(卯) → 진(辰) → 사(巳) → 오(午) → 미(未) → 신(申)

日에너지장: 무신월에서부터 좌선 다섯 마당 이동한 임자일(壬子日)

  무(戊) → 기(己) → 경(庚) → 신(辛) → 임(壬)

  신(申) → 유(酉) → 술(戌) → 해(亥) → 자(子)

時에너지장: 임자일에서부터 좌선 여섯 마당 이동한 정사시(丁巳時)

  ∴ 巳時(자 → 축 → 인 → 묘 → 진 → 사: 여섯 마당)

  임(壬) → 계(癸) → 갑(甲) → 을(乙) → 병(丙) → 정(丁)

  자(子) → 축(丑) → 인(寅) → 묘(卯) → 진(辰) → 사(巳)

∴ 선천운:

時	日	月	年
丁巳	壬子	戊申	癸卯
건왕	건왕	병	생욕

예시 2) **陽. 辛亥年 7月 1日 寅時 (陰. 閏5.9 寅時)**

年에너지장: 辛亥年

月에너지장: 辛亥年에서부터 좌선 일곱 마당 이동한 丁巳月

日에너지장: 丁巳月에서부터 좌선 한 마당 이동한 丁巳日이 沖하여 癸亥로 이동해야 하나 丁巳日이 건왕 운기여서 그대로 안착한다.

　　※ 만약 첫 마당 자리가 '건왕' 운기가 아닌 다른 12운성이었다면 대치하는 반대 자리로 이동해야 한다. (예. 辛巳월 1일이면 반대 자리인 丁亥일로 이동한다.)

時에너지장: 丁巳日에서부터 좌선 세 마당 이동한 己未時

∴ 선천운:

時	日	月	年
己未	丁巳	丁巳	辛亥
관대	건왕	건왕	생욕

예시 3) **陽. 乙巳年 1月 10日 丑時 (陰. 甲辰年 12. 8 丑時)**

年에너지장: 乙巳年

月에너지장: 乙巳年에서부터 좌선 한 마당 이동한 乙巳月이 沖하여 대치하는 위치인 辛亥月로 이동하여 안착한다.

　　※ 만약 한 마당 자리가 '생욕' 운기가 아닌 '건왕' 운기였다면 그 기운이 왕성하여 이동치 않고 안착한다.

日에너지장: 辛亥月에서부터 좌선 열 마당 이동한 庚申日

時에너지장: 庚申日에서부터 좌선 두 마당 이동한 辛酉時

∴ 선천운:

時	日	月		年
辛酉	庚申	辛亥	乙巳	乙巳
건왕	건왕	생욕	생욕	생욕
			충	

포인트

① 乙木이 얻어맞는 강한 沖이다. (년월 자충)

- 초년의 자충은 본인 정신적 뇌의 충격을 받거나 부모운에 沖을 받아 일찍이 조실부 모하거나 나쁜 영향을 줄 수 있다.

- 풀이 밟히거나 을목이 다 타는 강한 충이다.

→ 본성은 내재적 특성이다. 만약 기질에서 이런 기운이 나타나면 100% 발현한다.

- 巳亥沖이라 그 충격이 더 크다.

② 壬子 건왕기 상대충인 丙午 건왕기는 대칭이다.

③ 일주와 시주가 함께 건왕 운기면 막판 추진력이 강하다.

2) 후천 본성운

후천명구조는 본성의 연기(緣起: 지구와 달의 연기)적 현상으로 태양 중심의 천지인 동조 에너지장과 월(달)과의 상호관계적 구조 특성을 지닌다. → 인체구조 현상을 파악한다.

즉, 달 에너지장과 지구 에너지장을 분해한 명운으로 혈육(血肉)을 형성한다.

· 후천운 분해는 양력을 기준으로 태양 에너지장 30일을 12등분(2.5)하여 계산한다.

일	1~3	4~6	7~8	9~11	12~13	14~16	17~18	19~21	22~23	24~26	27~28	29~31
등분	1	2	3	4	5	6	7	8	9	10	11	12

예시 1) 陽. 辛亥年 6月 28日 巳時 (陰. 辛亥年 5. 6 巳時)

年에너지장: 辛亥年

月에너지장: 辛亥年에서부터 좌선 여섯 마당 이동한 丙辰月

日에너지장: 丙辰月에서부터 좌선 열한 마당 이동한 丙寅日

時에너지장: 丙寅日에서부터 좌선 여섯 마당 이동한 辛未時

∴ 후천운:

時	日	月	年
辛未	丙寅	丙辰	辛亥
쇠	생욕	관대	생욕

예시 2) 陽. 乙巳年 1月 10日 丑時 (陰. 甲辰年 12. 8 丑時)

年에너지장: 乙巳年

月에너지장: 乙巳年에서부터 좌선 한 마당 이동한 乙巳月이 沖하여 대치하는 위치인 辛亥月로 이동하여 안착한다.

　※ 만약 한 마당 자리가 '생욕' 운기가 아닌 '건왕' 운기였다면 그 기운이 왕성하여 이동치 않고

　　안착한다.

日에너지장: 辛亥月에서부터 좌선 네 마당 이동한 甲寅日

時에너지장: 甲寅日에서부터 좌선 두 마당 이동한 乙卯時

∴ 후천운:

時	日	月		年
乙卯	甲寅	辛亥	乙巳	乙巳
건왕	건왕	생욕	생욕	생욕
			충	

① 본성에서 일시가 건왕 운기면 天命에 의한 운이 상당히 좋다.

② 寅亥합파, 亥卯未합, 寅巳형살, 寅卯 혹의 상호관계를 파악토록 한다.

6. 명(命)의 관조(觀照)와 개운의 지혜

① 명(命)의 깨우침: 본성의 관조(觀照)와 본마음 살피기

② 숙명의 깨우침: 본성의 관조와 기질 살피기

③ 운명의 깨우침: 기혈의 관조와 몸과 마음 살피기

④ 개운의 방도(方途): 몸과 마음을 버리고 본마음 다듬기: 개운은 지혜 없이는 안 된다.
(지혜의 깨우침) → 깨우침은 운명까지는 바꿀 수 있다. 그러나 4대 농사를 지으면 숙
명에도 영향을 미칠 수 있다.

7. 풍역 연월일시 동조관계

1) 풍수역학은 日柱 중심으로 분석

중요 동조관계 순서: 일주 〉 년주 〉 시주 〉 월주

2) 상호 동조관계

① 年과 日 합: 부모운 상승, 초년운세가 좋다. 반대로 간섭 시 본인 초년 명운이 비색해지
고 이향객지 하기 쉽다.

② 月과 日 합: 결혼운 상승, 반대로 간섭 시 형제, 배우자와 갈등, 강한 형충파해는 독신

또는 이혼

③ 日과 時 합: 자식운 상승, 반대로 간섭 시 유산, 강한 형충파해는 無子, 혹은 말년이 순탄치 않다.

④ 月과 日의 동국(同局): 남녀문제가 생길 수 있다. (예. 子丑, 午未, 寅卯, 申酉, 亥子, 巳午, 卯辰, 酉戌)

IV

풍수역학 판별 기준

수명(壽命)을 관장하는 북쪽의 북두칠성은 자미원(紫微垣)에 속하는 별자리이기도 하다.

1. 사주 판별 기준법

① 사주는 첫째, 중심을 봐라(가운데로 안고 있어야 한다). 둘째, 균형을 봐라.

② 국(局)을 볼 때는 천체를 보고, 혈장인 지기 에너지장을 볼 때는 당판인 사신사를 보아야 한다.

예를 들어 중풍이어도

· 여자는 심장을 얻어맞기 쉽다. (혈류가 터진다.)

· 남자는 콩팥을 얻어맞기 쉽다. (뇌수가 터진다.)

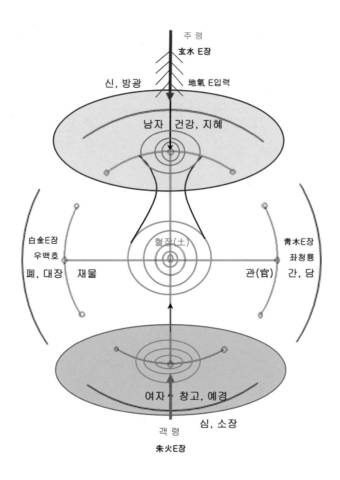

③ 입혈맥과 진행맥은 다른 것이다. 입혈맥은 뼈가 없으며, 진행맥은 뼈가 있다. 안산이 없으면 입혈맥이 없는 것이다. 즉, 상대 에너지에 의해 컨트롤이 된다.

· ⊖삼합국 (해묘미, 사유축) ⇒ 局 에너지장 선길(善吉) ∴ 청백이 좋다.

· ⊕삼합국 (신자진, 인오술) ⇒ 內穴場 선길(善吉) ∴ 혈장이 좋다.

(申子辰은 어깨선이 강하다. 寅午戌은 당판 앞이 가득하다. 하관이 두툼하다.)

※ 가장 중요한 것은 혈장 모습의 완벽한 이해이다.

1) 구조안정(삼합) 善吉(申子辰, 寅午戌)

· 寅午戌에 申이 붙으면 申 + 戌이 되어 백금 태과하나 구조안정에 따른 선길(善吉)로 작용한다.

· 申子辰에 寅이 붙으면 寅 + 辰이 되어 청목 태과하나 子와 寅이 수생목 통기(通氣)되어 선길로 작용한다.

2) 음양합도 부부인연에 있어선 안정을 취하나 삼합에 비해 불리하다

예시)

· 寅亥 음양합에 申이 붙으면 申亥해살로 안정이 무너진다. 특히, 독거 시에 영향력이 크다.

· 巳申 음양합에 寅이 붙으면 寅巳 형살로 안정이 무너진다. 특히, 독거 시에 영향력이 크다. 寅巳 형살은 대흉살에 해당된다.

· 寅亥 합목이지만 파살 기운이 내재되어 있다.

3) 대칭적 안정성향

· 卯酉 대칭은 ⊖에너지장으로 안정성이 약하다.

· 寅申 대칭은 ⊕에너지체로 안정성이 강력하게 작용하다.

· 해석: 寅申은 金克木 하나 金生木이 될 수 있다. 나무를 다듬어서 살려 주는 개혁특성이다. 청백안정이 이루어질 수 있는 것이다. 그러나 여전히 害는 많을 수밖에 없다. 갈등

구조는 변덕스럽지만 개혁적 특성이 강하다.

* **주의**: 대칭(對稱)과 대치(對峙)를 잘 구분해야 한다. 본 책에서 대칭으로 표현된 문장에서도 구조적 안정을 취하지 않은 '대칭'은 균형과 안정을 이루지 못한 '대치'적 불균형임을 잘 파악해야 한다.

2. 사주 신체 균형 판별법

① 신체의 병은 균형이 깨졌을 때 나타난다.

② 태과 시 먼저 자체 병이 오고 이어서 상대 병이 온다. 害金이나 太金(실증)인 경우 자체병인 폐, 대장 질환이 오고 상대병인 木병이 온다. (金克木)

③ 반대로 害木이나 太木(실증)인 경우 자체 병(病)인 간, 담에 병이 오고 상대 병인 土병에 이어 金병이 온다. (木克土)

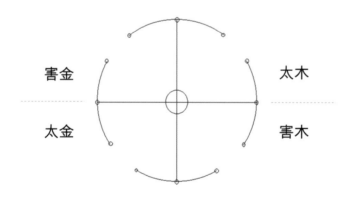

자세한 내용은 'Ⅶ. 풍수역학과 인체건강'을 참조한다.

3. 사주 균형 판별법

1) 좌우균형 감각이 중요

(1) 상하균형

· 마인드

· 예) 壬午, 丙子

(2) 좌우균형

· 예) 甲戌: 청백균형의지가 강하다.

· 예) 戊戌: 집중력은 강하나 균형의지가 약하다.

(3) 아래 인자들은 집중력이 강한 반면 균형 감각이 상대적으로 약하다

① ⊕발로 에너지: 丙午, 壬子, 庚申, 甲寅, 戊戌, 戊辰 ⇒ 양기가 왕성하다. (發陽)

② ⊖수용 에너지: 癸亥, 丁巳, 辛酉, 乙卯, 己丑, 己未 ⇒ 포용력이 강하다.

· 약재나 음식을 먹을 때도 전체 균형에 맞는 재료를 사용한다.

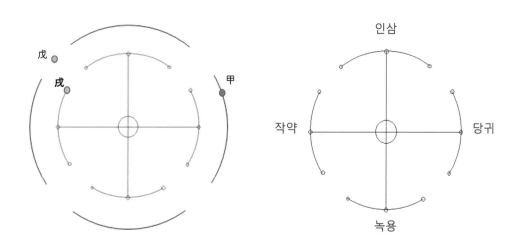

2) 회합구조는 상대적으로 부족한 기운에 맞추어 배합은 이루어졌으나 상대구조의 약함
   을 안고 회합한 것

이럴 때는 항상 건강을 조심해야 한다. 남자는 폐, 대장, 여자는 간, 담을 조심한다.

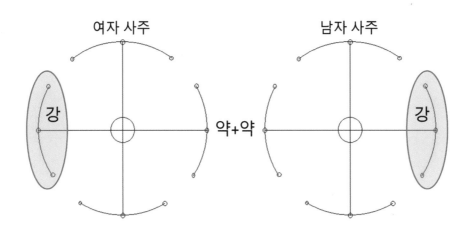

4. 인격구조의 조직체계

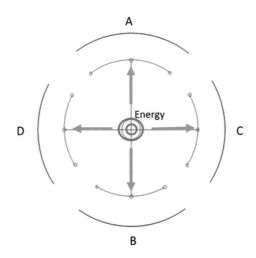

1) 종적 구조 조직(A, B)

(1) A: 명령조직 및 기획조직

上命下達(상명하달)적 특성

(2) B: 단순한 사람

관귀, 공조직, 복종 수용조직

(3) 종구조 합 특성

· 子丑合化土이나 습토라 탁하다.

· 午未合化火土이나 이 역시 탁성(濁性)이다.

* 상하 종조직: 子丑, 午未 合 → 권세와 위능, 종조직 적응 능력이 뛰어나다.

2) 횡적 구조 조직: 사회조직 특성, 사업, 예술(C, D)

(1) C: 추진조직 및 성장조직

진취적, 화해적 특성

(2) D: 수단조직 및 분별조직

판단, 수장적 특성

(3) 횡구조 합 특성

· 卯戌合化火 → 청백이 合朱火生(주작특성으로 관쇄를 한다.) 창고가 있어 돈 모으는 능력이다.

· 辰酉合化金 → 청백이 合朱火(白金强) 재테크, 돈 버는 수단이 크다.

* 좌우 횡조직: 卯戌, 辰酉 合 → 수단과 방법이 많다. (기술과 수단) 적응능력이 뛰어나다.

예: 辰酉는 성취를 위해서 사람 목을 치고 나갈 수 있다. 자기만의 법을 세운다. 卯戌은 의식 없이 자기성취를 위해 나간다. 卯戌, 辰酉는 어떻게든 합리화 시켜 일을 해결한다. 그러나 횡조직은 공직보다는 사회활동을 해야 한다. 술수자가 공직에 있으면 다 흐트려 놓는다.

3) 종횡 90° 구조 조직 특성

· 寅亥合化木: 靑木合 右玄水 - 청목발전, 진취욕, 발전력이 있다. 3년의 정체 후 발전이므로 인생 파란이 많다.

· 巳申合化水: 朱火合 白金으로 火金水(불쇠물)로 백금과 주화의 기운이다. 단순 水氣가 아니고 金火에 가깝다.

* 30°나 60°가 합이다. 90°는 파살이지만 합거하면 파살이 일어나지 않는다. 합거 의미는 안정구조를 형성한다. 원만 에너지장 형성이다.

4) 종합

① A + B: 공조직 특성, 국정원은 A, B만 있어야 한다.

② A + C: 신념, 성장, 출세하는 데 전념 → 관귀로 예약적 과실로 소 성취 가능하다.

③ A + D: 지혜, 용기를 갖고 칼날처럼 나타남(水金合成) → 부자가 될 수도 있고 안 될 수도 있다.

④ B + C: 큰 출세는 못 한다. 돈 가지고 벼슬을 사든지 사회적 출세만 한다. 소 성취 가능하다.

⑤ C: 사회적 출세보다는 사업, 영업, 제조가 아닌 사업으로 간접 부(富)를 얻으려는 욕심이 크다. 장사, 영업, 중개인, 컨설팅, 브로커

⑥ D: 실질적 사업체 운영으로 직접적 제조업, 직접 부를 만들려는 욕심이 크다.

⑦ 조직이 강할수록 횡조직에 있으면 안 된다.

⑧ 子强午弱: 죽도록 계획해서 남 좋은 일 시킨다. (용두사미)

5) 申酉戌

① 戌: 지혜롭게 판단한다.

② 酉: 칼날처럼 분석한다.

③ 申: 도끼 찍듯 용감하고 신속하다.

④ 丙戌, 甲戌, 庚戌생 분별력 강하다. 판단력도 강하다. 지혜로움을 이용한다. (庚戌이 가장 무섭다.)

⑤ 백호 인자가 없으면 분별력이 없다. 사주에 申, 酉, 戌이 없다면 3번을 생각하라.

⑥ 申 + 酉 + 戌: 신기(神氣), 살기 / 戌 + 酉 / 申 + 戌 ⇒ 모두 무서운 사람이다.

6) 巳午未: 큰 성공은 巳, 午, 未를 갖고 있어야 한다.

① 巳: 수용욕, 집착, 정신적으로 욕심과 절제가 안 된다. 컴퓨터 상상 속의 이상현실자, 이론가이다.

② 午: 순응, 수용적, 자기 그릇에 맞게 받아들인다.

③ 未: 수용도 멋대로 한다. 육체적으로 절제가 안 된다. 방황자이다.

④ 巳 + 午: 욕심이 많다. 긁어모으는 욕심이 크다.

⑤ 午 + 未: 정도에서 조금 넘친다.

7) 寅卯辰

① 寅: 지혜롭게 일어난다.

② 卯: 평화롭게 추진한다.

③ 辰: 신속하게 행한다.

④ 청룡만 강하면 추진만 하지 결과가 없다.

⑤ 寅 + 卯 + 辰: 너무 태강한다. 이도 저도 아니게 된다. 게으르다.

8) 亥子丑

① 亥: 덕(德)스럽다.

② 子: 지혜롭고 영적이다.

③ 丑: 과감하다.

④ 亥 + 子: 어질고 덕스럽다.

⑤ 亥 + 子 + 丑: 정신이 혼몽해진다.

∴ 모든 相은 세력(종적 안정)과 균형(횡적 안정)의지를 갖고 있다. 종적 안정은 종자의 힘이며, 횡적 안정은 남녀간 균형, 부모자간 균형, 재물과 명예균형, 건강과 영적균형이다. 즉, 균형의지가 곧 안정의지다. 횡, 종적 구조를 모두 갖추어야 한다. 이 구조를 터득해야 모든 것이 번창한다.

형이 포지티브라면 아우는 네거티브다. 즉, 인간의 인성을 알아야 하며, 있는 형제가 없는 형제를 도와야 한다. 형제가 못 사는 건 내 죄에서 비롯된다. ⇒ 내가 잘되는 터 기운(조상 좋은 자리)으로 동생의 복을 차지했기 때문에 같이 잘살도록 도와주는 건 의무와 책임이다.

5. 사주 선후천 판별법

1) 선천: 이기(理氣), 골, 성(性), 육부

① 태어나서 40세 전후, 기본 75% 발현 + 후천 25%

② 육부: 대장, 소장, 위, 담, 방광, 심포(삼초)

③ 선천은 육부, 근본 뼈대이다. 골이므로 변함이 없다.

④ 선천 性은 타고난 성품이다.

2) 후천: 형상, 용(用), 혈(血), 육(肉), 오장

① 40세 이후부터 죽을 때까지, 기본 75% 발현 + 선천 25%

② 오장: 간장, 심장, 비장, 폐장, 신장. 육(肉)이므로 변함이 없다.

③ 후천 性은 길러진 성품이다. 경우에 따라 선천보다 변화요인이 더 많다.

선천운은 ⊕, 후천운은 ⊖이다. 음보다 양이 더 강하기 때문에 선후천 중 선천운이 강하면 후천까지 영향을 많이 미친다. 반면 후천운이 강하면 선천에 작용력이 선천의 강한 것보다 약하다.

① 子는 초년 또는 말년운에 있어야 좋다.: 월, 일에 있을 경우 차분히 앉아서 일하는 일, 총체적 기획력, 영적인 특성이 강하다.
② 午는 중년 또는 일주(장년)에 있어야 좋다.: 행동파, 사업운
③ 寅午戌은 차선이 가지고 태어나면 성공력이 크다. 형이 가지고 태어나면 동생 노릇 한다.
④ 申子辰은 맏이가 가지고 태어나면 성공력이 크다. 맏이가 형 노릇 한다: 가문을 잇는 힘이 강하다. (비록 막내라 하여도 申子辰 기운을 가지고 있으면 종손 노릇 한다.)

6. 에너지체 특성 판별법

① 집중, 독립성, 주체성: 子 또는 午 〉申辰, 寅戌
② 우호, 균형, 합리성, 상대성: 子 또는 午 〈 申辰, 寅戌
③ 戌이 申이 필요할 때는 청룡의 寅이나 辰이 있는 경우로 상대 견제(균형)이 되어 좋다. 청룡이 없는 戌에게 申은 독거가 된다.
    (독거적 존재) 즉, 辰戌 + 申 = 合, 卯戌 + 申 = 독거

7. 지지 성향적 특성 기준

- 亥: 활동성, 비, 바다
- 子: 정화수, 강(호수)
- 丑: 비활동성, 눌러앉은 객(습)
- 寅: 나무(숲), 수질토인 辰을 내재
- 卯: 꽃(잡초), 수질토인 辰을 내재
- 辰: 수질토(水質土)
- 巳: 불(붓), 순환시키는 건 土가 있어야 한다.
- 午: 태양
- 未: 활동성, 움직이는 객(여행, 방랑)
- 申: 강금(원석, 도끼), 양질토인 戌을 내재하여 활동성
- 酉: 가공석(숙살지기), 양질토인 戌을 내재하여 활동성
- 戌: 양질토(良質土)

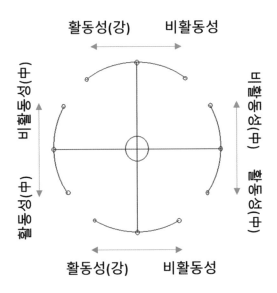

8. 천간지지 복합안정구조

1) 이성적 안정조건

(1) 기초안정: 庚癸戊, 甲丁戊戌, 壬乙己, 丙辛己丑

① 庚癸戊 '의지인(義智仁)'구조: 사람을 다스리는 구조(관리구조)

　· 庚: 陽적 정의감(양명한 정의감)

　· 癸: 陰적 내면적 지혜(연구하는 지혜) - 자기 지혜를 감추어야 한다.

　· 戊: 어짐을 밖으로 선을 베풀어야 한다. - 인덕(仁德: 광명정대한 덕)

② 甲丁戊戌 '인예의(仁禮義)'구조: 사회적 활동가(사업가)

　· 甲: 陽, 인덕(仁德) 광명정대한 깃발 - 기본적으로 덕을 베풀어라.

　· 丁: 陰, 두려움과 예절을 가진 공경심

　· 戊: 陽, 마무리는 신의를 가져라.

③ 壬乙己: 정치인, 인기배우

　· 壬: 陽, 번득이는 지혜 - 밖으로 드러내는 지혜(발표하는 지혜)로 드러내지 못하면 음탕한 사람이 된다.

　· 乙: 陰, 어진 마음으로 덕을 쌓아야 한다. (적선) - 왼손이 오른손 모르게, 오른손은 왼손 모르게.

　· 己: 陰, 예의와 공경으로 마무리를 짓는다.

④ 丙辛己: 운동선수, 무인, 경찰

　· 丙: 陽, 예경을 깃발로 세우고

　· 辛: 陰, 정의를 본심으로 (유한 정의감)

· 己: 陰, 마무리는 지혜를 가지고 [정(情)을 포함한 지혜]

(2) 구조적(현상적) 안정조건: 申子辰, 寅午戌, 亥卯未, 巳酉丑

① 申金, 寅木은 골격이 좋다. 酉金은 가늘면서 튼튼하다.

② 申子辰 중에 丙申이 있으면 도끼로 쳐도 예경을 가지고 친다.

③ 甲申: 효도 못 하면 망한 것이다. (金克木) 사례가 깊고 갈등이 많다.

④ 壬申: 좋은 환경에서 태어난다.

* 현상은 비교분석으로 한다.

(3) 복합안정구조: 지기기장(地氣藏) 천(天) 주(主)에너지 인자(지기에 감추어진 주에너지) +
   지기 에너지 합성

(4) 음양안정: 子丑, 寅亥, 卯戌, 辰酉, 申巳, 午未

① 子丑: 子丑습이 기운이 좋다. 방광은 사정역할, 신장은 정자를 생성한다. 방광이 안 좋
   으면 신장이 일을 하지 않는다. 성관계가 잦으면 골수(혈관을 통한 영양 이동)가 빠져
   서 골이 빈 자가 된다. (길 가다 쓰러진다.)

② 寅亥: 대장하고의 싸움이다. 담낭과 담도에 문제가 생긴다. 기름기 있는 음식은 상극
   이다.

③ 卯戌: 간이 튼튼해서 바른 음식 먹고 독성이 없는 것을 먹어야 한다. 위장이 튼튼해서
   잘 먹어서 체한다. 어질면서 의롭게 산다. 극과 극을 거침없이 드나든다. 木克土

④ 辰酉: 먹는 것도 점잖게 먹어야 한다. 정의로운 숨을 쉬어야 한다. 불의를 못 참는다.
   화를 많이 내서 간을 녹인다.

⑤ 巳申: 항상 음식 조심을 해야 한다. 돈은 잘 버는데 사업을 하다 일을 그르치는 경우가
   있으므로 항상 조심하라. (항상 남을 공경하는 마음으로 사업을 해야 하고 편법을 쓰
   면 안 된다. 허약한 부분이 보약이다.)

⑥ 午未: 당뇨는 절대 안 걸린다. 나와 남의 비유를 잘 맞춘다. 장 계통이 튼튼하다. 활동

성이 아주 강하다.

(5) 천간지지 및 12운성(운기) 강약비교

① 壬子(건왕) + 庚申(건왕) 반합이나 12운기가 강한 경우: 출세 기운은 강하나 자리수명
이 짧을 수 있다. (장관자리에 오를 수 있으나 자리보존이 짧다.)
② 申 + 子 + 辰 삼합이나 12운성(운기)가 약한 경우: 구조화되어 있어 차관자리에만 앉아
있더라도 자리보존이 길다.

9. 풍역구조 특성

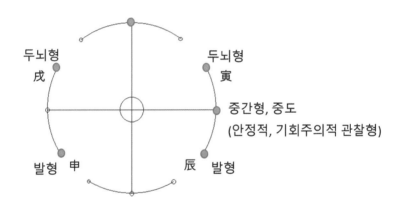

① 戌은 두뇌형으로 백호의지를 담은 지혜롭고 기획적이다.
② 申은 발로 직접 뛰는 형으로 백호의 마무리 기운이다. 수확능력이 강하다.
 : 백호 목적달성을 위한 에너지 인자이다. 실천의지가 강하고 잠시도 쉬지 않는 부지
런한 스타일이다. 일의 마무리를 지으려면 申을 가지고 있어야 한다. 근면성, 개혁성
과 상통한다. 앞뒤를 가리지 않는 실수를 조심해야 한다. 申金명장은 백호의 대표성
이다.

申은 화합, 응축, 동조, 균형, 목적의지가 강하다. 思, 意, 志가 강하다.

申은 辰을 얻으려는 기운이 강하며, 또한 未, 午는 절대 필요한 인자이다.

③ 寅은 두뇌형으로 청룡의지를 담고 있다. 대화 능력이 강하다.

④ 辰은 청룡의 마무리 기운으로 발로 직접 뛰는 형이다.

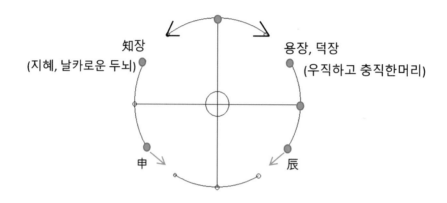

⑤ 寅과 戌은 두목격인 子를 만나야 마무리를 할 수 있다.

⑥ 辰과 申은 子보다 午를 만나는 것이 마무리를 하는 데 있어 나을 수 있다. 이는 가까이서 에너지 전달이 잘되기 때문이다.

⑦ 子戌: 생각의 깊이를 알 수 없을 정도로 크다. (군자형)

⑧ 子寅: 통솔력 의지가 알 수 없을 정도로 그릇이 크다. (군자형)

⑨ 寅戌이 子가 없으면 그 깊이가 짧아 큰일 도모를 잘 못한다. 잔재주만 내고 어깨 폼만 낸다.

∴ 큰 인물은 매일매일 감동을 시킬 수 있는 인격을 갖추고 있어야 한다.

⑩ 반대로 子, 午가 있어도 혼자 있어서는 어떤 일을 도모하지 못한다. 함께 일을 도모해야 한다.

⑪ 실행은 개혁의지가 있는 申, 辰을 가진 강한 사람이 하는 것이다.

⑫ 申이나 辰 인자가 沖을 받아 꺾이면 그 위험도가 다른 인자에 비해 더 사납다.

⑬ 역량

- 申辰은 子水 역량이 100%, 子辰 또는 子申은 子水 역량이 150%. 申子辰 3합은 子水 역량이 200%
- 寅戌은 午火 역량이 100%, 寅午 또는 戌午는 午火 역량이 150%. 寅午戌 3합은 午火 역량이 200%

10. 기운을 보는 감각법

기운을 보는 감각은 일주가 ⊕에너지장인지 ⊖에너지장인지를 보고 판단한다.

1) 일주 ⊕에너지장

- 甲, 丙, 戊, 庚, 壬
- 子, 寅, 辰, 午, 申, 戌
  : 남자는 陽明(음양 안정 중에 ⊕안정), 여자는 陽强(음양 중에 ⊕化性)

2) 일주 ⊖에너지장

- 乙, 丁, 己, 辛, 癸
- 丑, 亥, 酉, 未, 巳, 卯
  : 남자는 陰强(음양 중 ⊖化性), 여자는 陰建(음양 중 ⊖안정)

3) 연월일시 중에 日 중심으로 男은 ⊕, 女는 ⊖이 좋다

- ⊖적 이면 외향적이도록 해야 한다. (양명해지도록 노력해야 한다.)
- 일주 癸亥: 식복은 좋으나 활동적이도록 노력해야 한다.
- 미토, 묘목, 축토에 빠지면 활동성이 줄어든다. 未土는 나가면 고무풍선, 卯木은 소심, 겁이 많다. 丑土는 활동을 안 하려는 특성이 있다.

- 음이라도 합거하면 괜찮다.
- 양명하면 양강해지기 쉽다.
- 남자는 일주가 양이면서 바깥이 음으로 이루어져야 하며, 여자는 일주가 음이면서 바깥이 양으로 이루어져야 한다.
- 午火일주는 불 내면에 ⊖이 있다(☲). 亥水일주는 물 내면에 ⊕이 있다(☵).

11. 오행의 운세 시기

① 水, 木: 초년운

② 火: 중년운

③ 土, 金: 말년운

- 水, 木은 초기 운으로 년주에 있어야 한다.: 甲子, 壬子, 甲寅, 壬寅
- 火는 중년운으로 월주에 있어야 한다. (운은 중기가 잘 풀려야 한다.): 甲午, 甲寅, 丙午, 丙寅
- 甲戌, 甲寅도 양어깨이기 때문에 중년에 있어야 힘이 좋다.
- 强金氣(庚申, 辛酉, 戊申, 己酉)라 해서 말년운이 피는 것이다. 金氣가 강하여 오히려 피해를 볼 수도 있다.
- 일주 운은 火, 土이다. (丙戌은 남의 덕에 의해 성공한다.)
- 출세는 木火운으로 월에 와야 한다.
- 陽 子, 寅, 辰, 午, 申, 戌은 최선이며, 陰은 차선이다.

12. 음양배합이성(陰陽配合理性)

　水生木하여 생명기가 사는 것이 최우선이다. 즉, 내가 산 다음 꽃을 피고 균형을 이루어야 하는 것이다. 그러나 생명력은 균형 합인 가지보다 꽃을 먼저 피우려 하는 특성이 있다.

1) 子玄水 合居: ⊕합 申, 辰, 寅, 午, 戌: ⊖합 丑, 未 + 巳
子의 부정적 요소: 酉(파살), 卯(형살), 亥(태과), 未, 巳(未와 巳는 사사로운 재미에 빠진다.)

해설:
① 丑은 子가 희생한다. 맑은 물의 기능을 상실하기 때문이다. 만약 도를 깨치면 자축합이 중생에 큰 힘을 발휘한다.
② 未 + 巳는 申辰보다 못하나 안정(子未巳)을 이룬다. 사사로이 재미를 본다.

2) 寅青木 合居: ⊕합 午, 戌, 子, 申, 辰(△): ⊖합 亥, 未
寅의 부정적 요소 · 丑, 亥(선흉후길), 酉, 巳, 卯

해설:
① 未는 寅의 뿌리를 덮어 주므로 寅에 있어선 이쁜 土가 되기도 한다.
② 卯는 큰 나무 밑에 있으면 죽으므로 갈등이다.
③ 寅卯는 남을 밟고 넘어가는 무서운 사람이다. ⇒ 申이 보약이다.
　寅酉원진이 있는 경우에도 ⊕木이 괴롭지만 ⊖木만 떨구어 오히려 나을 수도 있지만 酉金이 있으면 寅이 맥을 못 추린다. 酉金은 칼로 괴롭혀서 차라리 申金이 낫다. 申酉가 같이 있으면 팔랑개비라 돌때는 잘 돌아가나 모든 갈등을 다 지니고 있다. 즉, 원진이나 파살이 있으면 한 번씩 얻어맞는다.

3) 辰靑木 合居: ⊕합 子, 申, 午, 戊, 寅: ⊖합 巳, 酉, 未

辰의 부정적 요소: 亥, 丑, 卯

해설:

① 寅, 辰이 함께 있으면 왕성하다. 하루 종일 걸어도 끄떡없다.

② 전순이 없는 辰, 申은 힘을 쓰지 못한다.

4) 午朱火 合居: ⊕합 寅, 戊, 子, 辰, 申: ⊖합 未

午의 부정적 요소: 丑, 卯(△), 巳, 酉(△), 亥

해설:

① 卯는 일어났다 꺼진다. 목생화로 반길이다. (선흉후길이나 그래도 남는 게 있다.)

② 酉金을 받으려고 하여 반길이다. (선흉후길)

5) 申白金 合居: ⊕합 子, 辰, 寅, 午, 戊: ⊖합 巳(△), 未

申의 부정적 요소: 丑, 卯, 巳(△), 酉, 亥

해설:

① 음합은 巳보다 未를 더 기뻐한다. 申未는 철학가, 종교인, 발명가

② 丑을 만나면 녹이 슬고 卯를 만나면 꽃밭이 무너진다. 酉는 태과한다.

6) 戊白金 合居: ⊕합 子, 寅, 午, 辰, 申: ⊖합 卯, 亥

戊의 부정적 요소: 丑, 酉, 未, 巳

해설:

① 子합거는 근본기로 대를 이어간다. 꽃이 오래간다.

② 寅, 午는 꼿꼿이 꽃으로 한 代(대)의 돈이다.

13. 사주 안정조건 순위

중심 〉균형 〉구조안정(삼합, 반합) 〉配位안정(음양합) 〉국동조 〉상생안정 〉대칭안정

① 중심은 주령과 객신인 근원기 확보이다.
② 구조안정은 원만 지향성 예: 申子辰, 寅午戌, 亥卯未, 巳酉丑, 子가 寅戌을 얻는 것도 구조합이라 할 수 있다.
③ 배위안정(음양합) 예: 巳午, 午未, 子丑
④ 국동조로 편협적 이기적이나 집안에서는 잘산다.
　　예: 亥子丑, 巳午未, 寅卯辰, 申酉戌
⑤ 상생안정(오행안정): 시계방향으로 돌아야 한다.
⑥ 대칭안정(卯酉, 子午, 寅申, 辰戌): 단, 巳亥 대칭은 좋지 않다. 서로 강력하게 대칭하기 때문이다.

14. 지기(地氣) 합거(合居) 에너지장의 우선순위

① 구조합(△합) 공간합 ⇒ 시절, 삼원(三元: 하늘, 땅, 물)적 개념
　: 먼 인연도 달라붙는다. (생각지 않던 좋은 인연을 말한다.)

② 음양합 ⇒ ⊖⊕用的 개념 ⇒ 활동상(주체성, 돌파력): 가까운 인연

③ 風水 위상(位相)합 ⇒ 풍수 혈 에너지장 개념

④ 상생합 ⇒ 혈장이 돌아가는 원리이다. 즉, 오행적 개념으로 木生火, 火生土, 土生金, 金生水, 水生木이다.

⑤ 대칭합(에너지장 합) ⇒ 子午 〉申辰, 寅戌, 丑巳, 亥未 〉丑未, 寅申, 辰戌, 卯酉 〉未巳, 亥丑

: 未巳는 午가 없는 대칭으로 구멍이 난 대칭이며, 亥丑 또한 子가 없는 대칭으로 이 역시 구멍이 난 대칭이다.

※ 천체 에너지장 합

⇒ 음양합: 甲己합土, 乙庚합金, 丙辛합水, 丁壬합木, 戊癸합火

⇒ 구조합: 연분(緣分)적 요소(천간은 반합 작용은 작용력이 거의 없다.)

- 甲丙戊戌, 甲丁戊戌(인오술)

- 戊辰庚壬, 戊辰癸庚(신자진)

- 壬乙己未, 癸乙己未(해묘미)

- 丙辛己丑, 丙庚己丑(사유축)

※ 천간은 종자 기운으로 내성이나 속마음을 볼 때 확인한다.

- 천간은 음양합이 먼저이고 다음이 구조합이다. 반면 지지는 구조합이 먼저이고 다음이 음양합이다.

- 풍수역에선 궁합에서도 구조합을 우선시한다.

예:

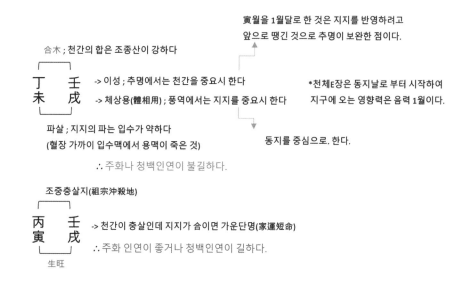

※ 구조합이면서 음양합인 에너지장

　辰午, 辰未, 辰巳, 申未, 申午: 속발한다.

　子寅, 子戌, 亥戌: 속진하여 추진력이 강하다.

　→ 상기와 같이 상생 합이 되면 풍역에서는 예외이다.

설명:

· 申午: 陽申金은 陽火를 만나면 상생합이 된다. 다만 대장 실증은 조심해야 한다.

· 辰午: 辰土가 火를 만나면 목생화 상생합이 된다. 다만 상생하여 좋으나 건강은 조심해라.

· 子戌, 戌亥: 戌土가 水를 만나면 금생수가 된다.

· 辰卯午: 辰卯해살, 午卯파살 갈등이 생겨 활동성은 강하나 부잡스럽다. 그러나 卯辰巳 는 성공한다. (기자, 화가, 작가, 학자)

※ 사람을 볼 때는 속발, 속진 하는 에너지장부터 본 다음 구조합을 봐라. 음양합은 남녀 문제에서 적용한다.

· 내가 받고 싶으면 子, 午를 만나라. 제일 그리운 사람은 子, 午로 이를 만나면 광명하기 때문에 실패하지 않는다.

· 주고 싶으면 寅, 辰, 申, 戌을 만나라.

· 子 自沖者는 정신이 있다 갔다 하여 속이 없는 불쌍한 자이다. 즉, 중심을 잃었다. 고로 子 自沖者를 믿는 것이 바보다. 그를 보호해 줘야 할 입장이다.

예시:

① 壬午, 丙子: 추명에선 천간과 지지가 극이지만 풍수역에서는 水火합이다.

② 丙子는 丙의 인연인 午를 만나야 꽃이 핀다.

③ 壬午는 壬의 인연인 子水(甲子, 丙子, 戊子, 庚子)를 만나야 꽃이 된다.

④ 子는 주체성이나 기획적이어야 하며, 午는 사회적이거나 활동적이어야 한다.

15. 일진(日辰)과 인간 에너지장 간의 관계론

① 인간 에너지장의 선, 후천命 도출

② 선천명 에너지장의 선천 작용은 100%, 후천 작용은 25%이다. 단, 일주 에너지장의 선, 후천명 중 강세 에너지장이 선, 후천을 지배한다.

③ 세운의 에너지장 류주(流週) 도출

④ 인간 에너지장의 태과불급 및 부족 에너지장 파악

⑤ 세운과 인간 에너지장 간의 관계 궁리

⑥ 세운이 인간 에너지장을 원만케 할 경우 길조운으로 보며, 반대로 형, 충, 파, 해, 원진 발생하면 흉손운으로 본다.

⑦ 日柱 에너지장과 세운 에너지장 간의 동조 간섭을 살핀다.

　　　예) 타인과 본인 간의 세운 별 형, 충, 파, 해, 원진살을 살핀다.

16. 풍수와 사주연계성

① 조상운은 청룡에 붙어 있다.

② 子, 寅, 辰, 午, 申, 戌은 본맥 상에 있고 丑, 亥, 酉, 未, 巳, 卯는 편, 측, 방, 횡(偏, 側, 傍, 橫) 맥상에 있다. 특히 卯, 酉가 강하다.

　　· 下垂(하수): 맥이 처진 것

　　· 巳未: 처진 것

　　· 丑亥: 기운 것, 傾(경) 옆으로 기운 것

　　· 丑: 왼쪽으로 기운 것

　　· 亥: 오른쪽으로 기운 것

　　· 짱구는 귀사가 있어야 한다.

　　· 卯酉는 옆 짱구이다.

　　· 뒤가 납작하면 연한 고집, 욕심이 있는 고집이다.

　　· 삼세동거일체: 조, 부, 본인, 자

　　· 卯酉 합거한 즉, 편, 측, 방, 횡 혈장의 성혈(成穴) 증거이다.

　　· 합거한 亥卯未, 巳酉丑, 卯戌, 辰酉는 60% 반혈은 된다.

③ 독거한즉, 편, 측, 방, 횡맥 상에 비혈(非穴) 증거이다.

④ 형, 충, 파, 해살을 당한즉, 편, 측, 방, 횡맥 상의 병증이다. 三殺(수살, 풍살, 산살)을 받는 것이다.

⑤ 자체병은 편도 병, 측도 병, 방도 병, 횡도 병이다. 입수맥에 병이 있으면 청백에 병이 생기고 혈장에 병이 생긴다.

⑥ 풍, 수살(風, 水殺): 刑살, 害살, 근육병이다. 산의 살은 沖살, 破살, 衝살이다.

　　· 형살은 바람, 물에 의한 근육병으로 뼈까지 골병든다.

　　· 충살은 장부병(창자병, 속이 빈병, 내장병, 자궁병)이다.

　　· 형살과 충살도 골병까지 이어진다.

· 파살은 산이 깨진 것으로 뼈가 부러진 것으로 골병이다.

· 해살은 피육병, 수해, 풍해, 재해(화재, 목재, 풍재, 수재)이다.

· 수병은 화병과 동반한다. 물이 들어갔다 빠진 자리는 풍목(風木)이 들어가고 시신이 시커멓다.

· 묘(墓)에 의한 것은 풍목병이다.

· 풍목은 헛바람(나무바람, 실바람, 산들바람, 노들바람, 회오리바람)으로 일생이 바람이다.

· 풍수목은 五氣에 수, 화, 금, 목, 토에 염(炎)이 든 것으로 해살이다.

· 형, 충, 파살도 해살을 동반한다. 해살은 피육이 남아 있기 때문에 동반한다.

· 피부병은 육 → 근 → 골로 들어간다.

⑦ 산이나 사람을 보고 수목병, 금토병, 목화병인지 감별을 잘해야 한다.

V

풍수역학 구조원리

붉은색 화성은 지구의 자전주기와 비슷하다.
지구와 가장 근접한 22년 11월말 황소자리에 위치한 화성을 촬영한 사진.

1. 음양오행

① 水가 있는 木은 출세를 잘한다. 꽃이 있어야 열매를 맺는다.

② 火가 있는 金은 재물이 3대를 간다. 최소한 金은 없어도 토를 가지고 있어야 손까지 재물이 이어진다.

③ 木이 없는 金은 꽃이 없어 1대만 간다. 金만 있으면 종자를 못 내린다. 금기가 강하면 아들 기운이 약하다.

④ 火金은 있으나 水木이 없으면 단명하거나 명예스럽지 못하다.

⑤ 水木은 돈도 있고 명예도 있다.

⑥ 金木이 같이 있으면 돈, 명예가 다 있다. 水가 있는 木은 출세를 한다. 꽃이 핀 돈이라야 의미도 있고 나무도 의미가 있다.

⑦ 土는 기준 축이다. 수레바퀴에 비유하면 바퀴를 지탱하게 하는 바퀴살이다. 五行에 辰戌丑未 또는 天干에 戊土, 己土가 있어야 운행이 돌아가는 것이다. 즉, 木火運이 있어야 잘사는 모습으로 보이지만, 토가 없으면 오래가지 못한다.

· 천간에 戊土나 己土가 있다면 辰, 戌, 丑, 未 중 하나가 있다고 본다.

· 종교, 철학자, 예술인 등은 토금이 강하다. : 숨은 지도자(정신지도자)

· 水木은 사회자(현실지도자) : 정치인, 교수

· 木火는 수복자

· 金水는 남을 위해 복을 짓는다. : 작곡자

2. 천간(天干) 원리

1) 천간합(天干合) 원리

천간합의 원리는 동서남북 네 개의 방위와 중앙으로 나뉜 권역별 시공간 내에서 천간과 수(數)의 관계와 의미를 알아야 한다.

첫째, 천간은 갑(甲)이 1로 시작하여 마지막 계(癸)가 10이 된다.

갑 1, 을 2, 병 3, 정 4, 무 5, 기 6, 경 7, 신 8, 임 9, 계 10

둘째, 천간에서 수(數)의 의미는 일반적인 짝수와 홀수의 개념이 아니다.

1, 2, 3, 4, 5를 생수(生數)라 하고 6, 7, 8, 9, 10을 성수(成數)라 하며,

1, 3, 5, 7, 9를 양수(陽數)라 하고 2, 4, 6, 8, 10을 음수(陰數)라 한다.

셋째, 상기 천간의 순서배열과 수(數) 체계를 가지고 동서남북 네 개의 방위와 중앙으로 나뉜 권역별 시공간 내에서 12지지의 운동성과 음양오행의 상생원리를 결부한다.

즉, 음양오행의 상생원리에 따라 1과 6은 수(水)이자 北의 동일권역이 되며, 3과 8은 목(木)이자 東이며, 2와 7은 화(火)이자 南이다. 5와 10은 토(土)이자 중앙이며, 4와 9는 금(金)이자 西의 동일권역이 된다.

12지지의 배치도에 의거 亥, 子, 丑은 북 / 寅, 卯, 辰은 동 / 巳, 午, 未는 남 / 申, 酉, 戌은 금에 해당하는 시공간을 모두 함축하고 있는 것이다.

상기 세 개의 수(數) 관계를 조합하면 생수(生數)와 성수(成數)의 배합으로 음양이 합한 천간은 새로운 기운을 생성한다. 甲己는 합하여 土가 되는 것으로 1, 6 數인 甲과 己가 서로 만나 土의 기운을 낳는다. 그 외 乙庚合은 金, 丙辛合은 水, 丁壬合은 木, 戊癸合은 火가 된다.

여기서 甲의 양과 己의 음이 합을 이루어 새로운 오행인 土 기운이 생성하는 원리는 다음과 같다.

처음에는 천간과 천간이 단순한 배열에 따라 음양의 합으로 시작되지만, 그 합한 기운은 천문과 지호에서 완성된 토 기운으로 기화(氣化)가 된다. 예를 들어 甲, 己년에는 3, 4월 지호(地戶) 지점에서 戊와 己의 土 기운이 들어와 甲己合土가 된다. 즉, 천간이 서로 합하여 辰巳와 짝을 이룬 새로운 천간의 기운으로 변화한 것을 천간합이라 한다.

천문(天門)과 지호(地戶)의 의미는 아래의 설명과 '월간 조견표'를 참조한다.

천간은 천체 에너지장의 흐름인데, 천구의 적도와 황도가 만나는 지점이 춘분점과 추분점에 위치한다. 태양이 황도의 진궁(辰宮)에 들 때가 3月이자 춘분점이며, 해가 술궁(戌宮)을 지날 때가 9月이고 추분점을 지난다. 이 두 지점은 천체 변화의 기준이 되는 교차점으로 천지만물이 드나드는 문에 해당하는 구간이다. 그래서 춘분점을 지나는 진사(辰巳)를 지호(地戶)라 말하고 추분점을 지나는 술해(戌亥)를 천문(天門)이라 한다.

辰巳인 지호를 권역별 시공간과 겹치게 하면 3木과 7火가 합하여 10土가 만들어지고 2火와 8木이 합하여 10土가 된다[10은 완성 수이자 土의 수(數)가 된다]. 지호는 땅의 문이고 조화를 의미한다.

결국 지호의 지점인 辰巳는 10土의 기운을 만들어 조화와 완성을 이루며, 천문의 지점 역시 동일하게 적용된다.

즉, 천문은 하늘 기운의 완성으로 정신계의 완성이며, 지호는 땅 기운의 완성으로 물질계의 완성이 된다.

월간 조견표(月干 早見表)

	1월	2월	3월	4월	5월	6월	7월	8월	9월	10월	11월	12월
갑기년	병인	정묘	**무진**	**기사**	경오	신미	임신	계유	**갑술**	**을해**	병자	정축
을경년	무인	기묘	**경진**	**신사**	임오	계미	갑신	을유	**병술**	**정해**	무자	기축
병신년	경인	신묘	**임진**	**계사**	갑오	을미	병신	정유	**무술**	**기해**	경자	신축
정임년	임인	계묘	**갑진**	**을사**	병오	정미	무신	기유	**경술**	**신해**	임자	계축
무계년	갑인	을묘	**병진**	**정사**	무오	기미	경신	신유	**임술**	**계해**	갑자	을축

결론적으로 천간의 수(數) 관계를 종합해 보면 순서에 따른 배열과 오행의 상생에 따른 배치 관계를 갖고 있으며, 공간의 개념을 내포한 숫자의 배열을 더하여 서로 다른 수리(數理)의 특징을 가졌음에도 합의 체계를 형성한 것이다.

- 甲己 합은 순서에 따라 戊辰, 己巳가 배치되어 戊己토 운과 만난다. 이리하여 甲己合土 운이 만들어진다.
- 乙庚 합은 경진 + 신사를 경신 金운이 되고
- 丙辛 합은 임진 + 계사로 임계 水운이 되고
- 丁壬 합은 갑진 + 을사가 되어 갑을 木운이 되며
- 戊癸 합은 병진 + 정사가 되어 병정 火운이 된다.

2) 풍역 천간합 원리

천간은 오각(五角)인 오운(五運), 오기(五氣)인 甲丙戊庚壬, 乙丁己辛癸로 구성되어 있으며, ⊕천간은 甲 → 丙 → 戊 → 庚 → 壬, ⊖천간은 乙 → 丁 → 己 → 辛 → 癸의 상생 질서에 의해 순서대로 흘러간다. 그러나 천간의 음양합은 甲己합(목극토), 乙庚합(금극목), 丙申합(화극금), 丁壬합(수극화), 戊癸합(토극수)으로 오행 상극의 관계이다. 즉, 목생화, 화생토, 토생금, 금생수, 수생목의 상생질서와 상극의 질서가 섞여 있는 것이다. 따라서 천간합의 오각질서는 번뇌각이며, 선악의 합성질서가 선도 악도 아닌 무기(無記)가 된다. 지지처럼 30°의 움직임이 아닌 36°(360° ÷ 10천간)의 질서체계에 의한 발생 원인이다.

- 甲己 合化 土

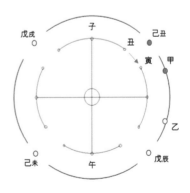

· 乙庚 合化 金: 庚의 旺地는 酉, 辰申(水)를 갖고
　있는 辰酉 합금이다.

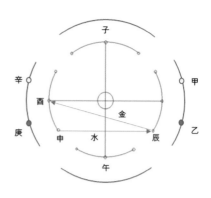

· 丙申 合化 木: 辛의 旺地는 申金이다. 巳申水. 丙辛合
　水 뜨거운 물이다. (熱金水)

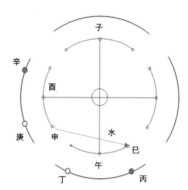

· 丁壬 合火 木: 丁壬은 卯木氣이다. 午火와 亥는 정
　(情)에 약하여 오해를 불러일으키는 합이다. 특히,
　남녀 관계에서 발생한다.

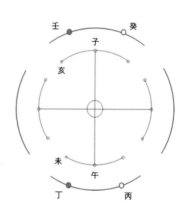

· 戊癸 合化火: 子는 戊 또는 辰하고도 합하여 午火를 끌
　어들인다. 戊癸는 火다. 金水가 함께 있는 火다.

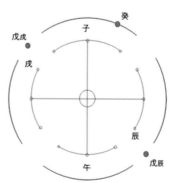

3) 천간합

· 천간 합(甲己, 乙庚, 丙辛, 丁壬, 戊癸)은 형충파해살의 기운을 반감한다.

· 천간 오행 극(예: 庚 ← 甲 → 戊 / 辛 ← 乙 → 己)은 형충파해살의 기운이 고조되며, 반대로 합의 기운을 반감한다. 단, 甲戊는 甲己合土 기운으로 형, 파, 해살의 기운이 반감된다.

· 천간 戊癸合火는 丑 때문에 힘을 못 쓰고 거세진다. 젖은 흙에 불을 붙이니 갈등만 생긴다.

4) 천간(天干)과 지지(地支) 관계

(1) 相生五氣

: 天干과 天干, 天干과 地支間

예) 甲午(木火): 걱정 없는 팔자

甲申(木金), 丙申(火金): 대칭성, 갈등성으로 극복해야 한다.

(2) 年月日時柱

: 12운성(十二運星) 중 生, 旺 宮에 들어야 길(吉)이다.

예) 丙申: 申이 쇠(병)하여 午旺을 늘 그리워한다.

甲子: 공망자(空亡者)로 運이 느리다.

5) 천간(天干) 삼합(三合) 특징

· 庚癸戊 合 水: 임수(壬水)의 돌이 동글동글하고 땅이 단단하다. 자손의 머리 골 모양이 앞뒤로 동글동글하다.

· 甲丁戊 合 火: 턱, 하체가 강하다.

· 壬乙己 合 木: 청룡地가 단단하다.

· 丙申己 合 金: 백호地가 단단하다.

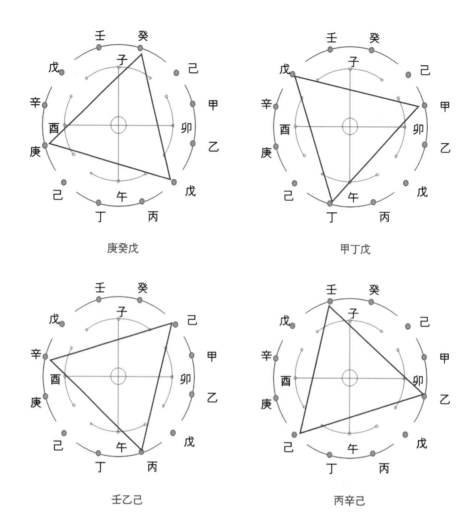

庚癸戊

甲丁戊

壬乙己

丙辛己

* 地支는 반합도 합이 되지만, 천간은 삼합이 되어야지만 합이 형성된다.

* 천체는 거리(공간)이 넓기 때문에 삼합이 되어야 영향력이 작용된다.

* 천간합만 있는 경우, 먼 조상의 산소만 좋다. 또는 국(局)은 좋으나 혈장을 못 잡은 경우
  이다.

6) 천간충(衝)

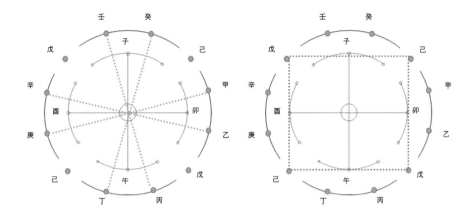

甲庚 衝, 乙辛 衝, 丙壬 衝, 丁癸 衝, 戊己 衝

· 180° 衝

· 戊己는 90° 衝으로 다른 천간충에 비해 충살이 조금 약하다.

7) 천간의 형충파해살의 정도

예시 1) 해살

해살(害殺)		12운성
壬辰	乙卯	官
	丁卯	病(相生胞)
	己卯	病
	辛卯	胞(絶)
	癸卯	生

· 壬 · 辛

壬의 旺地하고 辛의 旺地 申, 辛의 生地 子이므로 申子辰합이다.

旺地끼리는 합이고 生地끼리도 합이다. 壬의 왕지는 辛의 生地이고 辛의 生地는 壬의 旺地이다.

辛의 生地와 壬의 旺地가 만나니까 壬의 辛은 합하는 것이다. 즉, 壬辰하고 卯 害殺은 작용하지 않는다.

  * 부모끼리는 친하니까 아들에게 봐주라고 한다. 壬辰과 辛卯가 만나 해살을 만들어도 봐
    준다. 癸旺地가 卯의 生地라 부모 자체는 문제가 아니 된다. 壬癸는 양음이니 서로 사랑
    하고 연애한다.

· 壬 · 乙

壬旺子, 乙旺寅 수생목 상생하니 卯辰해살이 상생으로 줄어든다. 큰 해살이 아니다.

· 壬 · 丁

壬旺子, 丁旺巳 丁壬합목이라 봐줘 가며 한다.

· 壬 · 己

己 = 丁이므로 丁卯와 같다. 그러나 丁壬합은 아니다.

壬乙己 / 甲庚戊는 친하다.

· 壬 · 癸

癸旺亥, 癸의 生地가 卯(亥卯未)

壬癸는 양음이니 사귀는 중이다. 해살이 없다.

고로 壬辰은 피해 가는 것이 많다.

예시 2) 원진살

원진살		12운성
壬辰	乙亥	死
	丁亥	胎
	己亥	胎
	辛亥	浴
	癸亥	旺

·壬·乙

壬乙이 좋다. 乙의 亥가 死殺이 강하다.

·壬·丁, 壬·己

부모끼리 편안하다. 아이가 다 자랐으니 안전하다. 丁壬합목 생명은 형, 충, 파, 해만 안 맞으면 태어난다.

·壬·辛

욕(浴)이라 탈바꿈하는 중이다. 壬旺이 辛의 생지라 좋은 것은 아니다.

·壬·癸

왕지는 좋은 것이다. 壬癸는 부부의 관계다.

8) ⊕天 갑병무경임 / ⊖天 을정기신계 에너지장 운행

· 陽이 旺하면 陰이 생하고 陰이 旺하면 陽이 生한다.

· ⊕의 四生地(寅, 申, 巳, 亥)에서 ⊖이(子, 午, 卯, 酉) 旺한다.

∴⊖이 旺할 때 ⊕이 生한다.

	甲	丙	戊	庚	壬
孫(生)	寅	巳午	巳午	申	亥子
旺	卯	午巳	午巳	酉	子亥

예) 子는 너무 깊은 물이라 실체는 음이지만 작용은 양이다.

예) 巳는 활활 타는 불이라 실체는 음이지만 작용은 양이다.

· ⊖의 四生地에서(子,午,卯,酉) ⊕이(寅, 申, 巳, 亥) 旺한다. ∴⊕이 旺할 때 ⊖이 生한다.

	乙	丁	己	辛	癸
孫(生)	卯	午巳	午巳	酉	子亥
旺	寅	巳午	巳午	申	亥子

즉, 陽天의 旺地는 陰天의 生地요, 陰天의 旺地는 陽天의 生地이다.

陽은 항상 좌선하며, 陰은 항상 우선한다.

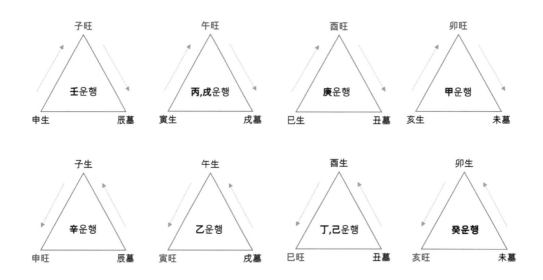

* 본 표는 삼합과 12운성(윤회)의 기본 운행관계를 인지하고 이해토록 한다.

- 生起(생기: 생, 욕), 生成(생성: 대, 관), 生住(생주: 왕, 쇠), 離散(이산: 병, 사), 壞滅(괴
  멸: 묘, 절), 還元(환원: 태, 양)

- 12운성의 윤회: … → 생 → 욕 → 관대(대) → 건록(관) → 왕 → 쇠 → 병 → 사 → 묘 →
  절 → 태 → 양 → 생 → …

3. 지지(地支) 원리

1) 지지합(地支合)

(1) 지지 음양합(이합, 육합)

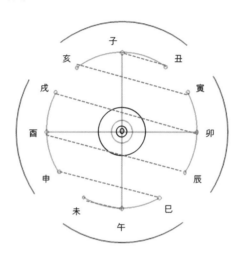

① 子丑 合化 土: 子가 양보, 귀(貴), 지혜

　　丑이 합을 못 하면 아둔하고 맹해진다.

② 寅亥 합화 木: 亥가 양보, 선약강약. 선흉후길

　　寅이 인내하면 강건해진다.

③ 卯戌 합화 火: 卯가 양보, 수단(완)가

　　卯가 불에 탄 후 변신하여 왕성해지며, 戌토도 데워진다.

④ 辰酉 합화 金: 辰이 양보

　　검은돈, 흰돈 모두 모으는 재테크. 그러나 午(창고)가 없으면 많이 벌어도 남지 않는다.

⑤ 巳申 합화 水: 申이 양보, 변혁적 재력, 선흉후길, 제조업, 재창조하는 직업

불이 물로, 금이 물로 변한다. 큰 고통 이후에 합이 온다.

서로 양보하고 인내하면 크게 일어난다.

⑥ 午未 합화 同居: 꾸준한 창고, 혹(惑)

불에 흙을 데워도 흙도 불도 그대로이다.

(2) 지지 균형합

① 합거 시 잘 사는 띠: 용, 말, 개, 쥐, 범, 원숭이

② 巳酉丑은 한번 뒤바뀌어야 성공한다. 쇠붙이가 녹아야 되기 때문이다.

③ 卯亥는 女(卯), 男(亥) 병(病)이다.

④ 辰·寅은 형, 충, 파, 해, 원진살을 받을 때에는 辰·寅도 서로 좋으나 살을 받지 않을 때는 과해서 아니 좋다. 즉, 寅이나 辰 중 하나가 살을 당하면 서로 있는 것이 좋다.

　⇒ 寅, 辰만 사주에 있으면 한쪽으로 쏠리니까 차라리 酉가 있는 것이 좋다. 반대로 뾰족한 酉가 유독 드러나 있으면 사나운 사람이 되므로 어떤 형태로든 둥글거나 네모 나면 오히려 좋다.

　⇒ 도행(道行)을 지키는 것은 둥근 모양의 사주가 좋으며, 질서를 지키는 것은 네모난 모양의 사주가 좋다.

⑤ 辰巳는 제일 좋은 합인 짝이다.

辰巳는 판사이고 유금이 있으면 검사로 간다.

辰巳에 寅이 붙으면 사나운 辰巳가 된다. 부인을 치거나 그 누군가를 친다. 辰巳 기운으로 일을 저지르고 만다.

⑥ 辰酉 합금은 금생수로 설기(조상은 돕지만 본인은 설기)

⑦ 辰酉 합금의 巳는 숙살지기

⑧ 申子辰 합금일 때는 대길

⑨ 巳申

· 갈등의 세월을 뛰어 넘어야지만 출세한다. 이는 巳가 申을 살리고 子水 에너지장도 50% 이상 살아 있다고 보기 때문이다.

· 巳申은 추진력이 강하다.

· 巳申은 쇳물이라 전(돈)을 생각하여 명예를 잃을 수 있다. 관공서의 백그라운드를 만나면 성공한다.

· 巳申은 용처를 못 만나면 쇳물이 굳어서 아무것도 안 된다.

· 巳申은 辰을 얻거나 子水나 巳酉丑을 얻으면 된다. 亥를 만나면 안 된다.

· 巳申이 丑을 만나면 건강을 12년에 한 번씩 조심해야 한다.

⑩ 巳가 辰을 만나면 굉장한 에너지를 갖고 있다.

⑪ 巳酉丑 전(錢)을 만든다. 검경이나 의사가 될 수 있다. 그러나 흉사가 있으면 정육점처럼 칼을 만지는 일을 한다.

⑫ 寅亥, 巳申, 辰酉, 卯戌: 음양합 중 金이 있거나 합, 파가 같이 있는 경우

: 한 손에는 빵, 한 손에는 칼을 들고 있다. 이쁠 때는 한없이 줄 것 같다가도 미워할 때는 언제 그랬냐는 듯 냉정하다. 상처받는 영광이다.

⑬ 午未합 관계

· 午 + 乙未: 여자문제

· 午 + 丁未: 횡재운

· 午 + 己未: 재물, 여자문제, 원진발생

· 午 + 辛未: 재물, 여자문제, 파(破)가 있어 위험

· 午 + 癸未: 재물, 관이 있으나 결국 子未원진은 子가 깨지는 것이다.

⑭ 합에 있는 혹은 곁색시다.

· 子丑, 午未: 숨기는 욕심이 있다.

· 합이 아닌 巳午는 돈 욕심, 亥子는 종자 욕심으로 숨기지 못하는 욕심에 의해 허욕(태과)으로 무너진다.

천간합	갑기·토	을경·금	병신·수	정임·목	무계·화	
천간충	갑경	을신	병임	정계		
삼합	해묘미·목	인오술·화	사유축·금	신자진·수		
방합	인묘진·목	사오미·화	신유술·금	해자축·수		
육합	자축·토	인해·목	묘술·화	진유·금	사신·수	오미·無
삼형	축술미	인사신	자묘			
육형	인사	사신	인신	축술	술미	미축
자형	진진	오오	유유	해해	자묘	묘사
지지충	자오	축미	인신	묘유	진술	사해
파	자유	축진	인해	오묘	사신	미술
해	자미	축오	인사	묘진	신해	유술
원진	자미	축오	인유	묘신	진해	사술

2) 지지(地支) 삼합(三合)

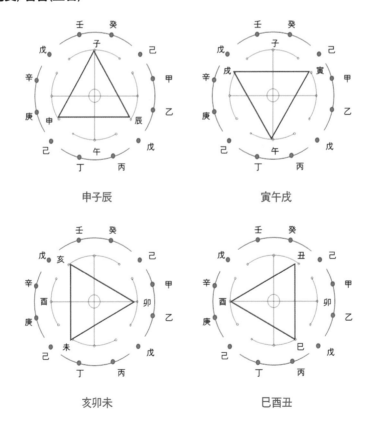

申子辰

寅午戌

亥卯未

巳酉丑

> **三합 역량(예: 寅午戌)**
>
> · 午: 正位 水 에너지체 100%
>
> · 寅午戌: 200%
>
> · 寅午, 午戌: 150%
>
> · 寅戌: 100%

(1) 30° 60° 120°의 각을 이루면 살(殺)을 면한다. 즉, 삼합은 θ = ∠120° 각도의 안정원리

· 점의 최초 안정집합 구조: 선(직선), 점의 최적 안정집합: 원형선

· 선의 최초 안정집합 구조: 면(삼각면), 선의 최적 안정집합: 원형면

· 면의 최초 안정집합 구조: 삼각뿔, 면의 최적 안정집합: 원구(360° × 360° = 129,600°).
  즉, 天地氣 에너지장이 합성되면 총 129,600개의 사주 인자가 형성된다.

- 申子辰: 조직운, 내향적(내공이 필요)

- 申子辰에 寅이 있으면 출세를 잘한다.

- 申子辰에 卯나 酉가 붙으면 몸에 결함이 생기거나 삶에 걸림돌이 생길 수 있다.

- 申子辰에 未가 있으면 子未원진에 辰未는 탐욕, 노는 것을 좋아한다. : 일주에 子가 없으
  면 낙마한다.

- 申子辰에 巳가 있으면 일취월장, 청산유수, 우두머리가 된다. 막힘이 없고 편법을 잘 쓴다.

- 申子辰에 戌이 있으면 기획력이 강하다.

- 申이나 辰 인자를 갖고 있는 사람은 질서, 원칙에 따라 행동. 그러므로 子 인자가 申, 辰
  에 없으면 매사에 불합리적인 사고를 한다.

  · 巳申: 合刑破 辰이 있으면 살을 면한다. (120°)

  · 申亥 害殺: 子가 있으면 살을 면한다. (120°)

  · 酉戌 害殺: 亥나 子가 있으면 살을 면한다.

  · 子酉 破殺: 申이 있으면 살을 면한다. (120°)

  · 子卯 刑殺: 辰이 있으면 살을 면한다. (120°)

  · 辰丑 破殺: 子가 있으면 살을 면한다. (120°)

· 辰卯 害殺: 子가 있으면 살을 면한다. (120°)

* 寅午戌: 외향적

· 寅巳 刑殺: 午가 있으면 살을 면한다. (120°)

· 卯辰 害殺: 寅이 있으면 살을 면한다. 단, 寅卯辰 청룡 태과한다.

· 未戌 刑破: 午가 있으면 살을 면한다. (120°)

· 酉戌 害殺: 午가 있으면 살을 면한다. (120°) 申은 백호 태과한다.

· 寅亥 合破: 戌이 있으면 살을 면한다. (120°)

· 丑戌 刑殺: 寅이 있으면 살을 면한다. (120°)

* 巳酉丑: 내향적, 조직적(酉金일주는 내공적이다.)

· 辰丑 破殺: 巳가 있으면 살을 면한다. (120°)

· 寅巳 刑殺: 丑이 있으면 살을 면한다. (120°)

· 卯辰 害殺: 巳가 있으면 살을 면한다. (120°)

· 巳申 合刑破: 酉가 있으면 살을 면한다. (120°)

· 酉戌 害殺: 亥子丑이 있으면 살을 면한다. (120°)

· 子酉 破殺: 丑이 있으면 살을 면한다. (120°)

* 亥卯未: 사회진출, 외향적 출세, 결혼을 못 하거나 사회활동 기운이 강하다. 사업보다는 인기직(정치, 연예인, 소설가, 창작가, 기획)으로 성공한다.: 기획은 子가 있어야 한다.

· 寅亥 合破: 卯가 있으면 살을 면한다. (120°) 寅이 태과가 된다.

· 子卯 刑殺: 亥가 있으면 살을 면한다. (120°)

· 卯辰 害殺: 巳午未가 있으면 살을 면한다. (未120°)

· 午卯 破殺: 未가 있으면 살을 면한다. (120°)

· 未戌 刑破: 亥가 있으면 살을 면한다. (120°)

· 申亥 害殺: 未가 있으면 살을 면한다. (120°)

* 亥卯, 亥未는 인생관에 따라 삶이 달라진다.

※ 寅午戌 三合 에너지장 특성 분석

⑴ 인오술 三合 에너지장 (陽 200%의 합성 에너지 및 그 에너지장)

· 靑木朱火白金

陽木, 陽火, 陽土의 조합 에너지장으로써 실현 靑木의 좌견(左肩) 에너지체 및 그 에너지장과 正中朱 에너지체 및 그 에너지장과 우견(右肩) 에너지체 및 그 에너지장 합성으로 玄水에너지장 음기는 陽靑木의 午火 합성의지에 의해 反에너지장 및 左玄水에너지장이 생성되었고 역시 陽白戌의 朱火 합성의지에 의해 申에너지장 및 右玄水에너지장이 생성되어 실질 玄水에너지체에 의한 그 에너지 및 에너지장의 확보는 어려우나 그 에너지장 확보는 충분하다. 따라서 靑白에너지 및 그 에너지장은 충분한 朱火 에너지장 형성에 크게 기여하였다. 다만, 玄水 집합 에너지장은 부족하나 25% 이상은 확보된다.

⑵ 반합에 의한 에너지장 분석

① 寅午에너지장 분석: 陽 150%

· 靑木과 朱火의 안정된 동조 에너지장을 구하였으나 陽木의 지속적 공급이 가능해야 하는 까닭에 약 150% 정도의 朱火 에너지장을 발달케 한다. 그러나 일시적으로 陽靑木 에너지장의 독립이 불안정하기도 하다.

② 戌午에너지장 분석: 陽 150%

· 白金과 朱火의 안정된 동조 에너지장은 얻었으나 화극금의 상호법칙에 따라 일시적 火氣손실을 가져온다. 비교적 생산, 창조적이므로 150%의 朱火특성 및 그 에너지장을 얻을 수 있다.

③ 寅戌에너지장 분석: 陰100%

· 陽靑木과 陽白金 에너지장의 동조에 의한 합성인 고로 実靑白에 의한 충분한 朱火 에너지장으로 150% 정도 확보는 하였으나 그 에너지체를 얻지 못하였다.

④ 午朱火 단독: 陽 100% 단독 에너지 및 그 에너지장이다.

· 寅과 戌은 午에 종속된다.

※ 申子辰 三合 에너지장 특성분석

(1) 申子辰 三合 에너지장(陽 200%의 합성 에너지 및 그 에너지장)

: 합리적이면서 효율적이다. 실과(實果)를 얻는다.

(2) 반합에 의한 에너지장 분석

① 申 + 子: 150% 역량

· 전생과 본생의 화합인연으로 150% 진취적 기상을 발휘한다.

· 성과보다는 계획이상주의자로 기획력이 뛰어나고 비전이 있다.

· 申辰보다는 현실적이다.

② 子 + 辰: 150% 역량

· 매우 현실적이면서 미래지향적이다. 항상 결과를 중시하므로 끝맺음이 좋다.

· 일지(日支)가 子 인자일 경우 일취월장한다.

③ 辰 + 申: 100% 역량

· 전생과 말생(末生)의 집합으로 현실적 성취의지는 부족하나 계획적 비전과 이상이 높다. 현상만족이 부족하다.

· 기획력은 있으나 너무 미래지향적이고 미신적이다. 실속이 상대적으로 적고 종교, 철학이 뛰어나다.

· 申辰이 申子보다 꿈이 더 크다.

· 균형의지에 의해 합리적이다. 판단기준이 명확하다.

④ 子玄水 단독: 100% 단독 에너지 및 그 에너지장이다.

· 중심 에너지체 및 에너지장이며, 辰과 申은 子 동조 에너지체 및 에너지장으로 반합이다.

※ 亥卯未 三合 에너지장 특성분석

(1) 亥卯未 三合 에너지장(陽 200%의 합성 에너지 및 그 에너지장)

(2) 반합에 의한 에너장 분석

① 亥卯 에너지장 분석: 陽 150%

② 未卯 에너지장 분석: 陽 150%

③ 亥未 에너지장 분석: 陰 100%

④ 卯 단독: 陽 100% 단독 에너지 및 그 에너지장이다.

∴ 巳酉丑도 동일하다.

※ 일주가 합을 이루지 못한 경우

① 辰: 일반적으로 말만 앞선다. 생각만 있다.

② 巳: 공부운, 주작 기운이라 사회가 돕기는 한다.

③ 戌: 공부는 제일 잘한다. 비상한 재주와 삶의 방식이 비상하기는 하나 그뿐이다.

④ 亥: 생각만 있지 행동을 못 한다. 건강만 하다.

3) 국동조(局同調)

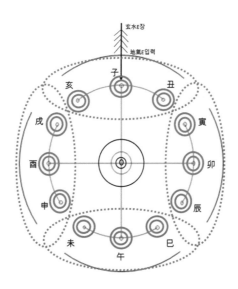

① 申酉戌, 寅卯辰, 亥子丑, 巳午未 국동조는 무서운 사주이다.

② 局동조가 사는 법: 申酉戌은 寅酉원진이나 寅으로산다. / 寅卯辰은 戌로 산다. / 亥子丑은 巳로 풀려난다. / 巳午未는 子로 산다.

③ 기운이 한쪽으로 쏠리면 반대쪽 기운 건강에 해를 미친다.

(1) 亥子丑

· 명예욕, 벼슬욕, 이성욕, 신장병

· 생각하면 앞뒤가 없다. 막무가내다.

· 끝이 빈 것, 잔재주 부림, 광입수(廣入首)로 중심 없이 방만하다.

· 단명하기 쉽다. (여자만 보면 사족을 못 쓴다.)

· 옆도 뒤도 안 가리고 색욕이다. 지혜가 없는 사람.

· 亥 + 子만 있어도 색욕이 왕성. 부인한테 빠져서 헤맨다. ⇒ 巳로 풀려날 수 있지만 午가 중심을 잡아야 살 수 있다.

· 水태강으로 뇌수가 말을 안 들어 선악구별 못 하는 자가 된다. 또는 자식이 저능아, 정신질환, 정신적 문제 많은 자손이 나옴.

· 명예욕을 너무 지나치게 추구하다 자기발등을 찍는다.

· 여자를 밝히게 된다. (광적 수준, 노소미추 불문) 축첩되어 젊을 때는 밤낮 가리지 않고 여자를 밝힌다. ⇒ 자손이 많이 열리나 비슷하거나 되먹지 못한 자손이 많다.

· 건강 절륜한 것처럼 보이나 허기임.

(2) 寅卯辰

· 출세욕, 남을 밟고 일어선다. 같이 동업하면 안 된다. 돈 집착은 적다. 목병(간담병)

· 어지럼이 태강하다. 출세를 위해 수단과 방법을 가리지 않는다.

· 앞뒤 없이 사정없는 사람으로 출세욕이 강하다.

· 덕이 없는 사람이다. 남을 밟으려 하고 남을 말려 죽인다. 칼로 치지 않는 죽임이다.

· 寅 + 卯만 있어도 벼슬 욕, 옆 사람을 밟고 올라간다. 이런 사람을 옆에 두지 마라. ⇒ 戌
  을 만나면 살 수 있다. (寅午戌, 卯戌)

(3) 申酉戌: 기운이 강하여 운은 잘 풀린다

· 돈 욕심이 많아 같이 동업하면 안 된다. 金병(폐, 대장)

· 자녀, 배우자가 신자진, 인오술로 돌지 않으면 홀로되거나 이혼한다.

· 강철 같은 고집, 옹고집.

· 되지도 않는데 고집을 낸다. 돈 버는 데 넘친다. (과유불급)

· 크게 될 자식은 낳는다.

· 정의가 무너졌으니 엉터리가 많다. (정의감, 용기가 없는 사람이다.)

· 남을 죽이고도 자기주장을 펼친다.

· 간담에 문제

· 申酉戌 국동조는 너무 강직해서 부러진다. ⇒ 寅酉원진이긴 하나 寅을 만나면 산다.

· 돈 벌 욕심이 강하여 재테크 수단은 있으나 크게 벌지는 못한다.

(4) 巳午未

· 돈 욕심, 이성 욕심, 생명(번식) 욕심, 혈병

· 욕심이 대단함. 다 채우려고 한도 끝도 없다.

· 욕심 부리다가 하루아침에 털어 먹는다. 남에게 보시를 많이 하라.

· 옆도 뒤도 안 가리고 재욕이 많고 예경이 없는 사람이다.

· 巳 + 午만 있어도 재욕왕성, 물욕왕성이다.

· 남의 것을 직접 뺏어 버리고 巳 + 未는 사람을 시켜서 남의 것을 뺏어 버린다.

· 巳午未 국동조는 깨진 창고다. 불이 난다. 그래서 욕심을 많이 부리면 안 된다. ⇒ 子를 만나야 살 수 있다.

⑸ 종합

· 국동조 역량(3位 동조 합성 에너지장)

예) 亥子丑 3位

　　子: 正位 水 에너지체 100%

　　亥子丑: 200% 水旺

　　亥子: 150%

　　子丑: 125%~ 그 외 인자 합거 시 150%

　　亥丑: 75%(중심축 이탈)

· 水(亥子丑), 火(巳午未)는 합칠수록 태과한다.

① 태과 불급하여 음기가 강해져 명이 단축된다.

② 남, 여 모두 성욕이 강하여 가만있지를 못한다. (아낄 줄 몰라 단명한다.)

⑹ 국동조 이해

국동조(局同調)는 명리의 방합(方合)과 같은 개념이다. 방합은 같은 계절을 의미하는 지지가 모이는 것으로 지지의 순서로 보았을 때도 바로 옆에 붙어 있는 지지끼리의 모임이기 때문에 일반적으로 가족 합, 형제의 합으로 부른다.

겨울: 亥 子 丑,　　**봄:** 寅 卯 辰,　　**여름:** 巳 午 未,　　**가을:** 申 酉 戌

이와 달리 신자진, 인오술, 해묘미, 사유축 삼합처럼 사회적인 합이자 서로 다른 기운들이 안정적 구조질서에 의해 합을 이룬 것과는 달리 비교할 수 있다.

때문에 국동조 합이 형성되었다고 해서 특별한 변화가 일어나는 것은 아니다. 구조합이나 음양합은 서로 다른 기운들이 만나 새로운 기운을 발생시키는 합의 묘미가 있는 반면, 국동조 합은 친밀한 기운들끼리만 뭉친 합이기 때문에 새로운 기운을 발산하지는 않으며, 그 기운 자체가 태과한 것처럼 강하게 밀어붙이는 힘을 갖게 되는 것으로 다른 합들과는 성향이 다른 차이를 보인다.

즉, 삼합이나 음양합은 서로 다른 요소들이 만나 구조적 안정을 취하면서 새로운 변화를 이끄는 것인 반면, 국동조 합은 같은 성격을 가진 지지끼리만 뭉쳐 있는 것이기 때문에 새로운 일은 발생하지 않으므로 해당 기운을 가진 자를 만나게 되면 단조롭거나 강한 기운에 밀리게 되어 설레거나 호감이 가는 마음이 오래가지 않는다. 하지만 자기 자신만의 세력을 더욱 공고히 하기 때문에 그 결속력만큼은 그 어떤 합보다 강한 장점을 지니고 있어 그 상대와 가족을 이루게 되면 잘 살 수 있게 된다.

따라서 국동조 합이 이루어지면 해당 지지들이 단결되어 충살(冲殺)에 의한 충격을 다른 합의 구조체보다 잘 견뎌낸다. 어떤 합이든 충을 맞게 되면, 그 흉살을 이겨 내기 위한 과정이 동반하는데, 국동조 합의 경우 그 시련의 시기가 짧거나 해당 오행의 힘이 더욱 강해져 쉽게 극복하는 특성을 지닌다. 힘든 시기가 왔을 때 사이가 좋지 않았던 가족들이 더욱 똘똘 뭉쳐 이겨 내는 상황을 연상해 보면 이해가 쉬울 것이다.

예를 들어 巳午未가 국동조 합으로 화국(火局)을 이루었을 때 화국(火局)을 충(冲) 하는 해수(亥水)가 침범했다고 가정하면 불 기운이 꺼지는 것이 아니라 불에 해당하는 국동조 힘이 더욱 강해져서 해수의 강한 물 기운을 주저앉게 하여 이겨 내는 것이다. 다만 모든 국동조 합은 그 기운이 태과(太過)하기 쉽기 때문에 평상시에도 항상 자기관리에 항상 신경을 써야 한다.

4) 고장절(庫藏節)

① 고장절에 있는 丁丑, 己丑, 壬辰, 癸未, 戊戌, 丙戌은 일 도모력과 꿈이 폭발적이다.

② 독거하면 심통을 부린다.

③ 합거하면 자기이상을 폭발시킨다.

* 亥酉는 통기가 가능하여 유리하다. 물론 戌亥는 직접적 동기로 백호가 융기되어 술술 해결한다.

반면 丑 인자는 살아나기가 힘들다. 丑卯도 통기는 하나 丑에 寅, 卯가 웅덩이에 빠지므로 살아나기 힘들다. 丑卯 인자는 사는 게 고단하다. 丑卯는 극기하고 고진 감내하면 살아난다. (고생 끝에 낙이다.) 일어나기만 하면 亥酉, 戌亥보다 더 크게 성공한다. 나약해지면 실패한다.

5) 오행(五行)의 생멸(生滅)

(1) 목의 생멸

① 木生火

· 乙巳는 불에 탄다.

· 卯巳의 卯는 희생이지만 희생 후에 이득이 온다. 자기를 희생시킬 힘만 있으면 후에 이득이 온다. 목은 설기(洩氣)하고 火는 생하고 있는 것이다.

∴ 乙巳가 지니고 있는 운명이고 卯巳가 지니고 있는 운명이기에 일주에 卯가 있으면, 일생 희생하고 살아야 한다. 木이 설기되기 때문이다.

· 木生火인 甲午, 寅午가 오면 큰 불이 난다. 대신에 木이 태양을 받으면 水를 공급받으면 살아난다. 즉, 공급받으면 生木이 된다.

· 子를 얻으면 生寅이고 子를 못 얻으면 寅木은 희생하고 朱火는 자멸한다.

· 인자(因子)가 일주에 寅이 있는 것보다는 일주에 午가 있는 것이 왕성한 풍운(風雲)을 지니게 된다.

- 일주에 卯가 있으면 웅장히 희생이 따른다. (자기희생)
- 년주에 午가 있으면 부모로써 훌륭한 부모가 된다. 훌륭한 효자이다.
- 월주에 午가 있으면 만고의 공처가이다.
- 시주에 午가 있으면 옷 한 벌 못 사 입고 헌신적으로 자식 좋은 일만 한다.

- 일주에 巳가 있어야 한다. 일주에 寅이 있으면 자기희생이다.

∴ 木이 일주에 있고 년월시에 누가 있으면 자기희생이다.

- 木은 生木이 되기 전에는 子 인자를 얻어야 한다. 반면, 亥水가 있으면 반반이다. 반은 희생이고 반은 덕을 본다. 子寅누가 있으면 엄청난 부를 성취하든가 사회운을 거느리고 사회에 출세하든가 한다.

∴ 木이 일주에 있으면 자기희생이다. 子 인자를 얻기 전에는 어렵다. 子 인자를 얻으면 좋다.

* 나를 희생시키면서 일을 도모하는 사람이 큰일을 한다. 자기가 살면서 일을 도모하려고 하면 큰일을 못한다.

* 子 인자가 있으면 조상이 확 밀어주기 때문에 잘된다. 午火는 甲木을 만나면 신난다.

② 木克土

· 木克土는 설기가 된다.

· 乙木이 未(조토)를 만나면 나무도 죽는다.

· 甲戌은 마른흙(조토)이라 甲木도 비실비실하여 서로를 깨거나 어그러뜨린 것이다. 寅午戌로써 화국(和局)이 되지만 午를 위해 희생된다.

· 午火에 있어 甲戌은 공익에서 분배를 받을 생각을 해야지 직접 챙기려고 하면 안 된다.

· 午를 위해 성취하여 얻은 이익분은 寅과 戌이 공평하게 나누어 가져야 한다. 작은 일에 집착하지 말고 큰일을 보아야 한다.

· 작은 일에 집착하면 木도 허해지고 戌土도 허해진다.

· 木이 실하면 乙丑은 乙未보다 亥子水를 얻었을 때 실익이 된다. 습토(濕土)도 살고 초목도 산다.

· 甲辰은 申子辰이기 때문에 조윤토(調潤土)이다.

· 未는 조토(燥土)이고 丑은 습토(濕土)이며, 戌은 성토(城土)이다.

· 丑 습토는 乙木을 만나면 상생이 되어 실익이 있다.

③ 木逆金(목역금)

· 木이 水를 만나면 大木이 된다.

· 금생수, 수생목이 되어서 새로운 목이 된다.

· 甲申만 있으면 꼬장꼬장하다. 甲申에 子水가 있을 때 木이 개목(改木)이 되어 새로운 木
  으로 탈바꿈한다.

· 甲申이 子水를 만나면 자수성가한다. 子水를 못 만나면 힘을 못 쓰므로 반드시 子水를
  만나야 한다.

· 乙酉 木도 무너지고 금도 손해 본다. 金도 닳는다. 금극목 하니 서로 좋은 것 하나도 없다.

④ 木順(孝)水

· 순(順)이 곧 孝이다. 순리는 효이다.

· 甲子 木이 水의 生을 받을 때 효순을 받는 木이고 木이 旺해서 生을 받아도 희생되는 것
  이다.

· 乙亥는 木이 극(克)을 하는 木이 된다. 왕(旺)해서 극을 해도 내가 애먹는 것이다.

· 목극토해서 설기가 되어 별로 힘을 못 쓴다.

· 甲子가 되면 좋다. 乙亥는 바다 물의 나무다.

· 陰水일 때는 木이 무너진다. 寅亥가 파살이다. 큰물은 木을 죽인다. 寅亥는 힘을 못 쓴다.

· 목손설수(木損洩水)가 된다.

· 生木으로 탈바꿈하려면 戌土뿐이다.

· 寅亥는 戌土가 물을 먹고 木이 빨아 먹어야 한다. 술토가 보약이다. 술토가 있어야 확
  핀다. 술토가 일주나 월주에 있는 사람이 좋다.

· 寅子는 좋다. 나무가 물을 먹고산다.

· 寅亥는 파살이니 안 좋다.

· 卯亥는 묘한 사람이다. 손설(損洩)이 된다. 소모적이다. 여자가 많고 기마이를 잘 쓴다.
  헤프다. 남의 꾀에 잘 넘어간다. 일주에 있으면 실속이 하나도 없다. 亥卯未는 합이지만
  손실이 생긴다.

(2) 화의 생멸

① 火生土

· 丁未는 未가 조토이다. 조토가 흙에 불을 다 빼기니까 설(洩)기이고 生土인데 조토가 좋아진다는 것이다. 그러나 다른 토도 좋아지는 것은 아니다.

· 丙戌 城土가 열을 만드니까 불은 설기가 되고 亥卯가 있어야 힘을 쓴다. 화생토가 생을 얻으려면 흙도 생명을 얻기 위해 水木이 있는 火土라야 한다. 子寅이 있어야 힘을 쓴다.

· 丙戌, 丁未 일주나 년주생은 혈압이 높다. 심장이 힘들어 한다. 열만 꽉 차니 심 실증이 된다. 水木이 보약이다.

· 丁丑 할 때는 火가 旺해서 생토하는 것이다.

· 丙辰 할 때도 火가 旺해서 생토하는 것이다.

· 조윤(調潤)하면서 따뜻하게 하여 주니까 모든 초목을 살려주어 그 자체가 좋은 것이다.

· 조토해서 못 쓰는 토를 조윤해서 생토가 되는 것이다.

· 丙辰은 자기 자체로서 걸어간다.

· 火는 젖은 흙을 따뜻하게 해 주니까 생명력이 있다. 같은 화생토라도 설기되는 화가 있고 실한 화가 있다.

· 丁未: 고혈압이 생긴다. 亥卯가 있어야 힘을 쓴다.

· 丙戌: 화생토, 火가 설기된다. 子寅이 있어야 힘을 쓴다.

· 丁丑: 火가 실할 때 생해준다. 巳火, 午火가 있다.

· 巳酉丑은 실하다. 午火는 설기가 된다.

· 午丑원진도 된다. 午丑은 丑을 살려낸다.

② 火克金

· 불은 금을 녹인다.

· 丁酉: 비철금속인 경금이다.

· 丙申: 중금속 火가 실할 때는 개금(改金)한다. 丙申이나 丁酉생은 계속 뒤바꾼다. 쇠를 녹여 계속 만들어 내니까 계속 뒤집는 성격이 있다.

・午酉: 화극금은 午未酉 화생토 생금이 되어야 한다. 酉金은 사유축도 좋은 것이다.

・巳午가 있을 때 巳未午 未가 사이에 있으면 좋다. 자체로써 변역성이 있으니까 자체로써 괜찮다. 즉, 巳酉丑, 午酉, 午申, 巳申 모두 괜찮다. 다만 합형파살이 있어 계획적이다.

・火克金이 子를 얻으면 계획의지 성공하고 子를 못 얻으면 굉장한 고통을 당할 수 있고 未와 辰을 얻으면 辰巳가 되어 괜찮다. 子, 辰이 오면 멋쟁이 궁합이 될 수 있다.

∴ 未나 辰, 子가 오면 좋다.

・未酉가 巳를 만나면 巳酉未가 되어 학문으로 성공, 벼슬도 한다.

・巳酉가 午를 만나면 巳酉午가 되어 큰돈을 번다.

・申이 巳을 만나면 辰子를 만났을 때 벼슬길에서 성공한다. 午를 만나면 돈을 엄청 번다.

・申酉가 巳午를 만났을 때 중간에 未를 하나 끼어들게 하는 것이 좋다. 午未가 혹이 될지라도 이게 낫다. 午未가 합이니까 합 + 혹이 되어 조금 자제만 하면 된다.

∴ 합 + 혹이 아니 되면 항상 옆에서 다리를 붙잡고 있다.

・卯辰, 酉戌, 寅卯, 申酉, 巳午, 亥子는 고약스런 혹이다. 특히 寅卯는 성격이 고약스럽고 申酉 역시 성격이 편향적이다. 亥子는 넘치는 혹이다.

③ 火逆水(화역수)

・火가 역(逆)을 받을 때는 火는 쇠해지고 水도 손실된다.

・丁亥는 물불 싸움이다. 巳亥, 午亥가 있을 때는 戌이 있어 午戌亥가 되어야 한다. 巳亥가 있을 때는 酉가 있어 巳酉亥가 되어야 한다.

∴ 배합(配合)을 볼 때는 균형을 잘 맞추어야 한다.

・午亥에 戌을 부치면 술술 해결이 되니까 戌亥다.

・午亥에 卯를 부치면 亥卯未 합은 되지만 午卯가 파살이 되고 辰을 부치면 辰亥원진이 되고 寅을 부치면 寅亥합파살이 된다. 균형은 寅卯가 나으나 풍파가 발생한다.

・戌을 얻으면 술술 해결은 되지만 청룡이 비니까 남성으로서 특성이 준다. 여자 같으면 남편궁이 부족해진다.

∴ 戌亥가 있으면 남자는 여성 특성을 갖고 있으니 남성으로서 특성이 줄어든다.

- 寅亥합은 되나 파살이 있어 풍파가 있다. 여자는 남편궁이 부족해진다. 그러므로 巳酉가 낫고 寅이나 卯를 만나면 좋으나 풍파가 있다.
- 巳亥가 酉를 만나면 巳는 청룡이고 酉는 백호이니까 균형이 잡힌다. 巳酉亥가 되니 巳亥가 있으면 酉가 낫다.
- 午亥가 있으면 戌이 낫다. 물론 청룡이 빈구석이 있다.
- 寅卯는 꽉 찌르는 것은 나으나 풍파가 있다. 寅이나 卯가 辰이 있다 하여도 戌이 낫다.
- 丙子: 화손조수(火損燥水)로 화는 손실되고 물은 마른다. 子水 계곡물은 손해 본 정도다. 巳亥보다는 덜하다.
- 巳亥: 亥水일 때는 巳가 허해져 불이 꺼진다. 불도 꺼지고 물도 마른다.
- 子午 자체가 있을 때는 중심선에 있기 때문에 물이 마르는 손해를 보더라도 정신이 선다. 子午는 긴장하고 살기 때문에 살도 많이 안 찐다. 子午일 때는 관재(官財)가 함께 있다. 巳子일 때는 손실이 생긴다.

④ 火順(孝)木(화순목)
- 午卯일 때,
- 午가 일주가 되면 부인, 형제, 부모, 자식을 희생시키고 일어난다.
- 卯가 일주가 되면 卯가 파한다. 내가 희생이 된다. 卯 자체가 죽는 것이다. 卯가 일주에 있으면 효도를 해도 자기는 잘 살지 못한다. 효도를 아니 하면 더 죽는다.
- 卯巳는 지극히 효도를 하면 최종 성취가 있다.
- 午卯도 파살이지만 지극히 효도하면 최종 성취한다. 인내가 부족하면 성취하지 못한다.
- 午卯, 午寅이나 卯巳, 寅巳는 불에 타면 화극금을 하며 나중에 성취한다. 토금을 만나면 토금이 성취한다. 화생토 하든가 화극금을 하든가 하여 성취한다.
- 최종 성취를 기다리지 않고 중도에 끝내려고 하면 냄비 같은 짧은 생각을 하는 사람은 인내가 부족하여 최종 성취를 못 한다.
- 卯巳, 寅巳, 寅午가 있더라도 전부 최종 성취를 본다.
- 불을 태우면 불 타는 게 있고 불을 태워서 화생토를 하든가 화극금을 하여 일을 만들어

야 한다.

· 巳卯(寅), 午卯(寅)이 土, 金을 만나면 이게 성취이다. 반드시 寅木이든가 卯木이든가에 土, 金을 만나야 한다.

* 巳午를 만나면

- 戌, 申, 酉 중 무엇이든 하나를 만나야 한다. 만난 사람은 나중에 성취한다. 이것도 못 만난 사람은 비천한 사람이 된다. 일생 희생만하고 사는 사람이 된다.

- 목생화, 화생토 하든가 화극금 하여 戌, 申, 酉를 만나야 이 사람이 반드시 종래성취(從 來成娶)할 수 있다. 최종성취를 못 기다리는 인내가 없으면 성취를 못 한다. 지극한 효 도를 못 하기 때문이다.

- 寅午戌할 때 寅은 쇠하고 午는 火旺한다. 巳寅은 형살인데 寅이 쇠하고 巳는 쇠하지 않는다. 木은 쇠하고 火는 旺盛(왕성)한다. 土, 金을 만나야 한다.

- 寅일주는 巳火를 만나면 못 살아나고 午火를 만나면 살아난다. 효도를 아니하면 더욱 죽는 것이다.

- 寅巳, 寅午는 戌, 申, 酉를 만나던지 하면 종래(從來)에 최종 성취한다. 못 만나면 비참 한 생활을 한다.

(3) 토의 생멸

① 土生金

· 戌申은 흙이 설기해서 金을 만든 것으로 土설기하여 金生이다.

· 己酉는 土가 실하면서 金도 실한 것이다.

- 酉가 戌, 未를 만났을 경우 설기가 된다.

- 酉가 辰, 丑을 만났을 경우 둘 다 산다.

② 土克水(丑, 未 克 亥)

· 丑亥는 설기해서 탁해진다. (술 많이 먹고 놀기 좋아하여 걸쭉하다.)

· 未亥는 풍류(風流)를 즐겨 걸쭉하다. 물이 흐려진다.

· 戊(辰, 戌)子는 성토(城土)의 子水는 城土에 말라서 손실 본다. 戌土일 때는 같이 마른다.
  寅 木을 만나면 벌떡 일어난다. 生水가 된다.

③ 土逆木

· 戊(戌, 辰) + 寅처럼 목극토를 만났을 때 土는 부서지고 甲寅木일 경우 木은 生한다.

· 戌土, 辰土가 있을 때 무너지나 산다.

· 子水가 끼어들어야 더 잘산다.

· 土도 이익 보고 木도 生하는 것은 辰土를 얻을 때 丑未도 子水를 얻으면 완전히 살아난다.

· 辰生木, 辰生水

· 己卯가 子水를 얻으면 완전히 산다.

④ 土順(孝)火

· 己(丑, 未)巳는 酉金으로 살아난다.

· 戊(辰, 戌)午는 土旺도 되고 生火도 된다. (辰은 설기, 戌은 生)

(4) 금의 생멸

① 金生水

· 庚(申, 酉)子 유금은 자유파살이 생긴다.

· 申(酉, 申)亥 合水 酉金이 되었을 때 合水는 좋고 申金은 아니 좋다. 申亥는 간섭을 많이
  받는다.

② 金克木

· 辛(酉, 申)卯 木은 손해 본다. 酉金은 설기한다. 申金은 안 좋다.

· 庚(申, 酉)寅, 寅申은 형살이라 안 좋다. 개혁한다. 寅酉도 개혁한다. 庚寅은 형살 후 길
  하다.

③ 金逆火

· 庚(申, 酉)午 금개설화(金改洩火) 火克金이므로 金이 개혁이고 火는 설기가 된다.

· 辛(酉)巳: 금환설화(金換洩火) 金은 바뀌고 불은 설기되고 불은 없어진다. 사유축 합이 되거나 子酉破가 안 되고 일, 시에 戌보다는 辰을 만나야 최 길이다. 辰酉 합금이므로 辰土가 최고 좋다.

④ 金順(孝)土

· 庚(申, 酉)辰: 土生金 土가 설기된다. 辰酉 합금 辰이 설기된다.

· 酉는 뒤집어지는 것이고 辰이 申을 도운다.

· 土가 설기되고 金이 生한다.

· 辛(酉)未, 辛(酉)丑· 土生金해서 土가 설기된다.

(5) 수의 생멸

① 水生木

· 子卯, 寅亥는 木이 생하면서 水가 설기된다. 寅亥가 파살이다. 큰 물은 木을 죽인다. 힘을 못 쓴다.

② 水克火

· 癸(子, 亥)巳는 물은 손해 보고 火는 멸한다.

· 壬(亥, 子)午는 子, 午일 때는 서로 이익이 된다. 木이 반드시 따뜻하게 대펴 준다. 寅木이 끼어 있어야 한다. 아니면 戌이라도 만나야 한다.

· 子午는 寅木을 못 만나면 뻣뻣하게 사는 사람이다. 긴장을 하면서 산다. 寅을 만나면 완전하게 사는 사람이 된다.

· 亥午는 卯가 들어와야 산다. 亥午 물불이 있을 때는 살아가는데 오해가 있다.

· ∴ 亥는 卯, 戌을 만나야 하고 子는 寅, 戌을 만나야 한다. 寅이 아니면 戌이라도 만나야 한다.

· 巳亥의 해결은 卯가 있어야 한다. 卯가 들어와도 왕성하게 해결은 아니 된다. 그러나 해
  결방법은 卯가 들어와야 한다.

③ 水逆土

· 壬(子, 亥)戌은 水가 마르고 탁해진다. 土가 설기된다. 쓸려나간다.

· 子戌은 木(寅, 卯)을 만나야 子戌이 완성된다.

· 亥水가 살려면 卯를 만나야 한다. 亥卯未로 산다.

· 癸(子, 亥)未 水는 탁해지고 쓸려나가니 손실이 된다.

· 子未가 살려면 午를 만나야 한다.

· 亥未가 살려면 卯를 만나야 한다.

∴ 子는 午를 亥는 卯를 만나야 한다.

④ 水順(孝)金

· 壬(亥)申·亥申은 해살이 되어 申이 설기된다. 戌을 만나야 좋고 辰亥원진이니 辰은 안
  좋다. 수왕익금(水旺益金) 金生水

· 癸(子, 亥)酉: 子酉파살이 되어 보약은 辰土를 만나야 한다. 戌土는 반길이다. 水生洩金

6) 대칭구조(⊕대칭은 길 2/3 흉 1/3, ⊖대칭은 길 1/2 흉 1/2)

대치강도	사해(巳亥)	인신(寅申)	묘유(卯酉)	축미(丑未)	진술(辰戌)	자오(子午)

(1) θ = ∠180° 대칭(합을 지니면 대칭구조이며, 합이 없는 대칭이면 대치한다.)

(2) 상충운(相沖運)으로 한 단계 앞서간다.

* 대칭 인자는 갈등이긴 하나 갈등을 극복하면 안정구조로 작용한다.

* 대칭구조는 자충, 자형살과 함께 비교 분석하라.

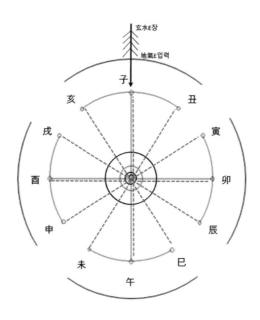

* 陽 대칭 인자가 형, 충, 파, 해, 원진 시에 길이 흉이 된다.

* 대칭구조는 균형의식을 높여준다. 균형의식이 없는 사람은 차서(次序: 질서 있는 사람)도 없다.

* 독거만 하지 않으면 대칭도 좋은 구조가 될 수 있다. 즉, 독거는 균형적 안정을 이루지 못한 대치의 관계특성이다.

* 대칭구조는 부정맥 기운을 다 가지고 있다. 특히 巳亥 대칭이 심하다.

① 子午: 혈장형성으로 내룡맥(來龍脈) 입력, 주체의지다.

· 子午가 대칭인 경우 현수와 주화의 중심 에너지장(주체의지)으로 본다.

· 공생원리. 서로 이익을 주고받으며 공동생활을 하면서 큰다. 밭에 콩이 박테리아와 붙어서 공생하듯이 겨우살이와 같다. 물이 따뜻해지면 용도가 좋아진다. *주역에서 **수화기제**이다.*

· 군화(君火)와 군수(君水)로 불의 임금과 물의 임금이 만난 고로 회전 못 하면 오히려 卯(간), 酉(폐)병이 생긴다.

· 子午만 있으면, 자궁과 소장 사이로 장에 가스가 많이 찬다. 하부장부인 대장기능에 문

제가 발생할 수 있다. 그러나 중심에 있어 큰 병은 없다.

② **卯酉:** 둘 다 음(陰) 인자로서 음의 양립으로 불안정한 구조를 가지게 된다. 즉, 묘, 유
  모두 객체의지로 陽 인자가 없으므로 부족함을 취하려는 욕망과 욕심이 크다.

- 卯酉는 서로 상충이나 상호 독거치 않으면 상대인연이 될 수 있다.

- 허상기로 卯酉 대칭은 항상 새롭게 출발하려 한다. 사업도 새출발, 살림살이도 새출발
  하려 한다.

- 子午가 보약

- 선흉후길, 칼은 시원하나 풀이 잘려 나간다. 그러나 새싹을 키우게 된다.

- 대혼란 후에 수습. 칼로 풀을 싹 베면 깨끗이 풀이 자라나듯 좋아진다. 크게 박살나도
  다시 일어난다.

- 양명(陽明)이 너무 불안정하게 튄다. 너무 밝아 안정을 못한다. 회전 못하면 간, 폐 사이
  에 늑막, 횡경막, 삼초병, 응혈이 생긴다.

- 卯酉 에너지장 대칭은 양명이 불안정하다. 폐렴기, 간경기, 소아바람, 폐와 간 사이의
  횡경막이 들뜬다. 가슴흉통이 있어 뛰는 게 힘들다. 어릴 때는 들뜨기 쉽고 안정이 안
  된다.

- 卯酉는 상호 약한 쪽을 때리는 습성이 있다.
  · 눈이 왼쪽으로 몰리면: 간경기 발생
  · 눈이 오른쪽으로 몰리면: 폐렴 발생
  · 간이 죽을 때 시력을 잃는다.

③ **寅申:** 금극목으로 극과 극의 성격 갈등 구조(형살)이나 청백이 균형을 이루어 합리적
  대칭이다. 그러나 성격 수행이 필요하다.

- 寅은 자라려는 특성이 있고 申은 찍으려는 특성이 있어 寅申 대칭은 고통 뒤에 보람이
  있다. 허리, 팔, 다리를 다치거나 담도가 고장 날 수 있다. 궁합도 최고의 배필이나 내면
  엔 엄청난 갈등 속에 고충을 겪는다. 꿈이 있는 사주로 계획과 설계가 있는 구조를 가지

고 있다.

- 거친 파도를 헤쳐 가는 모험가로 의지가 강하다. 도끼로 나무를 깎아 다듬으려는 의지다. 한편으로는 비련의 주인공이다.
- 선흉후길, 도끼로 나무를 찍어 고통스러우나 나무를 다듬어 재목이 된다.
- 나뭇가지를 쳐야 잘 자라고 도끼는 나뭇가지를 치고자 한다. 공생한다. (나무는 스스로 가지를 치지 못한다.)
- 相火(双火) 간하고 대장사이 병. 회전 못하면 담, 대장, 쓸개병, 창자병이다. 쓸개병이 먼저다.
- 寅申 대칭은 상화(相火)로 서로 불타고 있는 불이다. 청백의 균형구조화로 강할 때는 한없이 대칭적이나 寅申은 충돌적이다.
- 寅은 모닥불이면, 申은 쇳불이라 혈압이 높다. 물이 말라 담즙이 마른다.
- 寅申 대칭이지만 子가 있으면 금생수, 수생목으로 寅이 훨훨 난다.: 子상생은 寅, 辰이다. 辰도 木이 있다.
- 寅申은 미래창조적이다.
- 寅申 대칭 시 寅일주는 한번 고생 끝에 다듬어져 좋지만, 申일주는 남을 다듬기만 해서 고생스럽다. 즉, 寅일주는 申을 만나면 처음엔 고생스러우나 申이 나를 도와주는 인연이다. 申을 만나지 못하면 평생 뻣뻣하게 산다. 申이 년주면 조상이 나를 도와준다.
- 寅申 대칭자는 생각 스케일이 크다. (옹졸하지 않다.) 크게 성공하거나 크게 실패한다. 즉, 寅은 申을 만나야 하고 申은 巳를 만나야 산다. 申이 巳를 만나면 처음엔 뜨거워 괴롭지만 불에 녹았다 살아난다. 그러나 寅巳申이 모이면 삼형살이 된다.
- 寅申 대칭은 개혁적이나 관재살로 바뀌거나 변화가 크다. (木 → 金)

④ 巳亥: 수극화로 극과 극의 성격을 보인다.
- 땅 상판이 뒤틀려 있다. 主와 主가 뒤틀려 대칭구조 중 가장 고약하다.
- 巳亥 중풍이 가장 무섭다. (회복이 어렵다.) 子, 午를 살리면 태과해서 해결이 안 된다.
- 중장풍(中長風) 음에너지장 대칭이라 巳亥가 서로 제일 강하게 때린다. 옆에 있던 戌이

나 辰도 때리게 되어 위장도 좋지 않다. 심장박동은 콩팥이 조절하므로 콩팥, 심장대칭은 부정맥이 발생하게 된다.

- 靑白이 보약이다.

- 100% 흉이다. 콩팥이 무너지거나 심장이 무너진다.

- 相沖 중에 제일 큰 흉이다. 물과 불이 부딪히니 남는 것이 없다.

- 음이 넘친다. 음이 가득한 것. 회전 못하면 심장, 신장, 중초병(中焦病: 비위병), 혈맥병이다. 삼초는 보이지 않는 기의 통로다.

- 巳亥는 혈맥이 막히고 터진다. 부정맥이 있다고 본다.

- 중풍이 오면 남자는 왼쪽, 여자는 오른쪽(심혈이 탁하거나 고갈되었을 경우)으로 온다.

- 巳亥 대칭은 풍수질환인 심장병, 중풍, 콩팥에 이상이 발생할 수 있으므로 해묘미 또는 사유축이 들어 있어야 한다. 즉, 합이 없으면 '대치'관계가 된다.

- 巳亥는 물, 불이 모두 죽는다. 콩팥과 심장이 불안정해지면서 심장에 문제가 되고 콩팥이 냉해져서 결국 둘 다 문제가 발생한다.

- 巳亥 대칭은 부정맥이 발생한다. 심신 안정을 못 시켜서 발생한다. 욕심이 문제이다. 증상은 처음엔 폐, 대장의 문제로 나타나지만 결국 콩팥, 심장에서의 문제이다.

- 巳亥 대칭은 風水 질환인 심장병, 중풍 콩팥에 이상이 발생할 수 있으므로 亥卯未, 또는 巳酉丑이 들어 있어야 한다.

Tip

· 안산(案山)인 巳나 未는 응축하여 속발토록 해준다. (辰巳, 未申)
· 현무(玄武)인 亥나 丑은 에너지 공급 차원일 뿐 현무의 통로 역할뿐이다.
  (戌亥, 丑寅): 청룡, 백호선익을 만드는 역할을 한다.
  그러나
· 戌亥 + 巳 ⇒ 巳戌원진이 있을 경우 亥가 통기를 시켜 원진 기운을 약하게 한다.
· 丑寅 + 酉 ⇒ 巳酉축 합이지만 寅酉원진에 의해 金氣가 약해져 寅이 살아난다.
· 대치(對峙)보다 자충(自沖)의 害가 더 크다.

---

⑤ **辰戌:** 청백의 균형이다.

- 같은 양토라 원만한 편이다. 지혜롭고 날렵하다. 함정을 잘 피해가는 재주꾼이다.

- 말랑한 辰과 따뜻한 戌이 섞여 화합(길)이 된다.

- 대칭구조 중 제일 약하다. 양반상충(兩班相沖)이다. 점잖게 견딜만하게 얻어맞는다.

- 대장처럼 큰 양명 식상격. 잘 베풀면 크게 일어난다. 子午와 비슷하다.

- 대치하면 안돌아 간다. 종속해야 돌아간다. 회전하지 못하면 辰과 (아래위: 소장하고 붙어 있는 곳), 戌(상위: 식도하고 붙어 있는 곳) 대칭으로 인해 배가 빵빵해지고 소화가 안 된다. 수승화강이 아니 되면 기가 막혀서 병이 생긴다.

∴ 戌의 위쪽 위장, 辰의 아래쪽 위장이 서로 안정을 취하지 못해 소화가 잘 안 된다. 위 포만감 발생.

- 辰戌이 강하면 여자는 자궁이 약해지고 남자는 방광이 약해진다.

- 辰戌 인자는 대칭을 하더라도 대단한 포용력이 강하다. (상대를 끌어안는다.)

· 戌: 행동의지가 강하다. 청룡어깨(寅, 卯)를 갖는 것이 최고다.

· 辰: 청룡의 발(행동력 강) → 백호다리(申, 酉)를 갖는 것이 최고다. 즉, 백호어깨(寅)가 살아 있으면 청룡을 거두며, 청룡의 팔목(辰)이 살아 있으면 백호의 팔다리를 다 얻는 효과의 능력이 있다. 백호는 어깨가 중요하고 청룡의 팔목이 중요한 이유이다.

⑥ 丑未: 土의 태과로 꽉 막혀 있다. 먹고 움직이지 않으면 당뇨가 온다. 췌장과 비장이 손상될 수도 있다.

- 玄水가 보약이다. 子午가 25%만 있어도 살아난다.

- 조토(未)는 싫어도 습토(丑)는 좋다. 未가 희생해서 丑이 산다. 未土가 丑土를 만나면 대칭으로 주는 공급이 나를 잃더라도 마음이 즐겁다. (마음보시)

- 은근하게 지루하게 보완하고 얻어맞고 미진하다. 활달하지 않다. 공무원으로 봉사직이 좋다.

- 회전하지 못하면 丑(上비장)과 未(下비장) 사이가 인슐린 밸브로 당뇨병이 생긴다.

- 丑未가 병이 나면 남자는 水 또는 木병, 여자는 火 또는 金병

- 중풍이 잘 걸리지만 회복이 가능하다.

· 남자는 오른쪽: 양기를 넣어 주면 된다. (남여 합방이 잦아서 발생)

· 여자는 왼쪽: 따뜻하게 해주면 된다. (혈류가 돌면 된다. 비위가 피를 잘 거르지 못해서 발생)

- 丑未는 형제간 싸우지 않는 대칭이다. 그래서 췌장이 태과 되어 불금이 되기 쉽다.

- 丑未가 강하면 콩팥이 맞거나 뇌를 치기 쉽다. 뇌의 신경계통 문제로 두통이 잦고 들뜨기 쉽다.

- 丑未者는 비위가 상해서 폭음, 폭식을 한다.

⑦ 辰戌丑未: 쓸개가 약하다.

- 뇌공급이 약하다. (머리가 약하다.) → 뇌혈을 막는다. (뇌혈류병): 혈을 맑게 해 줘야 한다.

- 우울증 걸리기 쉽다.

- 폐색기(閉塞氣: 막히는 기운): 진술만 있어도 색기다. 활동을 많이 하고 사람을 자주 만나야 한다.

- 辰戌丑未는 부모가 子나 午를 가지고 있어야 그 운이 돌아간다.

· 土가 破가 있으면 토생금 하지 못하여 金이 건강하지 못하다. (절대 금연)

· 담배연기로 인하여 간이 제일 먼저 무너진다.

예) 申, 丑, 戌, 寅은 木生火 설기, 金克木해서 木이 얻어맞고 木克土해서 맥을 못 추스른다.

Tip

· 양은 기가 막힌다 (辰戌, 子午, 寅申)
· 음은 혈이 막힌다 (丑未, 卯酉, 巳亥)
· 기가 먼저 막히고 혈이 막힌다.
· 혈이 막히면 중풍이 온다.
· 화를 내면 氣가 막히고 血이 막힌다.
· 간이 먼저 막힌다. 기가 부정적으로 갑자기 드러내서 혈이 막힌다.
· 깜짝 놀라면 陽이 놀란다. 陰은 혈을 놀라게 하고 陽은 氣를 놀라게 한다.
· 건해풍(巳亥風), 곤신풍(丑未風)은 청백 어깨가 깨진 것이다. 건해풍은 입수 어깨에서 오는 풍이며, 곤신풍은 주작에서 부는 바람이다.
· 좌측 콩팥은 命門이라 子와 연관된다.

- 子午, 寅申, 陽相沖은 살아 있는 沖이 되어 싸워도 다시 둘이 생존한다.

- 대칭구조도 독거하면 沖이다. 즉, 안정치 못한 대치 관계가 된다.

- 대칭은 즐겁지만 항시 조심하라. (대칭 180°는 turning point: 위기동반)

- 丑未나 辰戌 회돌이는 맹해진다.

- 子午나 卯酉 회돌이는 이랬다 저랬다 한다.

- 子午 회돌이는 정신이 없다. (깜박깜박하는 치매 기운) 다른 사람이 된다.

- 卯酉 회돌이는 다중인격자. (혼백이 떠 있다.) 항상 이랬다가 저랬다 한다.

- 子午, 丑未, 卯酉 회돌이는 교통사고가 잘 난다. (특히 일시가 강하다.)

7) 충살[沖殺⊖ : 자충살(自沖殺)]

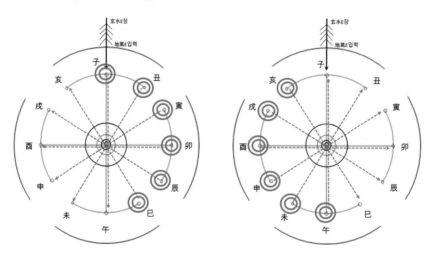

충살강도:	자오(子午)	묘유(卯酉)	사해(巳亥)	인신(寅申)	진술(辰戌)	축미(丑未)

(1) θ = ∠180° 각도에서 자충(自沖)하는 것을 충살 혹은 자충살이라 한다

① 自沖은 한 템포 늦는 것이다.

② 巳, 亥가 충을 받으면

　　· 巳 自沖 者는 亥를 살려야 한다. (亥卯未)

　　· 亥 自沖 者는 巳를 살려야 한다. (巳酉丑)

　　⇒ 만약 巳 自沖 자(者)의 巳를 살리면 巳亥 대칭이 되어 문제가 될 수 있다.

③ 횡조직이 자충을 받으면 가족관계가 복잡하다.: 대지가 없어지거나 여자관계가 불안하다. 아내나 어머니를 여읠 수 있다. 합거 시에도 고비를 넘기고 넘어간다.

④ 子寅辰 自沖은 종자병이다. 정충(정자) 수가 적어진다. 청룡 蟬翼(선익)이 끊어진 것으로 인패(人敗)이다.

⑤ 寅午戌 自沖은 재패(財敗)이다. 합이 들어 살아 있으면 재물이 있다.

⑥ 自沖 받아도 부정맥이 온다.

⑦ 日柱 自沖은 건강이 나쁘거나 운명이 바뀌거나 팔자를 고치거나 사업기반이 뒤바뀐다.

⑧ 日柱 自沖은 전생이 부모와 얽혀서 온다. 증조부의 가족사가 복잡하다. (이복조상, 할머니가 둘, 양자를 주고받는다.)

(2) 충살(冲殺) 특성

충살로 인한 자충은 자형(自刑)살과 같은 간섭이 발생되어 나중에 도착한 에너지 인자가 先 위상 에너지를 극하면서 50%의 손실을 주고 180° 반대편으로 튕기어 75%의 기운을 가지게 된다. 즉, 4개의 기둥 중 2개는 맞은 쪽 50% 에너지장 기운과 때리고 반대 측으로 이동한 75% 에너지체 기둥이 온전하지 않은 상태로 놓이게 된다. 합성 에너지장의 크기로 본다면 일반적으로 4개의 기둥은 각각 100%의 에너지체로 존재하여 총 400%의 에너지원을 가지지만 자충 사주는 총 275%의 에너지체(100 + 100 + 75)와 50%의 에너지장으로 살아가야

한다. 만약 충이 된 50%의 에너지장이 합거하였을 경우 해당 인자는 50% 에너지체로 전환되어 325%가 된다. (100 + 100 + 75 + 50)

충살(자충살)의 특성은 위기를 만나면 일시적으로 육체적 충격과 멘탈 붕괴에 빠진다. 그 후 합거인연이 발생하면 서서히 회복된다. 마음이 급해지면 착각을 일으킨다. 순간 정신을 놓고 깜깜해진다. 즉, 명운(命運)의 위기적 반전 현상이 발생할 수 있다. 따라서 자충 후 회생이 가장 중요한 요소이다.

① 년월일시 간섭 작용

· 년, 월 자충: 부모가 업장을 풀지 않으면 배우자가 풀어내야 한다.

· 년, 일 자충: 부모와 일찍 떨어져 지낼 수 있다.

· 년, 시 자충: 조상이 돕지 않아 자손이 귀하다. 時 자충은 그래도 年이 얻어맞는 게 다행
  이다.

· 월, 일 자충: 형제가 없거나, 형제가 일찍 주거나 이복형제가 있다. 재혼, 독신

· 월, 시 자충: 무자손 혹은 독신, 재혼 후 자손 있다.

· 일, 시 자충: 말년까지 업장이 이어져 내려간다. 명(命) 고비를 넘긴다. 내가 죽든지 자
  식이 죽는다.

② 지지별 自沖 특성

· **巳亥자충**: 물과 불의 극단적인 성격으로 인해 에너지 인자가 0% 남을 때까지 서로 때린다.

- 巳亥는 수극화로 亥 자충에 다른 巳의 충격이 더 크다.

- 巳자충: 심장에 문제, 부정맥

- 亥자충: 신장, 방광, 자궁에 문제

· **卯酉자충**: 청백이 벌어져 있거나 무정하다.

- 에너지장에 물바람이 때린 현상이다.

- 卯酉는 금극목하여 酉자충에 따른 卯의 충격이 더 크다.

- 卯자충은 이혼, 색난, 간질환
- 酉자충은 이혼, 색난, 폐, 기관지 손상

· **寅申자충**

- 산이 무너진 현상이다.
- 寅申은 금극목하여 申자충에 따른 寅의 충격이 더 크다.
- 寅자충은 허목이 되어 썩어버리게 된다. 권위, 지위, 책무가 무너지고 간담도 무너진다.
- 申자충은 의(義)가 흔들린다. 폐, 대장 손상. 미친 도끼다.

· **子午자충**

- 수극화하여 午의 충격이 더 크다.
- 子자충은 자살충동(남 〉여), 영육의 건강이 악화된다. 내 자신을 극하며, 쉽게 좌절하여 중도 포기한다.

  종자운이 깨진 것으로 命고비. 특히 日 自沖은 입수두뇌 에너지가 일시 차단되는 현상으로 시주에서 구해 줘야 산다. (申子辰, 寅午戌로 돌아줘야 한다. 특히 회돌이 사주는 시에서 반드시 살아나 줘야 한다.)
- 午 자충은 재산탕진, 자살충동(여 〉남), 정서불안, 부정적 사고, 윗사람을 극한다. 배신하기 쉽다.
- 子, 午 자충은 자식(時) 인자에 子, 午, 寅, 申, 辰, 戌이 들어 있어야 살아난다. 색시는 子丑, 午未 음양합이 있어야 즐겁다.
- 子, 午 인자는 다른 모든 인자들이 도와준다. 형, 충, 파, 해살이 붙어도 반흉, 반길이 온다. 그래서 子, 午 인자를 가지면 좋다.
- 子 자충은 소골이 최고 영양이다. 뇌졸현상, 뇌영양 부족, 골수 부족을 채워 준다.

· **丑未자충**

- 丑 자충은 습병으로 퉁퉁 부어서 죽는다. 콩팥, 비장, 당뇨병

- 未 자충은 목만 내놓고 숨만 쉬다가 말라 죽는 격이다. 운명이 우울해진다. 멍해진다.

· 辰戌자충

- 辰 자충은 말이 많아지므로 말을 조심해야 한다. 위장병, 소화 장애

- 戌 자충은 가진 재주로 오버한다. 잔재주를 피우다 실수가 많아진다.

8) 자형살(自刑殺)

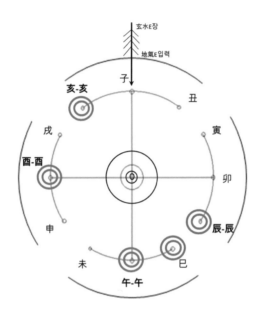

※ 辰·辰, 酉·酉, 午·午, 亥·亥, 巳·巳 ⇒ 풍수역학에서 자형살은 亥와 巳 自刑殺이 가장 심하다.

(1) 辰·辰

① 뇌의 문제로 정신 나가는 것이 문제이다. 말실수가 많다.

② 이런 사주는 몰아세우면 안 된다.

③ 신수(腎水) 불량, 뼈골이 약해짐. 골수가 허함.

④ 토극수해서 자궁, 신, 방광 약하고 자식운도 약하다.

∴ 조상묘가 맥은 두꺼우나 선익이 받쳐주지 못해서 그렇다. 당판 부실, 좌우선익이 약할 때 발생한다.

인자	근본적 본성	합거 시 본마음	몸마음(운명)
辰·辰	仁의 대표	辰巽巳 - 좌측(청룡 땅의문) 신자진 합거: 지혜	삼독 → 진심(嗔心)이 문제 좌측문이 열려 있어 건강을 친다.

∴ 좌측 문이 열려 건강을 친다. 특히 뇌를 조심해야 한다.

∴ 설화(舌禍)를 조심하라. (남의 험담 같은 말조심 / 목소리가 크다는 것은 위장이 안 좋다.)

예시) 壬辰자형

· 壬辰 자형살은 1월, 1일, 자시에 얻어맞는 것이 제일 강하다.

· 13일 甲辰은 준비기간이 길어 덜하다.

· 25일 丙辰은 준비기간이 더 길어 더 덜하다.

∴ 즉, 壬辰 1일 자충이 제일 강하다.

　　임진 · 임진 자충은 壬도, 辰도 모두 자충이다. 쇠, 병, 사, 묘에 들어가면 소멸된다. 생왕지(生旺地)를 얻거나 생욕대왕(生浴帶旺) 중에 하나만 어울리면 고장지(庫藏地: 辰戌丑未)가 망하는 것이 아니다.

* 壬辰은 자충이 1월, 1일, 子時 자충이 제일 강하므로 넘어가서 戌戌이 戌壬극을 하니 불안정하므로 탈출해서 午(寅午戌)나 卯(卯戌), 午未로 뛰어넘어야 살아나지 그렇지 아니하면 살아날 방법이 없고 壬辰이 죽는 것이다.

* 형(刑)을 만나면 自刑 丑戌未 삼형살이 제일 어렵다. 辰이 형살이 안 된 이유는 辰이 申子辰으로 중심을 잘 잡기 때문이다.

(2) 亥·亥

① 巳亥충은 건강이 무너진다.

② 巳亥는 음기가 아주 왕성하다.

③ 巳 自沖하여 亥로 가서 회생하면 길운이다.

④ 亥·巳 → 신체적 충격이 크다.

- 子·午 → 명운적 충격이 크다.

- 亥·亥, 巳·巳 → 자형 맞으면 정상적 사람이 되기 힘들다.

- 丑未 沖은 멍청할 뿐이다.

* 명고비

卯나 酉가 자충 받으면 명고비를 넘긴다. 특히 時가 자충 받으면 명고비를 꼭 넘긴다.

亥가 巳로 가든지 巳가 亥로 가도 모두 명고비이다.

丑이 未로 가든지 未가 丑으로 가든지 거의가 죽음 가까이 간다.

丑未, 亥巳, 卯酉 대부분이 똘똘 몰아서 공중으로 넘어간다. 넘어가면 75%는 죽을 수가 있다.

인자	근본적 본성	합거 시 본마음	몸마음(운명)
亥·亥	지혜의 대표	해묘미 합거: 어짐	삼독 중 치심(痴心)의 문제이다. 치심(痴心)은 탐심(貪心)으로 이어진다.

(3) 酉·酉

인자	근본적 본성	합거 시 본마음	몸마음(운명)
酉·酉	의(義)의 대표	사유축 합거: 정의	申 + 酉 + 戌: 진심(嗔心), 성내는 욕심 숙살지기, 사람 욕심과 물욕으로 사고 친다. 치심과 탐심으로 이어진다.

(4) 午·午

인자	근본적 본성	합거 시 본마음	몸마음(운명)
午·午	예경의 대표	인오술 합거: 예경	巳 + 午 + 未: 탐심(貪心), 사회적 욕심 비례(非禮), 결례(缺禮), 무례(無禮) 진심과 치심으로 이어진다.

(5) 巳·巳

인자	근본적 본성	합거 시 본마음	몸마음(운명)
巳·巳	예경의 대표	사유축 합거: 정의	巳 + 午 + 未: 탐심(貪心), 사회적 욕심

※ 亥·亥의 자형살 내용을 참고토록 한다.

9) 형살, 파살, 해살

피해강도:	충(沖)	파(破)	형(形)	해(害)	원진(元嗔)
지속강도:	충(沖)	형(形)	파(破)	해(害)	원진(元嗔)

(1) 형살(刑殺)

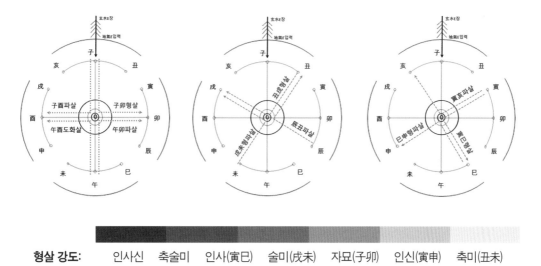

형살 강도:	인사신	축술미	인사(寅巳)	술미(戌未)	자묘(子卯)	인신(寅申)	축미(丑未)

· 刑과 沖은 상처가 크다(불구적).: 사업실패, 집식구를 바꾸거나 몸 상처, 마음 상처이다.

· 혈장 중심 90°, 270° 형파이다. [地氣 상형파(相刑破) 간섭 에너지장이다.]

· 형살은 정신적 고통이 더 크다. 둔탁하게 맞아 멍든 것과 같다.

· 형살 맞은 사람은 정신적 고통이 많고 신체에 상처가 많다.

· 형살은 일이 잘 안 풀리는 것으로 눈을 옆으로 하면 삐딱하거나 건방지다 하고 눈을 내리면 깐다고 하고 위를 보면 치켜뜬다고 때린다.

· 형살은 목 졸라 죽이는 것과 같다.

① 子卯형살

- 子는 계곡물이요. 卯는 묘목이라 子水가 차가워서 풀뿌리가 죽는다. (간 손상, 신장 & 방광 손상, 이혼, 재물 손실)

- 子卯형살은 백호가 다치게 된다. 亥卯未로 합거하면 형, 파살이 없다. (선흉후길) ⇒ 식신격이다.

- 子酉파살은 청룡이 다치게 된다. 巳酉丑으로 합거하면 형, 파살이 없다. (선흉후길)

※ 참고

- 午酉는 도화살은 형살과 같아 청룡이 다치게 된다.

  巳酉丑으로 합거하면 형, 파살이 없다. (선흉후길)

- 午卯파살은 백호가 다치게 된다.

  亥卯未로 합거하면 형, 파살이 없다. (선흉후길)

② 丑戌형살: 아래 '14) 삼형살' 참조

- 先 신체적 고난, 後 정신적 고통(土태과로 비위 실증병 발생하여 신체적 고난)

③ 寅巳형살: 백호를 친다.

- 불에 나무가 타서 寅이 무너진다.

- 辰을 동반 하든가 또는 강력한 백그라운드인 子를 동반해야 한다. 巳酉丑은 더 태과하여 안 된다.

- 寅巳형살은 남는 게 없다. 남는 건 재밖에 없다. 배필자가 巳를 가진 寅일주이면 상대는 괴롭고 슬퍼하는 마음을 달래주어야 한다. 여자가 巳가 있으면 남자가 지병을 앓는다. 자

식이 寅일주이고 부모가 巳일주이면 자식을 멀리 떨어트려 놓지 않으면 자식을 잡는다.

* 子卯형살, 午卯파살은 엉뚱한 짓을 한다.

④ **사신형살:** 아래 '(2) 파살 - 巳申 刑破殺' 참조

(2) 파살(破殺)

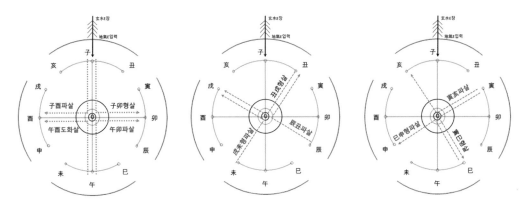

※ **强度:** 파살은 순간에 무너지는 기운으로 그 강도는 모두 강하다.

파살의 고통은 평생을 끌고 간다.

혈장 중심 90°, 270° 형파이다.

파살은 육체적 고통이 더 크다. 부서지고 파여 나가고 깨어진다. 가정이 갈라서는 것, 재물이 깨지는 것, 사람이 다치는 것이 파살 기운이다.

① 辰丑파살

- 용이 늪에 빠져 꼼짝을 못하여 힘을 못 쓴다.

- 청룡이 강해 여자를 친 다음 승진한다. 그러다 갑자기 뚝 떨어진다.

- 먼저 신체적 고난이고 후에 정신적 고통이 따른다.

② **午卯파살**

- 酉가 병이 생긴다. 酉가 같이 있으면 괜찮다.

- 申, 酉, 戌이 있으면 해소된다. 午酉 도화살은 寅卯辰이 있으면 해소된다.

- 한탕주의 때문에 실패하므로 일생을 조심해라. (재산탕진)

∴ 돈을 땅에 묻어라. 그러면 잃지 않는다. (땅은 객신이 침범을 못 한다.)

- 가정을 두 번 꾸린다. 그러나 삼합 시에는 균형을 잡아 괜찮다.

- 동업자를 몇 번 바꾼다.

- 午는 子에게 주는 것이 최고다. 丑에 주면 丑의 흉일부터 탈출할 수 있고 청룡 어깨인
  寅에 줘도 좋다.

③ **未戌형파살**: 재물탕진, 색난, 건강 악화

④ **午酉파살**(도화살): 火克金, 바람기

⑤ **寅亥파살**: 寅亥合木으로 선흉후길. 처음에 다투다가 나중에는 고요해진다.

⑥ **巳申형파살**: 쇠가 녹아서 쇳물이 된다. (巳申合水)

- 고생 후에 돈을 번다.

- 대 변혁을 일으킨다. 창조적

- 물불을 가리지 않는다.

- 풍파, 고통이 많다. 인생이 파란만장하다.

- 욕심을 덜어내지 않으면 파살이 온다. : 반흉반길

* 파살이 형살, 해살 당하면 살이 오히려 감해진다.

예) 子酉파살이 酉戌해살을 만나면 백호 기운이 형성되어 흉살이 반감된다.

(3) 해살(害殺)

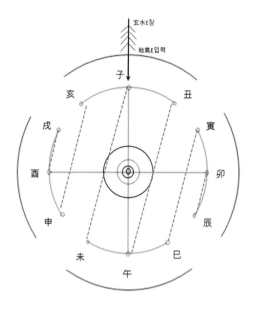

| 해살강도: | 인사(寅巳) | 묘진(卯辰) | 신해(申亥) | 자미(子未) | 축오(丑午) | 유술(酉戌) |

해살의 특징은 사람을 할퀴듯이 신경질적으로 괴롭히고 시기질투, 원망한다. 사람을 쳐다볼 때 30° 각도에서 삐딱하게 쳐다본다. (酉戌, 申亥, 子未, 丑午, 寅巳, 卯辰)

① **酉戌해살**: 강도는 약하나 너무 가까이 있어서 상대방을 견디지 못하게 한다.

② **申亥해살**: 도끼가 강하수(江河水)에 빠진 격이다. 도끼도 녹슬고 자루도 썩는다. 마음과 몸이 함께 속을 썩인다. 육체적, 정신적으로 피곤하게 한다. 해살 중 강도(强度)가 제일 세다.

亥에 丑, 子, 寅, 辰도 빠지면 헤어나지 못한다. 용도 처음엔 물을 만나 좋지만 辰亥과 살로 승천을 못한다. 亥未도 자칫 죽을 수 있다. 그래도 午亥는 오해의 소지는 있으나 괜찮다. 헤엄 잘 치는 戌, 午나 酉는 亥를 이겨 낸다.

· 辰亥: 처음엔 좋으나 용이 꺾인다.

· 巳亥: 물불의 싸움

· 午亥: 그래도 산다.

· 亥未: 헤엄(해미)치다 죽는 수가 있다. 끝장이 죽음이다.

· 亥酉: 닭(酉)은 괜찮다.

③ **子未해살**: 흙으로 未土가 맑은 물에 젖어서 녹는다. 처음엔 조토가 물에 젖어 괴로우나 나중엔 윤토(潤土)가 된다.

· 子未원진 → 沖殺

④ **丑午해살**: 丑午원진 → 沖殺

⑤ **寅巳해살**: 寅巳형살 → 沖殺

⑥ **卯辰해살**: 木克土, 갈등, 색난(남녀문제)

* 卯辰해살은 木과 土가 서로 싸우기 때문이다. 그래도 卯가 전생이기에 괜찮다. 土 기운이라 25% 정도 도움이 된다. 同木이라 역성이 강하다.

* 卯辰해살보다 辰亥원진이 더 강하다.

(4) 刑沖 부연설명

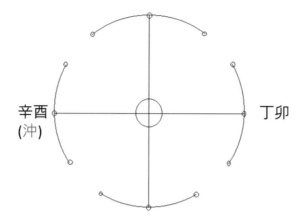

① 丁卯회생하면 안정하나 회전 못 하면 결혼 2~3번, 재산, 건강, 상처 등이 무너졌다가
일어난다. 丁卯가 회전을 못하면 폐, 간 모두 무너진다.

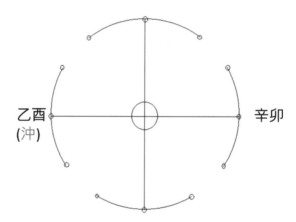

② 辛卯[조금(燥金)]는 마른풀, 날카로운 풀로 누卯파살로 불붙으면 바로 깨진다. 회전 못
하면 맞아 죽는다. 결혼, 살림, 건강을 깬다.

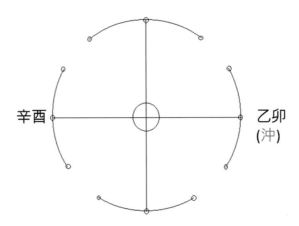

③ 乙卯가 충으로 무너지고 辛酉로 가서 운이 안 풀려도 가만히 있으면 그나마 괜찮은데, 사유축으로 돌면 乙卯를 두 번 때리게 되어 건강, 재혼, 재물이 크게 무너진다. 건강은 간 문제로 얼굴이 시커멓게 된다.

형충(刑沖)이 100% 고난이라면 파(破)살은 75%의 고난이다.

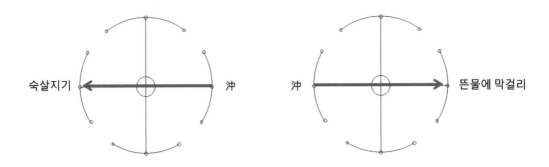

10) 충살(衝殺⊕)의 특성

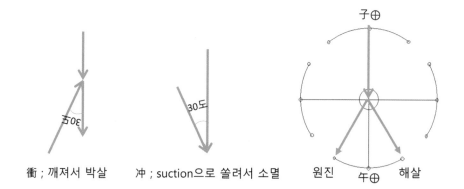

衝 ; 깨져서 박살   冲 ; suction으로 쏠려서 소멸   원진   午⊕   해살

충살(衝殺⊕)을 ⊕, ⊖으로 분해하면,

⊕에너지에서는 우측 원진, 좌측 해살이다.

⊖에너지에서는 우측 해살, 좌측 원진이다.

子·未원진, 巳형살(巳 → 子 사자도 무섭지만, 子 → 巳도 만만치 않다.)

丑·午원진, 申해살

寅·酉원진, 未해살[미인(未 + 寅)이 만나면 모두 잘생겼다. 일주가 未이면 난봉꾼, 寅이면 출세 지향적이다.]

卯·申원진, 戌해살

辰·亥원진, 酉해살[악성이 강한 합, 남의 돈(검은돈)을 긁어모으려 한다.]

巳·戌원진, 子해살

午·丑원진, 亥해살

未·子원진, 寅해살(미인박명)

申·卯원진, 丑해살

酉·寅원진, 辰해살

戌·巳원진, 卯해살(잔재주가 많으나 남을 쓰러트리고 일어나려는 재주이다.)

亥·辰원진, 午해살(오해받을 짓)

11) 원진살

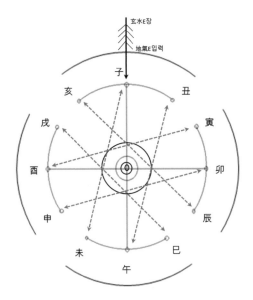

원진강도: 진해(辰亥)　　인유(寅酉)　　묘신(卯申)　　자미(子未)　　축오(丑午)　　사술(巳戌)

① 원진은 싸우지도 않고 돌아서는 것이다.

② θ = ∠150° 각도의 殺이다. (子未, 丑午, 寅酉, 申卯, 辰亥, 巳戌)

③ 원진의 특징은 시기, 원망, 질투로 인해 갈등을 일으켜 분열을 일으킨다. (내면갈등) 도울 듯하지만 돕지 않는다. 가깝고 친한 것 같지만 어색하다. 동조가 있는 가운데 간섭이 있다. 정신적 고통이 크며, 스트레스와 부부갈등, 부모와 자녀갈등으로 원진살은 해살과 그 특징이 비슷하다. 반면 원진살은 본인 스스로 나쁜 기운을 깨는 특징도 가지고 있어 길흉을 동반한다.

④ 원진은 주는 마음으로 승화해야 그 기운이 깨진다. 미워하는 마음은 뺏으려는 욕심에서 나온다.

⑤ 원진은 지속적 갈등 속에서 허욕을 부린다. 항상 건강을 조심해야 한다.

⑥ 가급적 원진살 있는 동반자는 만나지 않는 것이 좋다.

⑦ 원진살이 있으면 기껏 해 줬더니 원망만 돌아오는 팔자다. 고로 원진살이 없는데 원망을 들으면 일을 잘못한 것이다.

① 子未원진

상호갈등 정도이다. → 상호갈등이므로 여자든 남자든 똑같다. 未가 조토라 子는 맑은 소량의 水이나 손해는 子다. 未土는 반갑다. (남을 묽으려는 특성)

겉으로는 미워해도 속으로는 좋아한다. 조토(燥土)인 未가 물을 좋아하니까 속으로 좋아한다.

子未는 방광, 비장 함께 병든다. (육체병) 비장이 문제가 있을 때 마음이 상한다. (마음병, 심병)

子未는 재미(자미)있게 산다. 돈쓰는 재미, 색시 보는 재미, 여행하는 재미가 있다. 역마살이 있어서 돈이 있을 때는 좋고 돈이 없을 때는 근심이다.

② 丑午원진

丑은 회생(回生)이요 午는 희생(犧牲)이다. 여자든 남자든 午를 만나면 명고비만 넘기면 잘 살아간다. (자기 몸에 있든, 부부간에 있든 마찬가지다.) 동업자 간에는 갈등이 있으므로 만나지 않는 것이 좋다. (정도는 덜하나 소가 닭 보듯 하여 속으로만 미워하고 우울하다.)

따뜻하게 덮어 주니까 좋아하면서 미워한다.

丑午는 심, 소장병(육체병), 운세고비가 많다.

원진이 있어야 학문이 더 잘된다. 午가 고생스럽다. 丑은 편안하다.

③ 寅酉원진

寅은 고(苦)요, 酉는 화풀이, 성냄이다. 충돌이 크며, 酉가 寅을 항상 원망한다. 원인은 寅이 만드는 것이다. (남을 묽으려는 특성)

원진은 운행하면 살아난다.

싸움판에 가면 싸우려 한다.

나무에 칼질을 하니 나무가 싫은 것이다. 나무의 기상이 있어 운명의 갈등이 있어도 검사, 판사의 기상이 있다. (酉: 검사, 寅戌: 판사) 내면적인 갈등이 생긴다. 月日은 부인과 문제가 생긴다. 부모를 안 모신다.

나무가 가지치기를 기다리고 칼은 나무를 치고자 한다. 즉, 좋아하면서 미워한다.

* 酉가 여자 寅이 남자라면 나뭇가지를 칼질을 해서 다듬어진다.
* 酉가 남자 寅이 여자면 남자가 칼질을 해서 여자가 도망간다.
⇒ 여자가 寅酉원진이면 남자가 참기 힘들다. 오히려 여자가 卯酉 인자가 같이 있으면 나근나근하다. 항상 두 개의 대책을 세워놓고 제시를 한다. 살랑살랑하고 묘유를 부린다.
진공묘유(眞空妙有): 아무것도 알 수도 없고 느낄 수 없는 경지로 사람의 인식으로는 알길 모르는 묘함이 있다.
반대로 남자가 卯酉 인자가 같이 있으면 항상 두 개를 같이 취하려한다. 욕심은 많으나 성과는 없다. 여자도 둘, 일도 둘, 숟가락도 두 개가 있어야 한다.
寅酉는 담, 폐가 서로 번갈아 가며 병이 난다. 근심병, 정서불안

④ 卯申원진

卯申원진은 정신적인 갈등이다.
金克木. 무성하니까 도끼질을 해야 썩지 않는다. 여자는 우왁스러운 남자를 좋아한다.
卯는 두려움이요, 申은 겁을 주는 것이다. (정도는 덜하나 어깃장을 놓는다.)
卯는 외경심을 일으켜 卯로서는 좋은 것이다. 정신을 똑바로 차린다.
남자가 卯이면 망한다. 여자가 卯면 조신해진다. 그러나 마음고생을 한다. 둘 다 네거티브 에너지장이라 허상(공상, 망상, 비현실적)이 강하다. 卯申은 시끄럽다. 숙살지기라 매섭고 아무나 좋아한다. 만나서 한번은 卯를 망가트리나 그 뒤로 편안해진다. 卯는 벼슬에서 한 번 낙마, 가정 고통, 돈 고비, 남녀 고비가 있다.
卯申은 원진이나 申은 寅이 없으면 卯라도 만나 갈대풀이라도 휘둘러 베어야 한다. 그러나 도끼로 많은 풀을 휘두르면 기운(기맥)이 빠지므로 亥卯未, 申未를 만나 절묘한 합궁이

되어야 미치지 않고 올바른 사람이 된다. 못 만나면 단명한다.

반대로 卯가 申을 만나면 미친 도끼에 겁이 나서 미칠 지경이다. 도끼에 놀라 산만하여 오만 꽃을 피우게 된다. 정신을 바짝 차리게 된다. 어쨌든 申을 만난 卯는 몸을 도사리고 조심해야 하며, 寅木은 거들목거리다 한 방에 맞을 수 있다.

도끼로 풀을 자르니 卯가 힘을 쓰지 못한다. 申이 巳申水, 申子辰을 만나면 깨지지 않는다. 卯申은 풍병이다. 정신적, 육체적 모두 바람병이 든다. 또한 어혈(유방멍울)이 잘 맺힌다.

⑤ 辰亥원진

갈등이 제일 심하다. 음양갈등이다. 辰이 앙살만 부린다. 巳亥 또한 엄청난 갈등이다.

죽자 살자 미워한다. 원진 중에 원진이다. 흙은 홍수를 싫어하고 물은 흙이 막으니까 싫어한다.

마음의 갈등병이다. 신장병이다. (亥)

미워한 사람, 미움을 받는 사람 둘 다 괴롭다.

남녀의 문제, 남편과 아내의 문제, 부부금실이 애 낳고도 안 좋다.

辰亥: 辰은 겁을 주나 亥는 두려움이 없어 겁을 안 낸다. 亥는 겁이 없다(상호갈등).: 소리 안 나는 싸움, 내면갈등이 크다. [심정(心情)병으로 노골적으로 미워한다.]

辰亥는 정신갈등 히스테리가 있다. 혼자 오해, 막판까지 잘 간다. 극단적 처리. 용서와 이해가 부족하다. 어짊도 깨지고 지혜도 깨진다. 사고행동이 거칠다.

⑥ 巳戌원진

巳는 놀래고 戌은 짖어 댄다. 시끄럽게 싸운다. 뱀이 놀라면 독을 품어 집이 싸늘하다. 남자가 巳면 야비하고 치사스러워 살기 어렵다. (매사 불만족스러워 타박을 많이 하고 앙앙거린다.)

巳戌은 육탄전, 몸과 정신으로 싸운다.

巳戌 火生土로 도와가면서 미워한다.

巳戌원진이면 외형은 火生土하여 멀쩡해 보이나 내면은 火克金(戌이 金이다.) 金을 때리니까 金의 머리가 戌이므로 두뇌가 얻어맞으니 뇌를 한 번 맞는 것이다. 그러므로 신호가 늦다. [金의 머리(頭)는 戌이다.]

남자의 경우 폐, 대장을 얻어맞고 취약해진다.

여자는 머리를 얻어맞으니 우뇌, 유방, 어깨가 취약해진다. 상처에 영양이 부실해서 병이 생긴다.

巳亥 대칭보다 낫다.

巳戌원진은 반드시 극복해야 한다.

* 巳戌원진

- 戌이 회전을 하면 壬辰과 비슷하다. 강력한 강기가 생긴다. 학자운이다. 극복 후 성취운이다.
- 巳酉丑을 만나면 酉戌 亥殺만 생긴다.
- 酉가 있으면 巳戌원진은 깨진다. 그러나 뾰족한 기운을 가지게 된다.
- 寅이 있으면 원진의 못된 기운을 가지고 있으나 얻기도 하고 잃을 수도 있다.
- 辰을 얻으면 안정권이 된다. 巳戌원진을 깨는 건 寅이나 辰이 최고다. *균형을 봐라. 巳戌원진이 辰을 만나면 辰巳 대학자(大學者)가 된다.
- 子는 巳戌원진을 깨나 子巳 형살의 고통이 있다.
- 申도 巳戌원진을 깨나 백호가 태강해진다.

원진	내용	해법
辰亥	辰土極亥水. 흙이 물을 막으려 들지만 결국 진토가 당한다. 해수가 용서하고 진토는 인내하라.	토극수/금생수 酉, 未
寅酉	酉金極寅木. 칼로 강목을 치려 든다. 寅木은 인내하고 酉金은 자숙하라. 寅酉원진이 자기 사주에 있으면 담, 쓸개에 병이 온다.	금극목/금생수, 수생목 亥
卯申	申金極卯木. 도끼로 풀을 베려 든다. 申金은 무모치 말고 卯木은 자숙하라.	금극목/금생수, 수생목 未, 巳
子未	未土極子水. 마른 흙이 子水 정화물을 마르게 한다. 子水가 괴롭다. 子水는 인내하고 未土는 용서해야 한다.	토극수/금생수 申
丑午	午火生丑土. 습토를 말려주나 끝이 없다. 生土 丑은 기쁘고 午는 지친다. 午는 참고 丑은 원망치 마라.	화생토 子
巳戌	巳火生戌土. 巳火는 덕스러워야 하고 戌土는 교만하지 말라. * 사술은 자기갈등이라 뛰어넘으면 머리가 좋다. (술토를 가진 사람은 잔머리꾼이다.)	화생토 卯

* 子, 午는 본마음이라 같이 있으면 웬만한 원진은 모두 잡아 준다.

12) 사주 내 원진의 경중 및 관계

(1) 경중(輕重)

· 년, 월: 가장 경하다.

· 년, 시: 영육관계, 질병 취약인이 나온다.

· 월, 시: 두 번째로 경하나 부인이 자식을 찼기 때문에 無子이기 쉽다.

· 일, 시: 자손이 불연속이다. 가장 원진이 세다.

· 경중: 일시 〉 월일 〉 년시 〉 월시 〉 년월

(2) 관계

· 원진살이 내 사주 안에 있으면 자기갈등을 일으켜 사고를 낸다.

· 년 + 시 → 자식에게 부모, 조상덕이 없다.

  예) 년주가 未, 시주가 子이면 시주가 피해를 본다.

· 일 + 시 → 부모, 자식 간 원진이다.

예) 일주가 卯, 시주가 申이면 자식 때문에 내가 괴로워한다.

· 월 + 시 → 배우자와 자식 간 원진이다.

· 년 + 월 → 부모와 배우자 간 원진으로 효부가 아니다.

· 월 + 일 → 나와 배우자 간 원진으로 내가 바람난다.

예) 내가 마누라를 극할 때 미워해서 바람을 피는 거다. 반대면 마누라가 바람을 핀다.

13) 회충(回沖)

4개의 기둥 인자 중 3개가 상호 겹치게 되어 공망이 되는 것이다. 3개가 충 하였으므로 결과적으로 1개의 기둥으로 살아야 한다. 조상묘의 혈장 4果(입수두뇌, 전순, 청룡선익, 백호선익) 중 3개가 형충파해를 입었을 경우 나오는 경우이다.

회충의 특성은 정신적, 육체적 위기에 처하고 공중에 멍하니 떠버린다. 위기를 만나면 멘탈 붕괴에 빠진다. 회복도 상당히 느리다. 본인도 모르게 배신하여 상대방의 기대에 어긋난다. 만약 견디어 살아남으면 성격이 단순해진다. 그러나 외롭고 고독하며, 일을 결정하거나 생각할 때 독선적이고 일방적이다. 반드시 신체적, 정신적으로 파괴의 고비를 안고 살게 된다.

① 선천 회돌이 사주 + 후천 형, 충, 파, 해, 원진: 죽음을 초래한다.

② 선천 회돌이 사주 + 후천 합: 기사회생

③ 선천 정상사주 + 후천 회돌이 사주: 상대적으로 충격이 적다.

* 回沖특징

① 회충은 자식을 보지 못한다. (본부인, 후처 모두 없다.)

② 입수는 지룡맥이다. 요도가 깨져서 입혈맥이 들어가지 못하고 죽는다. (입혈맥 死, 局 에너지장 손괴)

③ 局 에너지장이 손괴 되었을 때, 입수두뇌가 부실한 정도가 아니고 입수맥이 깨진 병맥 또는 편맥(반쪽 기운만 입수)이거나 무기맥(중심맥 없음)이다.

∴ 자식을 만들려면 산맥은 3줄로 간다.

④ 산맥은 θ = ∠30° × n 유지하면 살아 있는 것이고 반대면 사룡(死龍)이다. 용맥이 긴 큰 룡이면 가능하다.

⑤ 짧은 용이 본신룡이다. 늙은 노맥은 허약하여 입수두뇌를 만들 수 없다. 사맥(死脈)은 처진 룡으로 이 역시 본처, 후실 모두 자식이 어렵다.

⑥ 멀리서 단맥되면 自沖이다. 가까운 곳에서 단맥룡이 되면 회충이다.

⑦ 현수와 주화 모두 문제가 있는 경우 회충이다. 입혈맥이 100% 끊어진 것이다.

⑧ 낙(탁)산이 불량하면 혈장이 깨어진다. [樂山(낙산)은 입수 뒤에서 밀며 도망가는 산이다.]

⑨ 주화 에너지장이 반(反)배하면서 요도나 지각이 혈장을 향한 경우

* 自沖특징

① 입혈맥이 파손되었으나 局 에너지장이 일부 生한 경우

② 현수 에너지나 주화 에너지 중 한 곳이 문제 있는 경우로 본 부인에서 자식이 없다. 선천명(기골)에 자충인 경우가 많다.

③ 후천명에 자충이 있으면 멀리서 온 룡에 문제가 있는 것이다. 후실손에서 후손은 가능하다.

④ 요도맥 입수는 맥이 끊겨서 자충이다.

⑤ 년 자충은 멀리서, 월 자충은 가까운 곳, 일과 시 자충은 입혈맥이 끊어진 것이다. (약 25%는 살아 있는 것이다.)

⑥ 에너지장은 들어왔고 전순 에너지에 의하여 후손은 가능함.

⑦ 후실문제는 생존 문제이므로 도덕 문제보다 우선한다.

⑧ 명고비를 넘겨야 한다. (25% 남아 있다.)

⑨ 낙산, 탁산은 요도지각이 없다.

⑩ 혈장 뒤에서 지룡, 지각 요도가 오면 깨져서 자충된다.

⑪ 주화 에너지장도 깨지면 회충, 회돌이 된다. 회충은 공중에 뜬 상태이다.

※ 회돌이도 죽은 것이냐 살았느냐를 잘 판단해야 한다. 회돌이는 결국 時가 반드시 살아 있어야 한다.

* 회충의 간섭 작용 특성

① 子午 회돌이: 조상묘의 현수, 주화가 沖을 받아 파괴되어 있다. 정령과 객신이 동조하지 못하여 영혼이 들떠 흔들린다. 명고비가 있다.

② 卯酉 회돌이: 혼백이 흔들리는 현상이 나타난다. 중심을 잡지 못하고 왔다 갔다 한다. 마치 얼굴은 가만히 있는 채로 눈동자만 왔다 갔다 하는 것과 같다. 정서 불안정, 직업 불안정, 배우자 불안정, 정처 없이 떠돌이, 청백이 공망이므로 현수(玄水)나 午火가 부실해진다.

③ 辰戌 회돌이: 양토의 회돌이로 인해 소화기능이 마비된다. 위장병. 정신과 혼백이 안정을 취해야 하는 위치이나 회충하면서 모든 신념과 의지가 흔들린다. 정신적 문제가 크다.

④ 丑未 회돌이: 음토의 회돌이로 신체 기능이 무너지면서 오장육부의 기능이 상실된다. 특히 비장. 신체적 문제가 크다.

⑤ 巳亥 회돌이: 물불이 만나 극단적인 상극관계를 형성한다. 몸에 있는 모든 水氣를 전부 동원하여 불과 싸움하는 것과 같다. 극단적 성격으로 진행하여 일시에 무너진다. 심장, 신장, 생식기 계통의 질환으로 난자 혹은 정자가 부실하거나 여자의 경우 자궁에 문제가 발생한다.

⑥ 寅申 회돌이: 뜻을 이루지 못한 채 계속 개혁적인 성향을 굽히지 못하여 성격이 광폭해진다. 금극목하여 간, 담이 손상된 후 대장, 폐 계통이 무너진다.

14) 삼형살(三刑殺)

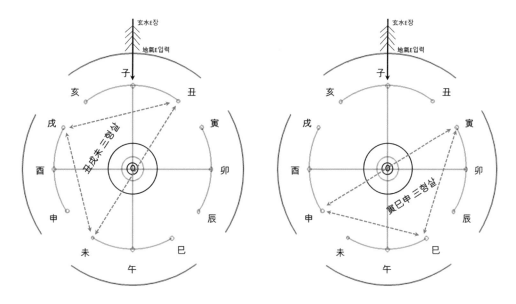

삼형살은 정신적, 신체적으로 영향을 가장 많이 미친다.

삼형살을 가진 사주는 업장이 무겁다. 업 갚음을 안 하면 다음 생애도 좋지 않다. 寅巳申 삼형살의 경우 금극목하여 金의 의(義)가 木의 인(仁)을 부수게 된다. 간접 3형살(3가지 인자 중 한 가지가 自沖 받았을 경우) 파살 형태로 나타난다.

(1) 丑戌

· 子를 중심으로 亥, 丑이 나누려는 균형인데, 丑戌이 붙다 보니 戌이 丑보다 더 많이 나눠가졌다. 기운이 戌이 더 크기에 戌이 丑에 미움을 산다.

· 일주가 丑이고 년 또는 월, 시에 戌이 있으면 해당 년, 월, 시가 나를 미워한다. 차라리 내가 戌인 것이 낫다.

(2) 丑戌未

· 죽을 고비를 넘겨야 한다. 丑戌未를 時에 맞으면 아이가 생기지 않거나 日, 月에 있으면 결혼하기가 힘들다.

丑戌未가 살아날 수 있는 회전 인자: 午(원진 후 안정), 子 > 辰, 卯, 酉, 亥: 한 번은 어려움을 딛고 안정된다.

· 음성(陰性) 형살로 자신 문제다. 화를 내면으로 삭혀 자기병을 키운다. 丑未(왼쪽어깨), 辰戌(오른쪽어깨)에 발생하는 水병인다. 丑未는 습병이요, 辰戌은 寒水병이다. 패철에서는 黃泉水(황천수)라 한다.

· 丑戌未는 土밭으로 토극수, 목극토 하여 수목이 말라 골병이 든다.
　가) 水병: 신방광, 자궁, 유방
　나) 木병: 간담, 갑상선으로 庚이 甲木을 쳐서 甲병이 든다. 庚이 강하여 폐, 대장관리를
　　　못 하면 갑상선, 유방암이 온다.
　　　① 유방암은 水병이지만 甲병으로 돈다.
　　　② 대장 庚金에 적체가 되어 쌓이면 갑상선이다. 숙변처리를 잘해야 한다.
　다) 대장에서 금생수하면 자궁, 방광, 대장으로 바로 연결되어 간담, 갑상선으로 이어진
　　　다. 즉, 土가 旺하면 동시다발적으로 각 기관에 문제가 발생한다.
　라) 土가 실하면 토자체병 발생한다. 丑未는 음토로 비장병 췌장병에 따른 당뇨가 온다. :
　　　土가 旺하면 순환이 안 되어 어디가 터질지 모른다. 운세도 운이 꽉 막혀 버린다.

· 陰土旺이라 陰水에 土克水 하여 신방광이 극을 당한다. 陰木도 문제가 발생하여 간담이 극을 당한다. 또한 陰火가 말라서 심장에 허증이 발생한다. 즉, 丑戌未 삼형살은 세 장부(심장, 콩팥, 간) 모두 흔들린다.

· 발병순서
① 土 기운이 몰려 있어 피가 안 통하여 '암(응어리)' 발생. 자체병은 비, 위병으로 묘 터에
　물이 들어가면 질병이 발생한다.
② 상대 기운인 신, 방광을 때린다.

③ 심장이 막혀 심부전이 발생한다. : 묘앞 전순이 무너지는 경우

④ 木克土하여 간담이 무너진다. : 묘터 옆구리에 바람이 드는 경우

⑤ 혈액이 돌지 않아 심장에 문제가 생기면 이후, 골수병, 치매가 발생한다.

* 병은 寅巳申보다 丑戌未가 병들게 한다. 寅巳申은 운살을 막히게 한다.

* 암은 적병(積病)으로 적체되어 실증이 될 경우 몰리는 쪽으로 병이 생긴다.

* 陰沖病: 실증에서 허증으로 변화는 것. [허약, 공(空), 모(耗)] 기능부전으로 간다.

* 파살은 沖과 적(積)의 중간이다. [충적간병(沖積幹病)]: 기능부전도 올 수 있고 암도 발생할 수 있다.

· 丑戌未 푸는 방법

① 丑, 亥년에 정신분열이 온다.

② 무슨 병이든 子, 午가 있으면 해결된다. 子未원진 부작용이 따르긴 하나 중심에 서서 해결능력이 높다.

③ 특히, 寅午戌이 구원자 역할을 한다. 활동적이어서 막힌 혈을 순환시킨다.

④ 亥卯未, 卯戌합은 있으나 亥丑으로 정신분열을 일으킨다.

⑤ 申子辰은 辰丑파살을 일으킨다.

丑戌未 삼형살 분석

인자	근본적 본성	합거 시 본마음	몸마음(운명)
축	仁의 대표	丑艮寅 - 左天門(청룡 하늘문)	해 + 자_축: 치심(痴心), 거만한 욕심
미	禮敬의 대표	未坤申 - 右地門(백호 땅의문)	巳 + 午 + 未: 탐심(貪心), 사회적 욕심
술	義勇의 대표	戌乾亥 - 右天門(백호 하늘문)	申 + 酉 + 戌: 진심(嗔心), 성내는 욕심

∴ 丑戌未가 망하는 순서: 치심(痴心) → 탐심(貪心) → 진심(嗔心)

∴ 丑戌未는 寅午戌을 만나야 한다.

∴ 축술미는 욕심이 많아 문이 다 열려서 오히려 돈귀신이든 모든 귀신이 나간다. 특히

·

중심(戊己土)이 깨져서 본인 건강이 제일 나쁘다. (목극토라 중풍, 심장, 콩팥, 비위 모두 약해진다.)

(3) 寅巳申

· 곤장을 맞는 것을 대신하기가 어렵다. 亥가 풀이주긴 하나 쉽게 풀기는 어렵다. 차라리 寅午戌, 未戌, 辰未, 午未로 푸는 게 낫다. 그중 辰未가 제일 낫다.

· 陽性형살로 사회적 문제이다. 화를 밖으로 표출하여 남을 친다. 건해풍, 곤신풍으로 바람영향을 받을 때 발생한다. 寅申巳亥 風刑殺로 木병이다. 패철에서는 팔요풍이라 한다.

· 金(申)이 나무(寅)를 쳤는데, 불(巳)이 나무(寅)를 또 괴롭혀 寅이 못 배긴다. 寅刑이 제일 괴로움을 당한다. 두 번째로 불(巳)이 金(申)을 때리므로 두 번째로 申이 괴롭다. 巳刑살이 모든 걸 사그리 불태우고 녹이려고 하는 극중 극형이다. 일주에 寅이 있는 사람이 巳申이 있는 사람을 만나면 피해를 입게 된다. 일주에 寅이 있는 사람이 년월시에 巳가 있으면 부모형제, 자식(하극상)에게 당한다. 삼형살이라도 일주가 戌이나 巳에 있어야 피해가 덜하다.

· 巳가 旺하여 미쳐 날뛴다.
① 陰水, 陰木을 친다. 결국 본인의 불도 꺼진다. [火가 열증(실증)이 있다.]
② 불에 안 타려고 陽木을 친다. (木이 제일 피곤하다.)
③ 陰水가 마른다.
④ 水, 木 모두가 마른다.
⑤ 화극금으로 폐, 대장에까지 문제가 발생하면 이미 水, 木에도 문제가 발생한 것이다.

· 寅은 과도하게 인자하지 못하여 불인부덕하여 간담을 무너트리고, 巳는 과욕에서 발생하여 본인의 폐, 대장을 망가트린다. 결국 寅巳申 삼형살은 돈도 명예도 다 날라 간다.

삼형살은 되는 게 없다.

寅巳申 삼형살 분석

인자	근본적 본성	합거 시 본마음	몸마음(운명) → 어리석음
인	仁의 대표	인오술 합거 시: 예경	寅 + 卯 + 辰: 치심(痴心), 어리석은 마음
사	禮敬의 대표	사유축 합거 시: 정의	巳 + 午 + 未: 탐심(貪心), 탐내는 마음
신	義勇의 대표	신자진 합거 시: 지혜	申 + 酉 + 戌: 진심(嗔心), 성내는 마음

∴ 寅巳申이 망하는 순서: 치심(痴心) → 탐심(貪心) → 진심(嗔心)

사회 욕심을 부려서 낭패 당하고 남에게 피해를 준다.

∴ 寅巳申은 申子辰을 만나야 한다.

∴ 입수두뇌(入首頭腦)를 얻어야 한다.

∴ 삼형살은 삼독심(三毒心)으로 변한다.

15) 독거(獨居)의 특성 이해

子 없이 午 에너지만 있을 경우, 혈장의 중심을 넘어 午火의 응축 장이 생긴다. 그런데 子水 에너지 없이 午火가 생기지 않는다. 먼저 25% 水 에너지장이 와서 있는 것이다. 반대로 子 에너지만 있는 경우, 25% 午火 에너지를 가지고 있는 것이다.

반면 巳 에너지만 있을 경우 25% 亥 에너지를 갖게 되나 水 에너지가 찌그러지게 된다. 만찬가지로 未 에너지만 있을 경우 25% 丑 에너지를 갖게 되나 水 에너지가 찌그러지게 된다. 결국 혈장이 깨지고 만다.

巳未만 있으면 子가 없다. 마찬가지로 亥丑만 있으면 午가 없다. 즉, 혈장이 깨지게 된다. 巳의 역할은 辰을 안으로 감싸게 하는 역할로 辰巳가 만나면 짝궁 중에 짝이다. 未의 역할은 申을 안으로 감싸게 하는 역할로 未申 역시 짝궁이다.

풍수적으로 설명하면 亥丑은 할아버지가 편측으로 할아버지가 먼저 돌아가셨다는 것을 의미하며, 종자가 약하다는 뜻이다. 반면 巳未는 할머니가 편측으로 할머니가 먼저 돌아가신 것이거나 둘째 할머니에서 태어난 것이다. 즉, 쌍봉은 음양합이요, 삼봉은 삼합봉이요.

독거는 흐르는 산이거나 합거하지 못한 산인 것이다. 충살은 삼살로 물, 사, 바람이 찌르거나 비워진 것이다.

* 申, 酉, 戌이 독거한 경우 기술직 또는 예능직을 선택하라.
* 卯木독거 시 뜬바람이다. 일찌감치 고생을 시켜야 한다. 또는 문인 수업을 받도록 해야 한다.
  · 申: 합리적 이과: 중공업, 중금계
  · 酉: 뜬구름 이과: 보석류, 컴퓨터 계통, 사치, 비철금속, 경금속
  · 寅: 합리적 문과
  · 卯: 뜬구름 잡는 문과: 소설, 문예, 패션, 디자인, 그래픽, 기획, 광고, 배우, 인기직, S/W

16) 독거, 형, 충, 파, 해, 원진 분석법

(1) 독거 분석

* 독거: 서로 간섭을 하지 않는 것이다. 홀로 외로이 산다.
* 독거 시 巳의 독거는 子뿐이다. 운명의 기복이 강하다. 친근하지 못하여 독거한다. 혼자서 공부만 한다. 독거는 서로(내가 남이) 간섭 아니하는 것이다. 홀로 외로이 사는 것이다.
* ⊕ 인자는 독거를 하더라도 子, 寅, 辰, 午, 申, 戌은 스스로가 그 기운을 발현한다. 그러나 ⊖에너지 인자인 丑, 亥, 卯, 酉, 巳는 합거를 해도 사신사를 얻어야 산다.
* 독거의 분석
  · 巳午: 태과 동궁 합이라 독거와 다르다.
  · 巳未: 덤덤하다. 巳午未 동궁이니 합거와 가깝다.
  · 巳申: 合, 刑, 破로 독거보다 더 나쁘다. 음양합이니 좋을 때는 좋으나 싸울 때는 고약스럽다.
  · 巳酉: 巳酉丑 합거
  · 巳戌: 원진은 독거보다 더 나쁘다.

· 巳亥: 相沖이니 독거보다 더 나쁘다.

· 巳子: 항상 덤덤하다. 무정하다 그러므로 독거한다.

· 巳丑: 巳酉丑 합거

· 巳寅: 刑亥살로 독거보다 더 나쁘다.

· 巳卯: 陰木 陰火合. 卯는 불쏘시개이니 卯가 火가 되어 합으로 본다.

· 巳辰: 기막힌 짝궁이다. 절대 싸우지 않는다. (未申도 단짝이다. 궁합은 辰巳나 未申이 巳申 合水보다 낫다.)

* 子巳 독거 시 좋은 인자

· 子: 뱀이 쥐를 잡으려 하니 水克火 상극이다.

· 丑: 子丑합으로 쥐도 뱀도 늪을 좋아한다.

· 寅: 寅巳형살

· 卯: 子卯형살

· 辰: 申子辰삼합, 辰巳합

· 巳: 巳巳 같아서 안 좋다.

· 午: 巳午태강

· 未: 子未원진

· 申: 巳申형, 파

· 酉: 子酉파살

· 戌: 巳戌원진

· 亥: 巳亥충

* 合 중에서 辰을 만나면 아주 길한 운이 생긴다. 辰이 상대 보약이다.

(2) 형, 파살 분석

* 巳申은 합형이자 파이므로 반길이다.

* 巳申水 합은 주기마다 좋은 일 나쁜 일로 변화가 계속된다. 巳申합이 들어오면 巳申이 辰을 만나면 아주 길한 운이 생긴다.

* 巳申 합형파

· 子: 子巳가 안 좋다.

· 丑: 巳酉丑삼합은 좋은데 丑이 웅덩이에 빠지는 날이다. 그리 좋은 것은 아니다.

· 寅: 寅巳刑害, 寅申刑沖

· 卯: 卯申원진

· 辰: 辰巳합, 申子辰합 좋다.

· 巳: 巳申형살

· 午: 巳午태과

· 未: 조금 연결다리는 되나 강력하지는 못하다.

· 申: 巳申형파

· 酉: 酉申 숙살지기 - 누구하고 싸울 때는 좋으나 평화 시는 안 좋다.

· 戌: 巳戌원진

· 亥: 巳亥충, 申亥害

* 辰 연월일시뿐 구원자가 없다. "辰日에서 살고 辰日에서 죽어라."

(3) 自沖살 분석

· 乙酉자충: 辛卯로써 좋지 않다. ∴ 태지(胎地), 辛卯(금극목)

· 丁酉자충: 癸卯로써 살아난다. (충격이 덜하다.)

· 己酉자충: 乙卯로써 관록궁에 들어선다.

· 甲申자충: 庚寅 원수만남, 인과응보

· 子午자충: 子현수는 주인기질(공조직)이다. 午는 사회조직 기질로서 자충하여도 주인 기질 가능하나 그 단계가 한 단계 낮아진다. 즉, 종적 자충인 경우 살기는 한다. 子가 자충 후 주화 에너지로 갔다가 회생되면 늦은 자식이 가능하다. 子의 기운이 25% 생존하기 때문이다.

참고) 회충은 좌우에서 공격받아 입수가 깨진 것이다. 규봉이 있으면 입수가 온전한 곳이 없으며, 전순은 온전하다. 안산 하자인 경우 입수, 전순 모두 문제가 발생한다.

· 묘유자충: 그 특성이 180° 바뀐다. 횡 자충은 살아나기가 어렵다. 유금, 묘목 자충이 가
  장 큰 흉으로 본다.

* 백호가 자충 받으면 처, 재물, 재능, 재주 기능이 없어진다.

(4) 해살 분석

* 巳寅해살

· 子: 뱀이 쥐 잡으려고 한다. 水火上克이다.

· 丑: 寅丑이 처음엔 좋으나 결국 웅덩이에 빠진다.

· 卯: 寅卯합이 되나 강력하지는 않다.

· 辰: 辰巳합, 寅辰청룡

· 巳: 巳申형살

· 午: 巳午태과

· 未: 조금 연결다리는 되나 강력하지는 못하다.

· 申: 巳申水 寅申형충

· 酉: 寅酉원진

· 戌: 巳戌원진

· 亥: 巳亥충, 寅亥합파

* 寅午戌 가지고도 해결이 아니 된다. 辰이 보약이다.

(5) 원진 분석

* 巳戌원진

· 子: 뱀과 쥐가 싸운다.

· 丑: 丑戌형살

· 寅: 寅巳형살, 寅午戌 반길

· 卯: 청룡 에너지장, 卯戌합

· 辰: 辰戌沖은 沖이 아니다.

· 巳: 巳戌원진

· 午: 巳午태과

· 未: 未戌형파살

· 申: 巳申형파살

· 酉: 酉戌해살

· 戌: 巳戌원진

· 亥: 巳亥충살

* 卯는 꽃이라 卯를 써서 즐겁게 하는 것이 보약이다. 卯에 辰을 가지고 묘술을 부려라.

⑹ 巳巳 자충

- 時하고 충을 만나면 자식도 못 보니까 배우자도 못 얻는다.

- 日하고 충을 만나면 자기하고 부부싸움이기 때문에 누가 꺾여도 둘 중 하나가 꺾인다.

- 年하고 충을 하면은 부모인연으로 해서 배우자를 잃게 된다. 불효관계가 된다.

· 해결방법: 巳를 자충해서 亥로 넘어 갔으니 亥가 합거하든가 巳가 합거해야 풀린다. 辰
  은 辰亥원진이 되어서 보약이 아니고 卯未나 酉丑을 얻어야 보약이 된다.

* 巳가 자충해서 亥로 넘어갔기 때문에 巳에 合이 되면 巳病인 심장은 무너지지 않는다.

17) 팔랑개비 사주

중심축을 잘 잡고 있다는 뜻으로 균형을 잡고 있는 사주이다.

· 辰巳戌亥: 술술 해결하면서 진사승진이다.
　교수, 학자가 진사술해를 만나면 능력 없어
　도 총장까지 올라간다.
　제자 논문 가지고 이름 내고도 걸리지도 않
　는다.
　풍차사주는 갈등을 겪더라도 해결한다.
　진술: turning point

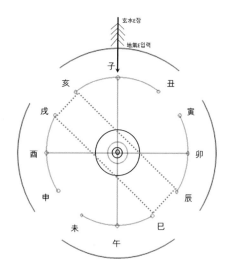

· 卯辰酉戌: 최상의 팔랑개비, 엉뚱하게 해결
　능력이 뛰어나다. 엄청 벌고 엄청 깨먹기도
　한다. 酉년의 酉월, 酉일, 酉시 또는 卯년의
　卯월, 卯일, 卯시 올 때 넘치므로 조심해라
　그러나 잘 피해간다.
　子午를 만나면 좋다.
　모든 여자와 돈이 자기 것이라 보는 성향이다.
　亥卯未, 巳酉丑과 한 궁합이다.

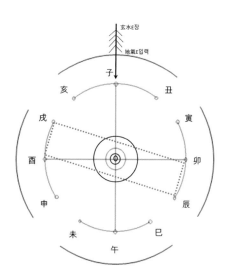

・丑寅未申: 申은 未를 만나야 살아나고 丑(과
　맥점)은 寅을 만나면 未가 있어 丑이 살아난
　것이다.
　　丑은 巳酉丑, 未로 살고 子丑, 午로만 산다.
　이때는 함정이 아니다.
　　돈은 좀 버는데 큰 출세는 하지 못한다.
　　丑寅은 출세를 만드는 과정에 있어 寅은 丑
　에 빠져 개구리놀림을 받는다. ⇒ 창피해서
　자살하려 한다. (辰丑도 마찬가지)

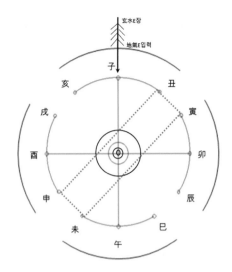

・子丑午未: 충성스런 공직자상, 봉사계통, 군
　인, 공직에서 성공: 원진이 원진을 깬다.

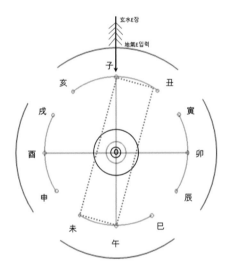

※ 넘치는 팔랑개비

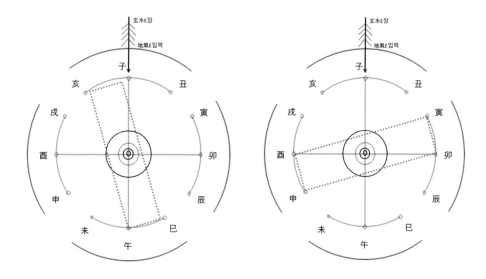

· 巳午亥子: 욕심 많아 오버하며, 자해 같은 엉뚱한 짓을 한다. 여자 무리 때문에 본인 목
숨을 깎는다. 되지도 않으면서 뭉치는 것.
· 寅卯酉申: 바람병

※ 떨어진 팔랑개비

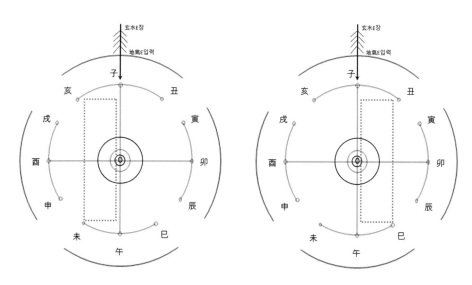

· 亥子未午, 子丑巳午, 寅卯酉戌, 卯辰申酉: 날개가 떨어진 격이다.

18) 대들보 사주

대들보는 작은 여러 개의 보에서 전달되는 하중을 이겨내기 위한 기둥과 기둥 사이에 건너지른 커다란 보를 말한다. 그러하듯 대들보 사주는 삼합으로 이루어진 에너지체의 지붕을 지탱하기 위해 사주 기둥과 기둥에 하중을 받쳐 주는 역할을 한다. 영문 용어로 보자면 beam(빔)이다. 즉, 주체 기운은 아니지만 막중하고 중요한 역할을 하는 인자인 것이다.

寅木일주가 未를 만나면 그런대로 잘 살아가며, 亥를 만나면 합이지만 파살이라 나뭇잎이 물에 다 떨어지고 뿌리가 물에 썩은 뒤 나무로서만 오래 살게 된다. 그러기에 거만스러운 태도를 보이면 안 되고 겸손해야 한다.

이런 寅木이 申子辰삼합 안에서 陽寅木이 들어서면 처음엔 寅木을 경계하여 합리적으로 치나 쓰러진 후 크게 성공한다. 즉, 신자진이나 인오술을 만나면 대들보 노릇을 하게 되는 것이다.

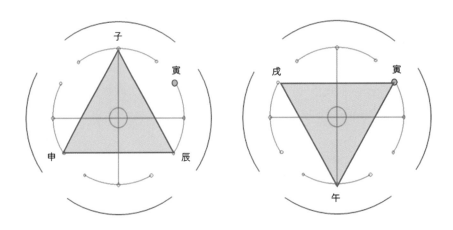

寅, 辰, 申, 戌 陽 인자가 삼합을 만나게 되면 대들보 노릇을 해야 성공한다. 삼합 안에 들지 않더라도 그 역할만큼은 충분히 해낸다. 예를 들어 亥卯未 陰으로 이루어진 삼합에 辰일주인 경우라도 亥卯未 그릇 안에서 그 진가를 발휘하는 것이 대들보 사주이다. 조직의 전체를 다스리는 장은 못되어도 부서의 팀장이나 부장급 자리까지 올라간다.

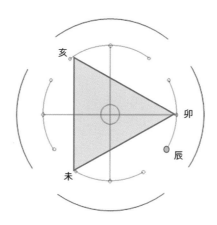

※ 서까래 사주

대들보가 지붕을 떠받치기 위해 기둥과 기둥사이에 건너지른 보라면, 서까래는 지붕의 뼈대를 이루는 나무를 칭한다. 대들보가 중심적 역할을 한다면 서까래는 대들보 주변으로 펼쳐진 구조물로 심미적 아름다운 느낌을 주는 마감재로 함께 구성된다.

丑, 卯, 巳, 酉, 亥, 未 陰 인자가 삼합을 만나게 되면 서까래 노릇을 한다. 삼합 안에 들지 않더라도 필요한 구성원의 존재 가치가 부각된다. 조직의 전체를 다스리는 리더는 아니지만 인기는 그 이상 일 수 있다. 단, 인기가 너무 과하지 않으면서 지속될 수 있게 자기관리를 철저히 해야 한다.

※ 三合구조인 경우 일주가 三合 외곽인 경우 내가 살려고 하지 말고 三合의 주 세력을 살려야 한다.

· 합거 시에는 동조세이다. 예) 亥卯未 三合 시 寅, 辰, 巳, 戌, 酉는 동조세이다.

· 형, 충, 파, 해, 원진 시에는 간섭으로 작용한다.

19) 지지역량(地支力量)

· 寅 + 未

　寅이 일주면 인정스럽다. 애착성이 있고 섬세하다.

　未가 일주면 인정이 없다. 쌀쌀맞다. 이 사람 저 사람 다 퍼준다. (어설프다.)

· 辰 + 巳

　辰이 일주면 끊임없는 대기만성으로 남의 도움도 많이 받는다. 출세는 늦으나 더 발전적이다. 연구심이 많다.

　巳가 일주면 사진 찍는 것을 좋아한다. 진취적, 자기발전 능력이 없다. 출세는 빠르다. 머리만 좋다.

· 辰 + 未

　辰이 일주면 진미(진취적)하다.

　未가 일주면 미진(동경대상)하다. 방황한다.

· 戌 + 未

　戌이 일주면 상당한 예술가다.

　未가 일주면 파살기가 강하여 항상 그림만 그린다.

· 申 + 未

　申이 일주면 미래적인 신미(信迷)적이다. 미래에 대한 신념, 모르는 것에 대한 궁구능력이 강하다.

　未가 일주면 미신적 요소가 많다. 깊이 생각 없이 믿으려는 마음(맹신도).

· 辰 + 酉

　辰이 일주면 진유부자, 유명세의 부자, 진짜 넉넉한 돈을 번다.

酉가 일주면 여유 있는 정도의 돈을 번다. 수단이 많다.

· 戌 + 卯

戌이 일주면 자력적이고 묘하게 해결하여 일어난다.

卯가 일주면 묘수(트릭)를 부려야지만 해결된다.

· 戌 + 亥 술이 일주면 자력적, 타력적으로 술술 해결된다.

해가 일주면 해장술을 많이 먹는다. 한번 취했다가 깨낸다.

자립적으로 해야 일어난다.

· 午 + 亥

午가 일주면 조금만 견디면 바로 이겨 낸다.

亥가 일주면 내가 오해를 받아 무너진다.

20) 12운성(포태법)

12운성이란 하늘의 천간 기운이 땅으로 내려오면서 지축의 기울기에 의해 사계절이 생기고 계절에 따라 다른 기운으로 변화하며 나타나는 현상이다.

하늘의 십간이 땅의 12지지와 만나면서 60갑자가 생긴 것인데 이것은 하늘과 땅의 기운이 끊임없는 운동성을 가지는 자연현상을 문자로 나타낸 것이다. 천간의 기가 땅에 미치면서 순환의 원리에 따라 강약과 고저의 정도가 나타나는데 이를 통해 명과 운을 가늠해 보는 것이 12운성에 의한 간명법이다.

즉 천간과 지지의 관계에서 시간에 따른 간지의 변화를 읽어 내고 환경과 조건들에 따라 변화하는 기운을 통해 운을 예측하는 방법이다. 천간 글자 하나가 운동성을 가질 때 각 지지를 만나면서 천간과 지지 사이에 힘의 왜곡이 발생되는 정도에 의해서 그 기운이 발현되었다가 약화된 후 다시 자라나는 현상을 설명하는 방식이라고도 볼 수 있다. 이는 단순히

운의 길흉을 판단하는 것이 아니라 시간의 변화에 따라 사주의 에너지나 기질이 발현되는 방향과 흐름으로 해석하는 것이다.

12개의 지지가 각 지지환경에 자기 기운을 실현 시켜 가는 정도가 다르므로 천간의 왕쇠를 지지 환경 속에서 가려내는 것이다.

12운성(十二運星)은 인간의 생멸 과정순환 속성을 12개의 단계로 표현한 것으로 나의 사주에 표출된 에너지 성향과 강도(強度)를 분석해 볼 수 있다. 그래서 12운성은 사주를 입체적으로 보기 위한 수단으로 사용되는데, 명리에서는 십신과 결부되어 해당 에너지의 레벨 차이를 달리 보고 있으며, 풍수역에서는 일주를 비롯한 사주 전체의 역량을 판단하는 기준으로 삼고 있다. 즉, 사주가 강(旺)하고 약(衰)한 것을 찾아내는 방법은 12운성에 달려 있다. 단, 12운성 역시 음양오행이나 십신(육친)과 마찬가지로 좋고 나쁨을 가르지는 않는다.

- 장생(長生)은 세상에 태어나서 많은 사람들의 보살핌과 사랑을 받는 때를 말한다. 몸은 아직 어리지만 정기(精氣)로 뭉쳐 있기 때문에 그 힘은 강하다.
- 목욕(沐浴)은 태어나 처음으로 옷을 벗고 목욕을 하니 놀랍고 부끄러운 기운이다. 기복이 심하고 실패가 많으며 다치기도 이때에 많이 한다.
- 관대(冠帶)는 성장하여 관복을 입는다는 것이니 성장하여 사회에 진출할 준비를 하는 단계이다. 육체는 왕성하나 정신적인 경험과 경륜이 부족하여 실패와 변동이 많은 때이다.
- 건록(建祿)은 사회에 진출하여 왕성하게 활동하는 시기이다. 매사에 신중하며 슬기로운 처세를 하는 시기로 귀록(貴祿)이 붙어 있다.
- 제왕(帝王)은 이제 최고의 자리에 오르게 되었다는 뜻이 된다.
- 쇠(衰)는 이제 정상에서 물러나 기운이 쇠하기 시작한 것이다. 행동은 젊을 때와는 다르게 박력이 없지만 모든 사고와 판단능력은 성숙한 때이다.
- 병(病)은 힘이 빠져 병든 시기이다. 정기는 약하지만 두뇌의 회전은 아직 건전하다. 정신적 활동은 강하다.
- 사(死)는 죽은 것이다. 죽음에서 다시 소생한다는 것은 기술 중에서도 최고의 기술이니

사주에 死가 있으면 기술을 장기로 한다.

· 묘(墓)는 무덤에 들어갔다는 뜻이다. 새롭게 태어나기 위해서는 정기의 저축이 절대 필요한 시기로 절약과 끌어모으기를 좋아한다.

· 절(絕)은 죽어 단절된 것이니 형체도 없이 침잠되어 있다가 다시 태지에서 수정, 잉태되는 과정으로 순환된다. 환원하는 출발점이긴 하나 사주의 뿌리로서는 모든 것이 끊어진 상태로 허약하다.

· 태(胎)는 배 속에서 수정, 잉태되었다. 생명의 태동은 있으나 육신은 미완성된 시기이다.

· 양(養)은 어머니의 배 속에서 길러진다. 출생을 기다리는 양육과정 시기로 정기는 강하나 아직 힘을 쓰지는 못하는 시기이다.

12운성(포태법) 특성

12운성	시기	강약	성향 및 성격	특징
장생	유아기	강	천진, 순진, 보호본능, 자유로움	발달, 성장
목욕	유년기	강	주목, 호기심, 습득력, 과시	성장, 판단부족, 기복
관대	소년기	강	진취, 개척, 명예, 성취욕, 미숙	자기발전, 신체 균형, 안정감
건록	청년기	강	여유, 자신감, 자만, 사교성 부족	긍정적 변화, 활동, 축적, 주도
제왕	성년기	강	독립적, 권력, 최고, 오만, 독단	정상, 권력, 리더십
쇠	장년기	평	성실, 책임, 보수적, 원만, 융화	노련, 지성, 정신추구, 자아
병	노년기	약	수동적, 공감, 감성, 동정, 배려	효율성, 해결력, 극복
사	죽음	약	수행, 정진, 고통, 관심	마무리, 정체기, 생산력 저하
묘	무덤	평	안정, 보수적, 정신적, 만족감	분리, 침체기, 판단력 부족
절	환생	약	불안, 실리추구, 호기심, 즉흥적	중단, 반전, 변화
태	씨앗	평	꿈, 희망, 온화, 방어적	새로운 기운, 희망, 준비
양	태아	평	여유, 인정, 낙천적, 호감	계획, 의욕, 교육, 경제적 전환

12운성(포태법) 운행표

단계		甲	乙	丙	丁	戊	己	庚	辛	壬	癸
생(生)	출생	亥	午	寅	酉	寅	酉	巳	子	申	卯
욕(浴)	유년기	子	巳	卯	申	卯	申	午	亥	酉	寅
관대(冠帶, 帶)	청년기	丑	辰	辰	未	辰	未	未	戌	戌	丑
건록(建祿, 官)	활동기	寅	卯	巳	午	巳	午	申	酉	亥	子
왕(旺)	왕성기	卯	寅	午	巳	午	巳	酉	申	子	亥
쇠(衰)	쇠퇴기	辰	丑	未	辰	未	辰	戌	未	丑	戌
병(病)	노년기	巳	子	申	卯	申	卯	亥	午	寅	酉
사(死)	고독기	午	亥	酉	寅	酉	寅	子	巳	卯	申
묘(墓)	사멸기	未	戌	戌	丑	戌	丑	丑	辰	辰	未
절(絕)	영혼기	申	酉	亥	子	亥	子	寅	卯	巳	午
태(胎)	생성기	酉	申	子	亥	子	亥	卯	寅	午	巳
양(養)	태아기	戌	未	丑	戌	丑	戌	辰	丑	未	辰

** 하늘(天) 운세 순위

* **絕胎養生**: 外局이 도와주나 형상만 있다.

* **浴帶官旺**: 外局이 강력하게 응축하여 재응축이 된다.

* **衰病死墓**: 外局이 內局을 응축하지 못한다.

* **衰, 病, 死**하고 같이 있으면 死藏(사장: 쓸모없어 버려둠)으로 보아야 한다.

 - 팍삭 무너진다.

 - 建祿官旺地의 申子辰과 달리 衰病死地에서는 申子辰삼합도 무너진다.

* **浴**은 탈바꿈을 하기 때문에 노력을 해야 한다.

12운성 강약 순위

1. 건왕[관(建祿), 왕(帝王)] 운기: 입체E장이 있는 운기이다.

 - 旺: 丙午, 戊午, 丁巳, 己巳, 壬子, 癸亥

 - 官: 甲寅, 乙卯, 庚申, 辛酉

2. 생, 욕(목욕) 운기

3. 대(관대) 운기

4. 양 운기

5. 절(포), 태 운기

6. 묘(고장) 운기

7. 쇠 운기

8. 병, 사 운기

* 辰戌丑未[쇠, 고장(묘), 양, 관대]

* 丙申생은 운발(運發)보다 기발(技發)이 더 좋다.

* 正午는 正官, 正藝, 正財이다. 반면 丁巳는 편관, 편재, 술사, 사술적 예술이다.

* 건왕 운기

  - 천간양 건왕 운기(**갑인**, 갑묘, 병사, **병오**, **경신**, 경유, 임해, **임자**)

  - 천간음 건왕 운기(올언, **을묘**, **정사**, 정오, 신산, **신유**, 계자, **계해**)

  - 戊己土(戊午, 己巳 旺氣)

  - 建旺(건록과 제왕)은 형충파해살을 면한다.

  - 건왕 운기의 상대 충은 대치가 아닌 대칭으로 본다.

    예) 甲寅 ↔ 庚申은 대칭이 강하다. 자충은 아니다. 그러나 庚申이 아닌 甲申이면 대치
    가 된다.

    甲申 ↔ 甲寅하고 대치하면 맨날 도끼질해서 바쁘고 정신없다.

    명리에선 辰辰, 亥亥, 酉酉를 자충으로 보나 풍역은 무조건 자충으로 보지 않는다.

    예) 癸亥, 辛酉

VI

풍수역학 수(數) 체계 보정

백조자리 데네브, 알타아르(견우별), 베가가 여름 별밤 대삼각형을 이룬다.
칼세이건 원작 콘택트(1997)영화에서 외계신호를 받은 좌표가 베가별이다.

시공(時空)에서의 수(數) 체계원리들은 자연의 이치에 의해서 발견되거나 만들어진 수학 공식이거나 거기에 대입되어 이루어진 수(數)이므로 천체의 운행과 숫자의 개념 사이에서 주객이 전도 되지 않도록 유념해야 한다.

1. 시간적 수(數) 체계

1분은 왜 60초이고 1시간이 60분, 60년을 하나의 주기로 된 유래 중 가장 설득력 있고 과학적인 설을 설명하고자 한다.

우리는 10진법에 익숙해져 있다. 일상적으로 사용하는 숫자도 0에서 9까지 10가지이며, 100cm = 1m, 1000kg = 1t, 1000ml = 1ℓ 등 길이, 무게, 부피와 같은 거의 모든 생활의 단위들은 10진법에 근거하고 있다. 그런데 1분의 기준이 10초, 100초, 1,000초도 아닌 60초를 1분으로 사용하고 있다.

우리가 사용하는 시간단위는 60초가 1분이 되며, 60분이 한 시간, 24시간이 1일이 된다. 시간적 수 체계에 있어선 10진법을 사용하지 않는다.

10진법과 달리 60진법은 5, 6, 12, 30 등 여러 유용한 수들로 쪼개질 수 있다. 그래서 360°의 원각, 12월의 달력, 황도 12궁 등 여러 방면에서 사용할 수 있기에 옛 선인들은 시간과 각도 단위로 사용하여 해시계로 1년의 길이를 재어 1년을 360°로 생각하였으며, 태양의 모습인 원의 중심각을 360°로 나누어 시각과 각도에도 적용되었다.

반면 10이라는 수는 60에 비해서 융통성이 부족한 수이다. 가령 약수만을 생각하여도 10에서는 2와 5 둘뿐이지만, 60에서는 2, 3, 4, 5, 6, 10, 12, 15, 20, 30 등 활용 범위가 모두 10개로 늘어난다. 그러므로 이것을 분수로 사용하여 일상생활에 많이 사용할 수 있다.

결과적으로 12진법과 60진법은 수학적으로 우수하고 사용하기 편리하기 때문에 널리 사용하게 되었으며, 일상생활에서 12진법의 흔적을 살펴보면, 1다스 = 12개, 1피트 = 12인치, 1년 = 12개월, 1시간 = 60분, 1분 = 60초, 1° = 60′ 등 단위와 시간 등에 주로 사용하게 되었다. 즉, 달의 주기 및 하루 시간에서의 12진법과 60진법은 자연적 현상과 일치되면서 일맥상통한 유효적 수개념이 되어 동양의 역학에서도 주요 수치 적용 개념이 되었던 것으로 판단된다.

핵심 내용:

· 10진법에선 불편한 부분이 발생한다. 예를 들어 1시간을 100분, 하루를 10시간 등으로 나누어야 한다.

· 10보다 6의 활용도가 높다. 6의 공약수는 1, 2, 3, 6으로 다양하게 쪼갤 수 있다.

· 8이나 10도 공약수가 네 개이긴 하나 가장 작은 수는 6으로 다른 수에 비해 편리하다. (예로 1시간을 1/2시간, 1/3시간, 1/6시간 등 다양하게 나눠 쓸 수 있다. 반면, 만약에 1시간이 100분이면 1/3시간은 33.3으로 딱 떨어지지 않는 문제가 발생한다.)

연: 지구가 태양을 한 바퀴 도는 시간

월: 달이 지구를 한 바퀴 도는 시간

일: 해가 한번 보이는 시간

시: 한 시간 - 하루를 12진법으로 나눔

분: 1시간을 60진법으로 나눔

초: 1분을 60진법으로 나눔

2. 띠의 시점

새해의 띠와 풍수역학과 명리에서 말하는 띠의 시점은 각기 다를 수밖에 없다. 먼저 이를 명확히 하기 위해선 사용된 시점과 그 시초에 시간이 어떻게 만들어지고 사용되었는지를 알면 논쟁이 될 여지가 없다.

우선 띠라는 개념이 사용된 시점을 거슬러 살펴보면 60갑자(간지)[11]의 상형문자가 만들어지고 해당 유형의 문자들이 시간으로 표시된 시점으로 거슬러 올라가 봐야 한다. 옛 선조들은 지구의 자전주기 혹 자전을 몰랐다 해도 매일 아침에 뜨는 해를 보고 하루(1태양일)를 정하였을 것이다. 달이 변화하는 모습(공전주기)을 보고는 한 달(1태음월)을 정하고 지구의 계절과 달의 변화과정 속에 일 년(1태음년, 360일)이 정해졌을 것이다. 또한 지구의 계절변화(지구의 공전주기)와 더불어 일 년(1태양년, 365일)을 알아감에 따라 상호 역학관계에 따라 정확한 시간을 다루게 되었다. 여기에 숫자의 개념과 60갑자의 부호들을 음력의 기준인 태음력에 새겨 넣음으로써 한 해의 결정이 처음 시작되었을 것으로 보인다.

상기 갑골문자를 쓰게 된 시기가 중국 은대의 일이며, 이후 농경의 발전에 따른 태양력의 절기가 도입되면서 왕권의 집권적 권력에 따라 24절기(12중기, 12절기)의 시점에 맞추어 새해의 시작점이 달리 적용되기도 하였다. 물론 달리 적용된 기준점 및 시점에 따라 띠의 시작점을 달리 볼 수도 있겠으나 당시 사람들이 이런 세세한 부분까지 알 수 없었을 뿐만 아니라 시각적으로도 매일 변화되는 달의 모양을 보고 쉽게 확인할 수 있었기 때문에 태음력에 띠를 적용하여 새해를 맞이하는 것이 보편적이었을 것이다. 이는 지금에 이르러서도 일반적으로 음력 1월 1일을 띠로 생각하고 있는 것에 비추어 보아도 의심할 여지가 없다. 사주에서 보는 새해의 기준점은 하루의 시작이나 새해의 시작을 언제로 볼 것인지는 이론적 배경에 따라 다를 수도 있겠지만 띠의 시발점을 가지고 논리적 근거에 따라 민감해할

---

11 60갑자(간지)의 생성유래를 목성과 토성이 같은 황경 상에 거듭해서 돌아오는 60년의 회합주기와 유사하다 하여 이를 토대로 천문학적 주기가 인위적 시간 구분인 간지(干支)로 결합되어 역서에 사용되었다는 견해와 60진법과의 연계성이 있으며 그 외에 상응하는 다른 근거의 내용은 찾아볼 수 없다.

필요는 없다. 그러므로 띠의 시점은 설을 중심으로 하거나 풍수역학의 숙명과 운명을 보는 기준에 따라 양력 1월 1일 또는 음력 1월 1일로도 볼 수 있으며, 명리를 기준으로 하였을 경우 입춘 또는 동지를 띠의 시점으로도 볼 수 있기 때문에 유동적일 수밖에 없는 것이다.

3. 역학(易學)의 기준시점

사주를 다루는 역학에선 하루의 시작을 자시의 초각(23시)으로 볼 것이냐 아니면 정각(24시)으로 보느냐에 대한 부분도 논쟁의 대상이 되었는데 이는 사주의 기준시점인 입춘과 동지의 기준과도 직접적인 연관성에서 비롯된다.

사주는 60갑자라는 유형의 문자에 시간의 흐름과 의미를 부여하여 시간에 담긴 운명을 보고자 함에서 비롯되었는데 생년월일시에 적용된 천간(天干)과 지지(地支)에 음양오행의 상관관계를 해석하여 추론하는 체계를 갖추고 있다. 그래서 명리로 보는 사주를 추명(推命: 사주를 통해 인간의 운명을 추측하는 것)이라 불리기도 하는 것이다.

본론에 앞서 동서양의 시간적 개념 차이부터 우선 살펴보겠다. 동서양은 서로 다른 성향을 띠고 있다. 동양은 순환적 시간관으로 자연의 무한반복에 기초를 두고 60갑자를 순환적으로 표기하여 달력(태음력)에 적용하고 있다. 그래서 불교에서 말하는 윤회설에 따라 전생도 있고 환생에 의한 후생도 있는 것이다. 반면 서양은 직선적 유한 흐름으로 보고 있다. 그래서 서양은 종말론이 대두되는 것이다. 60갑자로 날짜를 표기하는 동양에서의 시간은 되풀이하는 순환 반복적 구조를 띠고 있어 태어난 해부터 60년을 시점으로 다시 동일한 해를 맞이하게 되며 동짓달을 기준으로 한 만세력에선 240년의 주기를 가지게 된다. 그래서 60세를 환갑 혹은 회갑이라 불리기도 하는 것이다. 우리는 살아가면서 연속적 자연관 속에서 서양의 태양력이 결부되어 직선적 시간관을 함께 적용하여 살고 있는 것이다.

나이의 기준을 볼 때도 서양은 아이가 모태에서 분리된 만 나이로 계산되지만 60갑자를 사용하는 동양권은 아이가 기를 받아 잉태하는 순간의 나이도 포함하여 계산한다.

그런데 여기서 재미있는 점은 입춘으로 보는 명리의 기준은 태양력의 영향을 받아서인지 아이가 모태에서 분리된 시점과 상통하지만 풀어가는 명리(추명)의 개념은 동양의 시간적 개념의 틀을 적용하고 있다. 반면 동지의 기준은 잉태 전인 태중의 시점의 개념이지만 서양의 관점에서 시를 적용하고자 하다 보니 동지를 기준으로 삼을 때 야자시법(자정을 기준으로 23시~24시까지는 야자시, 24시~새벽 1시를 조자시로 구분)을 적용하는 방식이 도출되었던 것으로 보인다. [야자시법의 야반시의 적용은 주대(BC1046~BC771)에 이르러 적용되었다.]

60갑자는 처음엔 단순히 연월일시를 정하고 날짜 순서를 매기려고 사용되었던 천간지지 [天干地支: 은대(BC1500) 갑골문에 나타나 있다.]에서 시작되었으며 이후 사주의 개념의 틀에서 명리가 발생한 것이다. 즉, 명리에서 말하는 입춘(황경 315°)의 기준점은 사주를 보기 위한 하나의 추론적 개념 틀에서 시작된 것으로 볼 수 있다. 그렇지만 동양의 순환적 개념에 맞추어 보았을 때 천체와 지기가 만나는 시점을 동지(황경 270°)로 보는 것이 이치적으로 더 맞을 수 있다. 그 차이의 기준은 입춘보다 한 달 반 전인 동지에 이미 새해의 기운이 들어온 것으로 볼 것이냐 아니면, 사람에게 그 기운이 도는 시기인 입춘으로 볼 것이냐 하는 기준시점이다.

시대적 흐름을 살펴보면 이전 60갑자를 처음 사용한 은대에는 하루를 7~10단계로 구분하던 시절이다. 반면 지금의 12시진으로 구분한 것은 한대 BC104년부터이고 후한에 이르러서야 현재의 방법인 12시진을 본격적으로 사용하기 시작하였다. (부록의 풍수연표 참고)

일반 사주의 기준인 자시(밤 11시)를 기준으로 하는 정자시법은 '황극경세서'의 '천개어자'에서 유추해 볼 수 있으며 자정을 기점으로 자정(12시)을 지나지 않은 시간을 야자시, 자정을 지난 자시를 조자시로 구분한 야자시법은 그보다 한참 뒤인 명대(1578년)에 이르러 '상명통회'에서 처음 언급된다. 그러나 야자시와 정자시 중 어느 것을 선택해야 하는지에 대한 설명된 기록은 없다. 또한 우리나라도 1969년 이석영 명리학자의 저서인 '사주첩경'에 언급되었고 실제 활용도 하였으나 정통명리에서 야자시 사용에 대한 견해를 수렴시키지는 못하였다.

일반적으로 현재의 명리학은 동지가 아닌 입춘을 한해의 기준으로 삼고 있다. 이는 역법에 있어 한무제(BC156~BC87)가 인(寅)월을 세수(歲首)로 하여 그 시점을 입춘으로 본 것에 근원을 두고 있기 때문이다. 또한 세수와 연계된 오행상생 이론은 전국시대의 '관자'의 내용인 계절의 순차에 의한 오행순서에서 기인하고 있다. 24절기(12중기, 12절기)에서 12중기는 태양의 위치를 근거로 하는 천문학적이면서도 과학적 통계 개념이 적용될 수 있음에도 12절기의 하나인 입춘을 기준으로 하고 있는 것이다. 즉, 만세력의 근간이 되는 12중기의 하나인 동짓달(子월, 황경 270°)을 시작으로 하지 않고 계절적 변화와 연관되어 추가시킨 12절기를 적용하고 있는 것이다. 이는 객관적 통계개념을 적용할 수 없는 모순점일 수 있다. 그러나 입춘을 기준으로 한 현재의 명리체계는 사주의 생년월일 기준에 있어 년, 월의 시작이 계절적 변화를 기준으로 하고 있는 원칙에 입각하여 순환적 이론개념을 가지고 발전해 왔기 때문에 입춘을 새해의 시점으로 하는 기준에 대해 이의를 제기할 여지는 없다.

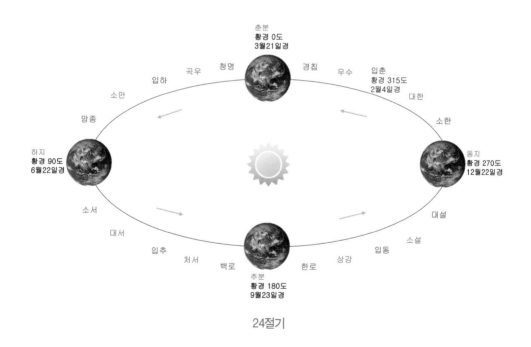

24절기

반면 동지를 기준으로 한 명리체계를 갖추게 된다면 12중기에 의한 천문학의 과학적 근거를 담고 있어 태양의 변화시점을 객관적으로 반영한 기준이 될 수 있다. 즉 과학적 명분하에 운명론을 펼칠 근거를 마련할 수 있는 것이다. 그래서 동지를 시점으로 한 연구의 발전이 기대되는 부분이다. 그렇다면 현재 방식의 개념에서 동지의 시점을 반영한 이론체계라 한다면 중기의 개념을 넣은 새해의 시작점부터 달라져야 한다. 즉, 사주의 생년월일시의 체계에 있어 월은 절기가 아닌 중기의 단위 시점으로 바뀌어야 한다. 또한 시(時)의 적용에 있어서도 야자시법이 대안이 될 수 없다. 이는 子월과 子시의 앞뒤가 둘로 나뉘어 시간의 흐름에 있어 순환적 단절현상이 발생하기 때문에 적용될 수 없는 비논리적 체계다. 그러므로 년의 시작점인 동지의 적용 개념이 성립되려면 월과 시의 기준을 명확히 해야 하고 이에 부합되는 논리적 체계를 갖추어야 인정받을 수 있을 것이다. 즉, 월을 동짓날 기점으로 한다면 시는 子시(초각 또는 정각 기준)부터 적용되는 순환체계를 전제 조건으로 한 기준이 성립된 상태에서 하나씩 풀어가야 할 것이다.

풍수지리학과 함께 명리학 역시 무구한 역사와 전통을 지닌 학문이다. 그만큼 시행착오를 통해 발전해 왔을 것이다. 그러므로 만약 누군가 새로운 논리와 체계로 접근하고자 한다면 이는 사주에서 발생할 수 있는 오류의 범주를 최소화하기 위한 시도에서 비롯된 것이므로 설령 잘못된 결괏값이 나왔다 하더라도 무조건적인 견제와 비판보다는 학문의 발전적 열망에 대한 존중과 응원이 우선되어야 할 것이다.

그런 가운데 풍수지리학에서는 획기적인 일이 발생하였다. 바로 '풍수 에너지장론'의 발견과 그 원리에서 파생된 '풍수역학'이라는 세기적 역법(易法)의 탄생이라 할 수 있다. 더욱이 풍수역학의 시발점은 동짓날을 기점으로 하고 있다. 따라서 명리와는 전혀 다른 역학적 알고리즘으로 구조화되어 있으며, 앞선 풍수역학의 원리 내용들을 보다시피 보다 과학적인 접근방식을 요구하고 있다. 즉, 자연의 역학(力學)적 에너지원리와 천체운행과 관계된 태음력과 태양력 그리고 태음태양력의 모든 역법(曆法)의 수(數) 체계 이해를 필요로 한다. 또한 음양오행처럼 자연의 이치에서 얻어야 하는 역학(易學)의 개념도 함께 연계하여 볼 수 있어야 한다. 그렇기에 풍수역학의 원리를 깨닫고자 한다면 자연을 볼 수 있는 관법(觀法: 觀山法, 觀心)의 터득과 끊임없는 궁구(窮究)의 노력이 필수적 조건이다.

4. 사주 틀 자체의 오류

명리학은 입춘을 한 해의 시작점으로 보고 있다. 앞서 언급하였듯이 입춘이 아닌 동지로 봐야 한다는 견해도 있다. 이는 사주 틀의 오류를 바로 잡기 위한 하나의 시도이자 시발점이기도 하다. 동지와 입춘 간에는 한 달하고도 보름 정도의 간격이 있어 그 기간에 태어난 사람은 기준이 입춘이냐 동지냐에 따라 사주의 연주가 달라질 수밖에 없다. 그럼 왜 시작점을 동지로 봐야 한다는 주장이 나왔을까? 실제 이 기간에 해당하는 사람들의 사주를 볼 때 입춘보다는 동지의 기준으로 보는 것이 더 정확하게 나오는 경우가 있을 수 있기 때문이다.

결론적으로 입춘을 시작점으로 하였을 때 음력 1월 전후로 일부 사주가 잘 맞지 않는 현상이 나타나는 이유에서이다. 명리학의 이론적 특성상 태음력에 태양력의 순환을 조합한 것이므로 한 해의 시작을 입춘으로 보는 것이 이치적으로 맞다. 하지만 이 기간만큼은 오류 차를 좁히기 위해 경우에 따라 동지를 기준으로 한 연주를 적용하는 방법도 병행하여 볼 필요가 있어 보인다. 이는 음력 1월생 전후 모두의 적용이 아니라 동지의 기운이 미리 다가서는 사주에 한해서이다. 천체의 기운이 우리 자연현상에 도래되는 것은 입춘이지만 이미 동지에서 비롯되었기 때문에 이를 바로잡는 것이다. 예를 들어 낮이 가장 긴 하지는 6월경이지만 대지가 덥혀져 더워지는 시기는 7~8월경이며, 낮이 가장 짧은 동지는 12월경이지만 날씨가 가장 추워지는 계절은 1~2월로 계절의 운기가 도는 시차가 발생하는 이치라 보면 될 것이다. 그러므로 사람에 있어 남들보다 그러한 기운을 미리 감지할 수 있는 예민성을 타고났다면 해당되는 기간 내에 관련된 사주범주를 추출하여 동지를 기준으로 하는 원칙을 재정립해야 할 필요성이 있지 않을까 싶다.

즉, 동지를 기준으로 한 새로운 명리학을 만들거나 동지와 입춘 사이에 해당하는 연주생의 경우에 한하여 새로운 명리기준 틀을 다시 세워 사주 명리학에서 발생하는 오류를 바로잡는 노력도 필요해 보인다.

풍수지리학에서 기인한 풍수역학은 태음력과 태양력을 같이 구성하지 않고 동지를 기준으로 한 태음력과 태양력을 각각 적용하여 만들어졌기 때문에 자월(子月), 자일(子日)을 기준으로 하며 명리학에서 문제시되는 음력 1월생의 오류는 발생하지 않는다. 반면 풍수역은 태음력에 의한 달의 역학적 작용 기운에 의한 것으로 그 시작점은 문제될 것이 없으나 태음력 기준 시에 지구의 공전인 365일에 못 미치는 360일이 적용되기 때문에 연간 5일에 오차가 발생되어 윤달이 있는 해의 경우 사주의 기준이 모호해지는 단점이 있다. 그래서 윤달의 경우 앞선 달과 동일하게 보기도 하며 윤달이 발생한 전, 후 월의 특성을 고려하여 영향력 있는 월의 비중을 분배하기도 하지만 해당 윤달생의 경우 후천 사주가 정확히 추출되지 않는 경우로 생각할 수도 있다. 그래서 필자의 경우에는 선천운은 전달의 기준과 동일하게 보지만 40세 전, 후의 후천사주의 경우는 달의 기운의 순환적 연속성으로 보고 사주의 기운을 달리 해석하는 방법을 취한 경우도 있다. 그러나 이 또한 임상사례가 부족하기 때문에 좀 더 확인하는 시간과 과정이 필요하다.

풍수역학과 명리학에 있어 천체의 작용력이 불안정성을 잃지 않고 안정을 취하고자 하는 노력에 의해 돌아가기 때문에 약간의 오차는 지속 발생될 수밖에 없고 이를 조정하는 과정의 범주에서는 어떤 작용력에 의해 어떻게 해석할 것인가를 도출해 내야 하는 과제를 남겨 두고 있다.

그러므로 현 이론상 각각의 풍수역학과 명리학에서는 지속적으로 그 오류를 좁혀 나가는 과정이 필요하다.

5. 태어난 시의 기준

사주를 보려면 태어난 정확한 시간을 알아야 운명의 결과를 제대로 읽을 수 있다. 우리는 현재 영국 그리니치 시간대를 기준으로 맞춘 표준시를 사용하고 있으며 그 시간대에 맞추어 사주를 보고 있다. 또한 우리는 동경 127° 30분이 아닌 동경 135°의 일본 표준시를 사용하고 있으며, 때에 따라선 서머타임도 적용한 적이 있기 때문에 우리는 그러한 부분을 간과해서는 안 된다.

인류는 선사시대부터 원시적이긴 하나 시간을 가늠하기 위해 해시계를 만들어 사용하였다. 또한 고도로 발전한 고대문명에서는 천문학을 다룬 흔적들을 찾을 수 있는데 시간을 측정하는 방법에 있어선 크게 태양시와 항성시를 이용한 것으로 보인다.

태양시는 해시계를 사용하여 태양의 그림자로 측정한 것이다. 지구 자전에 의한 태양의 일주운동과 연주운동을 통해 하루와 일 년의 길이를 재는 방식이다.

항성시는 별시계를 사용하여 특정한 별 하나를 천구상의 자오선을 통과해서 다음 자오선을 통과할 때까지의 시간을 재는 방식이다.

태양시와 항성시는 상호 측정값에 차이가 있는데 항성일이 태양일과 비교 시 1일 기준 약 4분이 빠르다. 하루 4분이면 연간 24시간에 해당되므로 태양일을 기준으로 항성시를 참고하였을 것이다. (측정값에 있어 평균 태양일은 365.2422이며 평균 항성일은 366.2422일이다.)

우리 조상은 언제부터 시계를 이용해 시간을 측정하기 시작했는지는 자료가 불분명하여 명확하지 않지만, 기원전부터 해시계를 만들어 사용한 것으로 짐작되며『삼국사기』에는 고구려에 '일자', 백제에는 '일관'이라는 관직이 있었다는 기록으로 보아 해를 관측하는 일을 한 것으로 예상하고 있다. 또한『삼국사기』'신라 성덕왕 17년(718년) 여름, 6월에 비로소 누각을 만들었다'는 문헌으로 보아 물시계도 제작하여 사용한 기록이 있어 다양한 환경조건에 필요한 시간측정 도구를 제작하여 활용하였음을 짐작할 수 있다.

우리나라에 현존하는 가장 오래된 해시계는 647년 전후에 만들어진 것으로 추정되며, 현재 경주박물관에서 소장하고 있다. 별시계는 조선 초 세종대에 처음으로 만든 '일성정시의'가 있어 낮에는 해시계로 밤에는 별시계를 이용하여 관측하였으며, 해와 별을 볼 수 없을 때는 물시계를 활용하기도 하였다. 세종 16년에는 '앙부일구'[12]라는 해시계가 백성들을 위해 널리 보급되어 시간뿐만 아니라 절기도 확인할 수 있었으며, 12간지 한자 대신 동물 띠를 그림으로 표시한 특징이 있다. 19세기 후반에는 휴대용 앙부일구가 제작되기도 하였는

---

12 세종 대(1434, 세종 16년)의 12지신이 그려져 있는 세종 대 앙부일구는 현재 남아 있지 않다. 박물관에서 볼 수 있는 것들은 숫자가 새겨져 있는 조선후기의 앙부일구이다. (19세기 후반에 강윤이 휴대용 해시계를 만들기도 했다. 기존의 해시계에 중세 서양의 형식을 가미한 것으로 시간이 매우 정확하다. 세종대 제작된 앙부일구는 임진왜란 때 없어졌다가 17세기 후반 현종~숙종 때 다시 제작되었으며 세종 때 만들어진 오목해시계와는 조금 다르다.) 당시 표준시는 한성(현 서울, 동경 127.0°)을 기준으로 하였다.

데, 측정방법은 일체형으로 붙어 있는 나침반으로 남북을 정확히 맞춘 다음 눈금자에 나타난 해의 그림자를 통해 시간을 알 수 있게끔 하였다.

　현재의 표준시는 1884년 10월 13일 영국 그리니치에서 전 세계 시간의 기준인 본초자오선을 채택한 기준에 의해 사용되고 있다. 본초 자오선은 밤 12시와 낮 12시가 근본적으로 시작되는 선을 의미한다. (자시와 오시를 뜻하는 기준으로 본초자오선, 중앙자오선, 기준자오선, 그리니치자오선, 중앙경선 등으로 통용된다.) 즉, 지구가 1일 24시간 동안 자전하는 기준으로 보았을 때 경도 15°마다 1시간이라는 시간적 차이가 존재하기 때문에 이를 기준으로 표준시를 정하였다. 그러나 지구의 자전을 기준으로 시간을 측정하는 그리니치 표준시(GMT)는 지구의 자전 속도가 조금씩 느려지는 오차를 대처하지 못하였다. 그래서 현재는 세슘 원자의 진동을 이용하여 시간을 측정하는 협정세계시(UTC)에 국제 표준시를 적용하고 있다.

　사주를 볼 때는 국제 표준시가 아닌 12개의 시간으로 나누어진 옛 시간대를 기준으로 삼고 있다. 그러나 시간의 기준점은 자오선에 따르기 때문에 문제될 것은 없다. 자오는 12지(支)의 자(子)의 북 방향과 오(午)의 남을 연결하는 선으로 천체의 방위각과 시각을 측정하는 기준은 동서양이 같기 때문이다.

　12개의 시간으로 나누었을 때 자시는 저녁 11시~새벽 1시이며, 축시는 새벽 1시~새벽 3시가 된다. (다음 표 참조) 그러나 현재 우리나라는 영국 그리니치 천문대의 경도를 중심으로 하여 일본 동경 135° 표준시를 적용하기 때문에 사주를 볼 때는 시간보정을 하여야 한다. 우리나라가 실제 위치한 127° 30분에 해당하는 차이를 보정하면 30분을 더한 값이 된다. 즉 자시는 저녁 11시 30분~새벽 1시 29분이며, 축시는 새벽 1시 30분~새벽 3시 29분이 된다.

　그러나 더 정확한 값을 찾기 위해서는 태어난 해의 서머타임 등 인위적 조정 여부확인, 실제 태어난 지역의 경도, 진태양시(실제의 태양 위치)와 실제 태양이 지구에 미치는 영향력, 지형적 특성, 변하는 자전속도 등 여러 자연적 영향력 등을 고려해야 한다. 시간이 겹치는 시간대에 태어났을 경우 사주 결괏값에 영향을 미칠 수 있기 때문에 어느 시간대에 적용을 할 것인지를 신중히 판단해야 해야 할 것이다.

시주(時柱) 기준

	대한민국(동경 127° 30분)	일본 오사카(동경 135°)
자(子)	23:30:00~01:29.59	23:00:00~12:59.59
축(丑)	01:30:00~03:29.59	01:00:00~02:59.59
인(寅)	03:30:00~05:29.59	03:00:00~04:59.59
묘(卯)	05:30:00~07:29.59	05:00:00~06:59.59
진(辰)	07:30:00~09:29.59	07:00:00~08:59.59
사(巳)	09:30:00~11:29.59	09:00:00~10:59.59
오(午)	11:30:00~13:29.59	11:00:00~12:59.59
미(未)	13:30:00~15:29.59	13:00:00~14:59.59
신(申)	15:30:00~17:29.59	15:00:00~16:59.59
유(酉)	17:30:00~19:29.59	17:00:00~18:59.59
술(戌)	19:30:00~21:29.59	19:00:00~20:59.59
해(亥)	21:30:00~23:29.59	21:00:00~22:59.59

6. 세계 시간 기준표

    국외 지역에서 출생한 자의 사주를 보고자 한다면 각 나라별 시간대를 정확히 파악하여 태어난 지역의 시간차에 오차가 없는지를 확인해야 한다. 대한민국 내에서도 각 지역별 자시의 기준이 다르기 때문에 각 나라별 내 표준시간에 대한 편차시간이 있는지를 확인하는 것은 필수 사항이다.

동경		-180	-165	-150	-135	-120	-105	-90	-75	-60
편차		21시간 늦음	20시간 늦음	19시간 늦음	18시간 늦음	17시간 늦음	16시간 늦음	15시간 늦음	14시간 늦음	13시간 늦음
표준시간 (예)		12:00	13:00	14:00	15:00	16:00	17:00	18:00	19:00	20:00
주요지역				알래스카		워싱턴, LA	콜로라도	위스콘시	뉴욕	
주요국가	동경			-158		-115	-111	-87	-77	-71
	도시			하와이		라스 베가스	애리조나	시카고	워싱턴	퀘벡

동경		-45	-30	-15	0	15	30	45	60	75
편차		12시간 늦음	11시간 늦음	10시간 늦음	9시간 늦음	8시간 늦음	7시간 늦음	6시간 늦음	5시간 늦음	4시간 늦음
표준시간 (예)		21:00	22:00	23:00	00:00	01:00	02:00	03:00	04:00	05:00
주요지역		그린란드			영국	오스트리아	우크라이나	사우디	이란	인도
주요국가	동경				2	15	34			
	도시				프랑스	체코	이스라엘			

동경	90	105	120	127.5	135	150	165	180
편차	3시간 늦음	2시간 늦음	1시간 늦음	**30분 늦음**	**기준 (+ 09:00)**	1시간 빠름	2시간 빠름	3시간 빠름
표준시간 (예)	06:00	07:00	08:00	09:00 조정 09:30	**09:00**	10:00	11:00	12:00
주요지역	방글 라데시	베트남	대만	**대한민국**	**오사카**	시드니		
주요국가 동경		103	114	120			175	
주요국가 도시		싱가포르	홍콩	상해			뉴질랜드	

※ 참고

지구가 1일(자전) 360° 회전하는 데 24시간(1,440분) 소요

지구가 1°(60분) 움직이는 데 4분 소요

지구가 0.25°(15분) 움직이는 데 1분 소요

지구가 0.0166°(1분) 움직이는 데 4초 소요

동경135°(오사카)와 동경 127° 30분(청주) 간에는 7° 30분 차이로 30분의 격차 발생

7. 대한민국 동경 위치별 적용 시간

태어난 시간을 정확히 알아도 태어난 곳의 위치에 따라 다른 시간인 12지시(支時)대의 결과치가 나올 수 있다. 그러므로 태어난 시의 기준과 더불어 태어난 지역의 경도를 확인하여 내가 태어난 시간대의 12지시가 맞는지 대입해 보아야 한다.

지구가 1일 360° 자전하는 데 소요되는 24시간(1,440분)을 기준으로 1° 회전하는 데 4분이 소요되므로 현재 우리가 쓰고 있는 표준시인 동경 135°(일본 오사카)와 실제 우리나라

중심을 기준으로 한 동경 127° 30분(대한민국 청주) 간에는 7° 30분에 해당하는 30분의 격차가 발생하여 실제 12지시에 적용할 때는 현재의 표준시에 30분을 더하여 적용하고 있듯이 실제 태어난 해당 지역이 동경 127° 30분보다 큰 경우는 더한 30분에 해당 경도의 시간만큼 추가토록 하며, 작은 경우 30분에서 그만큼 제하여야 한다.

※ 동경 135°에 맞추어진 현 시간을 태어난 지역별로 조정시간을 더한다. (동경 0.25°씩 1분의 차이가 발생한다.)

동경	126.25	126.5	126.75	127.0	127.25	127.5	127.75	128.0	128.25	128.5	128.75	129
조정 시간	35″	34″	33″	32″	31″	30″	29″	28″	27″	26″	25″	24″
중부	태안	강화 영종도 서산 보령	고양 김포 부천 화성 예산	강북 성북 용산 서초 수원 평택 아산	포천 광주 용인 안성 공주	가평 양평 이천 진천 청주 대전	춘천 문막 음성 괴산	양구 횡성 원주 충주	인제 제천 문경	평창 영월 예천	양양 정선 봉화 안동 의성	태백 23″ 동해 삼척 22″ 울진 영덕
남부	진도 제주	무안 해남	서천 부안 장성 광주 완도	익산 전주 담양 보성	고흥	금산 구례 순천	영동 함양 하동 여수	남해	고령 의령 진주		대구 밀양 창원 진해	김해 23″ 부산 경주 22″ 울산

예시) 내가 태어난 곳이 강원 영월이면 子時의 기준은 11시 26분 00초~01시 25분 59초가 된다.
예시) 내가 태어난 곳이 서울 서초이면 子時의 기준은 11시 32분 00초~01시 31분 59초가 된다.

8. 만세력 오류 조정

풍수역학은 명리와 달리 음력을 기준으로 보기 때문에 음력생일 오류에 민감할 수밖에 없다.

만약 내가 그동안 알고 있었던 내 생일의 음력이 다를 수 있다는 것이다. 있을 수 없는 일이지만 음력을 쓰는 어느 나라 달력이든 실제 그런 날들이 들어 있다. 왜 이런 일이 발생하고 있는 것일까? 우리나라는 한국천문연구원(천문우주과학 분야의 정부 출연 기관)에서 천문관측을 관장하고 있는데 이곳의 관측 기준은 표준시에 따라 우리나라 위치가 아닌 일본(오사카) 동경 135°를 기준으로 하기 때문에 실제 음력일과 다른 날짜를 제공하는 경우가 종종 발생할 수밖에 없다. 그래서 한국과 중국, 베트남의 달력을 보면 음력일이 상이하게 표기되어 있는 해가 있음을 확인할 수 있다. 예를 들자면 2017년도 달력을 보면 중국 달력에 없는 윤 5월이 있고 반대로 중국 달력에는 우리나라 달력에 없는 윤 6월이 제시되고 있다. 그래서 천문연에서 제공되는 날짜를 기준으로 하는 만세력(백 년 동안의 천문과 절기를 추산하여 밝힌 책)[13]에도 사주를 보는 음력일에 부합되지 않는 음력일이 표기되어 사용되고 있다.

물론 책력을 기준으로 하는 명리사주는 음력 날짜로 보는 것이 아니기 때문에 크게 문제되지 않을 거라고 생각할 수 있으나 명리 역시 절기에 따른 월의 기준에 오류가 발생하기도 하니 합삭일을 확인해 볼 필요가 있다.

즉, 명리사주 역시 태어난 양력생일의 정확한 절기를 제공받아야 만세력의 일주를 정확히 볼 수 있다.

더욱이 풍수역은 음력일을 기준으로 한다. 달이 지구를 중심으로 자전과 공전을 하면서 변화하는 과정을 가지고 만든 것이 음력일이기 때문에 풍수역의 사주 틀에서 음력일은 월

---

[13] 만세력은 천체의 주기적 운행을 시간 단위로 구분하여 역(曆)법을 계산하여 편찬한 책이며, 현재에는 명리사주를 보는 용도로 주로 활용되고 있다. 조선시대에는 영의정이 형식상의 대표로 하는 고위 관서인 관상감에서 편찬하였다.

주(月柱)와 일주(日柱)에 직접적인 영향력을 미치게 된다. 태어난 음력일이 잘못되었다면 내 몸을 진찰하는데 다른 사람 몸에 청진기를 대고 진료하는 모양새랑 다를 바가 없지 않겠는가? 그리고 음력생일을 이용하고 있는 사람이 실제와 다르다면 그간 생일과 다른 날짜에 생일 축하를 받았으니 가히 좋은 일은 아닐 것이다.

현대에는 천문학이 발달되면서 대한민국, 중국, 홍콩, 대만, 베트남 각 국가는 자국이 사용하는 표준시간에 따라 실제 달과 태양의 위치를 정확히 계산해서 역법을 산정하고 있다.
음력 초하루의 시점은 합삭(合朔)일이 들어 있는 날을 기준으로 한다. 합삭일은 달과 태양의 황경이 같을 때를 말한다.
(즉, 달의 위상은 합삭-상현-망-하현-합삭 순으로 변하게 되는데, 합삭 시각이 들게 되는 날이 음력 초하루가 되는 것이다. 달의 위상 변화가 생기는 이유는 달이 태양보다 빠르게 동쪽으로 이동하기 때문이다. 태양은 하루 평균 0.9856°씩 동쪽으로 이동하고 달은 천구상을 거의 한 달 걸려 동으로 1회전 하는데, 1일 평균 13.1764°의 속도로 이동한다. 달은 태양보다 매일 12.2°씩 빠르게 이동하여 1태음월이 되면 천구를 1주한 후 태양에 대한 상대 위치가 같아지는 것이다.)

대한민국은 표준시가 동경 135°에 맞추어 있으나 실제 위치는 127.5°에 있기 때문에 실제 합삭일과는 차이가 있어 음력 기준월이 달리 적용되는 해가 발생한다. 앞서 말했듯이 **음력 초하루는 합삭일이 발생하는 해당일의 00시부터 23시 59분 59초에 들어 있는 날이다.** 그러므로 실제 위치보다 표준시가 30분이 빠르므로 풍수역학을 판단할 시에는 합삭일이 정확한지를 반드시 확인할 필요가 있다.
예를 들자면, 동경 135° 기준 2028년 양력 1월 27일 00시 16분이 합삭일이면 실제 위치인 127.5°에선 30분을 뺀 2028년 양력 1월 26일 오후 11시 44분이기 때문에 합삭일이 발생하는 1월 26일이 음력 초하루가 되는 셈으로 하루씩 밀린 음력일을 당겨야 정확하게 된다.

윤달도 마찬가지이다. 물론 윤달에 있어선 어떻게 정할지에 대한 특별한 규정을 국제적으로 정한 바 없다. 그러나 윤달 역시 **실제 시간, 합삭일(초하루)의 시간, 각 중기에 해당하는 시점일의 시간 등을 표준시점이 아닌 동경 127.5°(124~132°)에 맞추어 역법을 산정해야 정확성을 상당부문 높일 수 있다. [즉, 태어난 시간과 태어난 공간의 동경 지점에 합삭일(초하루)의 시간과 중기(절기)에 해당하는 시점일의 시간을 확인해 보아야 한다.]**

또한 유념해야 할 점은 합삭일은 동경의 지리적 위치를 기준으로 정해지기 때문에 같은 국가 내에서도 그 시점에 따라 초하루나 윤달의 시점이 달라질 수 있음을 인지해야 하며, 본 기준을 적용하면 보다 사주를 보는데 정확성을 기할 수 있다고 필자는 보고 있다.

예를 들자면 동경 135° 기준 1942년 양력 11월 9일 00시 33분이 합삭일이기 때문에 대한민국의 인천, 군산, 제주, 서산, 목포는 양력 11월 8일이 음력 초하루가 되며, 그 외 지역은 양력 11월 9일이 음력 초하루가 된다. 풍역은 달의 움직임에 따라 기준을 삼기 때문에 상기 방식을 적용하는 것이 올바른 측정 방식이라 할 수 있다.

이에 대한 이견은 각자의 기준에 따라 다를 수 있기 때문에 그 정확성 및 기준에 있어 과학적으로 풀어야 할 부분이 상당 부분 남아 있다고 볼 수 있다.

동경 135° → 127.5° 기준 조정표

양력 (135°)	합삭일 (초하루)	조정일 (127.5°)	조정 (음력일)	비고
1907.07.11	00:18	07.10	06.01	
1909.09.15	00:18	09.14	08.01	
1918.12.04	00:18	12.03	11.01	
1919.11.23	00:25	11.22	10.01	
1923.11.09	00:17	11.08	10.01	
1931.05.18	00:33	05.17	04.01	인천, 군산, 제주, 서산, 목포
1934.10.09	00:06	10.08	09.01	
1936.07.19	00:09	07.18	06.01	
1942.11.09	00:33	11.08	10.01	인천, 군산, 제주, 서산, 목포

1949.03.30	00:06	03.29	03.01	
1950.03.19	00:24	03.18	02.01	
1952.08.21	00:24	08.20	07.01	
1968.04.28	00:22	04.27	04.01	
1970.07.04	00:24	07.03	06.01	
1973.12.25	00:13	12.24	12.01	
1978.04.08	00:16	04.07	03.01	
1982.11.16	00:15	11.15	10.01	
1987.05.28	00:18	05.27	05.01	
1989.10.30	00:33	10.29	10.01	인천, 군산, 제주, 서산, 목포
1995.07.28	00:13	07.27	07.01	
1997.02.08	00:20	02.07	01.01	
2005.12.02	00:16	12.01	11.01	
2012.06.20	00:00	06.19	05.01	
2015.08.15	00:00	08.14	07.01	
2016.02.09	00:09	02.08	01.01	
2017.02.27	00:23	02.26	02.01	
2028.01.27	00:16	01.26	01.01	
2035.01.10	00:01	01.09	12.01	
2040.09.07	00:13	09.06	08.01	
2044.11.20	00:02	11.19	10.01	

* 1997년에는 하루 지나 설날을 맞이하였다. 오류를 조정치 않는 한 2028년에도 똑같은 일이 반복될 것이다. 음력을 기준으로 하는 풍수역을 활용한다면 상기 일자 외에도 틀린 날짜가 있을 수 있으니 택일을 할 경우에는 항상 확인하는 습관을 가져야겠다.

또 다른 절기상 문제…

2012년 음력4월 **중기인 소만(12-05-21 00:30)**의 날짜 차이로 한국에서는 윤 3월, 중국과 베트남에서는 윤 4월이 생겨 부처님오신날 날짜가 한 달 차이가 나며, 풍수역을 볼 때는 윤 4월로 조정해야 정확한 값을 얻을 수 있다.

2017년 음력 6월 **중기 대서(17-07-23 00:27)**의 날짜 차이로 한국에서는 윤 5월, 중국과 베트남에서는 윤 6월로 한 달 차이가 나며, 풍수역을 볼 때는 윤 6월로 조정토록 한다. (당시 한국은 윤 5월, 북한은 윤 6월이다. 이는 북한이 2015~2018년에는 표준시 기준을 동경 127.5°로 적용하였다.)

1984년 **동지(84-12-22 01:15)**가 초하루와 그믐의 경계지점에 있어 1985년에 베트남의 설과 한국의 음력설이 30일 차이가 나지만 각국 설 모두 맞는 일정이다.

양력 (135°)	황경 (135°)	중기 (127.5° 기준)	조정 (127.5°)	비 고
2012.05.21	00:30	소만(양.5.20)	윤 4월	윤 3월 → 4월, 4월 → 윤 4월
2017.07.23	00:27	대서(양.7.22)	윤 6월	윤 5월 → 6월, 6월 → 윤 6월

※ 명리(책력)에서도 발생할 수 있는 오류

2019년 양력 1월 6일(소한)은 황경 284.995° 0시 19분으로 동경 127.5° 기준으로 조정 시 소한에 해당하는 절기일은 중국 만세력에 표기된 2019년 1월 5일과 동일하게 된다.

즉, 대한민국의 2019년 1월 5일은 만세력에 표기된 '무술년 갑자월 임인일'이 아닌 **'무술년 을축월 임인일'**이니 그 기준일을 명확히 할 필요성이 있다. 절기에 대한 자세한 내용은 아래에 추가하였으니 참고토록 한다.

※ 음력의 시간적 흐름분석

년, 월 ⇒ 시간적 흐름이지만 합삭에 의한 채널적 개념(한 시점부터 지구 전반에 미치는 영향력)

　　　　: 천체에서 오는 에너지장이기 때문

일, 시 ⇒ 시간적 흐름에 의한 연속적 흐름개념(순차적 해당 시간의 지점에 미치는 영향력)

　　　　: 지구의 해당 지점에서 발생하는 에너지체이기 때문

※ 만세력

만세력(1777년, 정조 1)은 조선시대부터 편찬된 역법서이며 이에 앞선 역서로는 1444년 (세종 26)에 편찬한 칠정산내편이 있다. 한양(서울)을 기준으로 동지와 하짓날의 일출/일 몰 시각과 밤낮의 길이도 제시하고 있어 당시 천체에 대한 기술수준을 엿볼 수 있으며, 중 국에 맞선 국력의 주체성마저 담고 있는 것이다.

여하튼, 만세력에서 60갑자의 일진이 단순히 음력일에 배정된 갑자의 역원(曆元)에 따른 거라고 말할 수 있으며, 그 안에는 천체(태양과 달)의 작용력이 지구에 미친 기운을 담고 있 는 것이므로 역학(易學)을 깊이 있게 연구를 하고자 한다면 어떤 형태로든 오차로 제공되 는 천체의 자료를 대수롭지 않게 여겨서는 안 될 것이다.

9. 표준시 및 서머타임

세종 대(1434, 세종 16년)에는 12지신이 그려져 있는 해시계(앙부일구)를 이용하면서 표 준시는 한성(지금의 서울)을 기준으로 동경 127°에 맞춘 시간을 사용하였다. 이후 1908년 4월 1일 국제 표준시를 도입하면서 한반도 중심을 지나는 동경 127° 30분에 맞추어지게 된 다. 하지만 일제 침략에 의해 주권이 빼앗기면서 1912년 1월 1일부로 일본 표준시인 동경 135°를 적용하여 기존보다 30분이 앞당겨지게 되는 계기가 된다.

그리고 1945년 일본 제국주의의 압제에서 광복을 맞이한 이후에도 표준시는 변동 없이 사용하다 1954년 일제의 잔재를 청산하는 차원으로 표준시를 동경 127° 30분으로 되돌리 지만 1961년 국가재건최고회의에서 기존에 운영되었던 항공. 항해와의 연계성 및 천문, 기 상관측 등의 문제를 들어 동경 135°로 회귀하게 된다. 그러나 그 이유보다는 한국과 일본에 주둔한 미군의 통합운영 등 안보차원의 영향이 더 컸을 것으로 보이며, 지금껏 국회 입법화 에 계속 무산되었던 가장 큰 이유 중 하나로 판단되고 있다.

연도별 표준시 적용기준

표준시 변경일자	자(子)시 기준	비 고
1908.04.01.~1911.12.31.	23:00~01:00	표준시 도입 동경 127° 30분 기준
1912.01.01.~1954.03.20.	23:30~01:30	동경 135° 00분 기준
1954.03.21.~1961.08.10.	23:00~01:00	동경 127° 30분 기준
1961.08.10.12:00~현재	23:30~01:30	동경 135° 00분 기준

사주에서 시간기준을 잡을 때 표준시와 더불어 확인할 부분이 서머타임 적용일자이다.

문헌상으로 보면 서머타임제를 처음 실시한 나라를 우리나라로 보는 시각도 있다. 이는 조선 법전인 경국대전(성종 2년, 1471년)에 제시된 부분으로 '여름철에는 묘(卯)시(오전 5~7시)에 출근하여 유(酉)시(오후 5시~7시)에 퇴근한다.' 당시 실제 출근시간인 진(辰)시와 퇴근시간인 신(申)시 기준으로 본다면 근무시간이 4시간으로 늘어나는 셈이다. 어찌 보면 서머타임이라기보다 근무시간을 늘리기 위한 수단으로 시간조정을 하였던 것으로 보이기도 한다. 어찌 되었든 이 기준으로 본다면 독일에서 처음 시행한 서머타임제보다 무려 445년이나 앞서는 제도가 되는 것이니 이런 정책도 있었구나 하는 정도로 참고하면 될 듯싶다.

근현대에 시행한 서머타임을 살펴보면 다음과 같다. 서머타임은 1932년 일제강점기에 실시한 바 있으며, 광복 이후에는 크게 두 차례에 걸쳐 시행하였는데, 첫 번째는 1948~1960년(1952~1954년 제외) 서머타임으로 당시에는 광복 초기 및 6.25전쟁 등에 따른 미국제도권 내의 영향에 의해 시행되었다. 농촌 위주의 생활방식이나 당시의 산업구조의 취약 및 사회적 여건, 전쟁여파 등을 비춰 본다면 서머타임 시행에 대한 인식 부족으로 일반생활에 미친 영향은 전혀 없을 것으로 판단되며, 해당 연도의 사주를 볼 때 참고는 하되 크게 고려하지는 않아도 될 것으로 보인다. 그래도 정확성을 기하기 위해 확인 작업은 하기 바란다. 두번째는 서울올림픽을 계기로 1987~1988년에 시행한 시기이다. 당시 서머타임의 시행은 여러 요인이 있었겠지만, 무엇보다 미국 방송중계를 위한 황금시간대(prime time)에 맞추기 위함이었을 것으로 보고 있다. 올림픽 재원 중 가장 큰 부분이 미주중계권이기 때문에 당시 우리나라 입장에서는 올림픽 성공을 위한 불가피한 선택이었을 것으로 보인다. 여하튼 이 시기에는 국가적 차원의 범국민적 서머타임을 참여했던 시기이므로 당시 태어난 사람은 서머타임을 적용한 시간대인지를 확인한 후에 사주를 보아야 한다.

서머타임 적용일별 자시기준

서머타임 적용일자	자(子)시 기준	비고
1948.06.01.~09.22.	00:30~02:30	* 표준시보다 1시간 앞당김 (일상생활에 크게 영향을 미치지 못한 시기로 판단됨) * 당시 신문 등의 기록을 근거로 표기 하였으나 다소 차이가 있을 수 있음
1949.04.01.~09.23.		
1950.04.01.~09.23.		
1951.05.06.~09.08.		
1955.04.06.~09.21.	00:00~02:00	
1956.05.20.~09.29.		
1957.05.04.~09.21.		
1958.05.04.~09.21.		
1959.05.04.~09.19.		
1960.05.01.~09.17.		
1987.05.10.~10.11.	**00:30~02:30**	표준시보다 1시간 앞당김 (자시기준 11:30~01:30)
1988.05.08.~10.09.		

10. 절기에 대한 이해 및 보정

현재 천문연구원에서 제공되는 만세력의 24절기는 '지구 중심'을 기준으로 한다. 인터넷 이나 핸드폰 어플로 확인되는 모든 기준도 동일한데, 이 측정법은 대기의 상태와 경위도의 영향을 전혀 받지 않으면서 획일화를 위한 최적의 기준점이 될 수 있기 때문으로 본다.

반면 현대와 같이 지구 중심의 계산을 할 수 없었던 조선시대에는 '규표방식'을 기준으로 삼았다. 규표는 하루에 한 번만 측정하는 해시계로 태양이 가장 높이 올라온 남중시간의 그림자 길이를 측정하는 방식으로 1년의 길이에 매일 같은 시각에 그림자 길이를 재서 24절기를 계산하였다. 이 방식은 빛이 만들어 낸 그림자의 길이를 측정하는 방식이라 위도와 경도의 영향을 받을 뿐 아니라 대기에 의한 빛의 굴절도 영향을 미칠 수 있기에 측정 지점에 따라 차이가 난다.

또 하나의 측정 방식은 '지표면 기준' 계산법으로 경위도와 지표면을 기준으로 태양의 황경을 계산하는 방식이다. 이 역시 '지구 중심' 계산법과 마찬가지로 대기의 영향은 받지 않으나 '규표방식'처럼 지표면 경위도에 따라 시각이 달라질 수 있다.

① 규표방식
② 지구 중심 계산(현재, 천문연구원 기준)
③ 지표면 기준 계산(경위도)

즉, 24절기는 구하는 방식에 따라 결괏값이 모두 다르게 나타나므로 어떤 방식을 취하는 것이 보다 정확한 기준모델이 될지 생각해 볼 필요가 있다. 지금껏 어느 방식이 사주학 기준에 부합되는지는 전혀 연구된 바는 없다. 그러나 앞서 '인터넷역학' 사이트에서 24절기 계산 기준에 대해 언급한 부분이 있으며, 필자의 생각과 일치하는 부분이어서 해당 사이트에서 제시한 내용을 다음과 같이 축약해 보았다.

"인간은 지구 중심에서 살고 있지 않으니 사주학 기준에 있어 '지구 중심' 계산법은 부합되지 않는다.

인간이 살고 있는 곳은 지구의 지표면이다. 그런데 24절기는 지구의 지축과 황도면 사이의 기울기에 의해 발생한다. 그러므로 지축의 기울어짐은 곧 지표의 기울어짐이기에 지표면 기준으로 절기를 계산해야 한다.

그런데, 지표면 기준으로 계산을 한다면 **지구 표면 위에 수많은 지점마다 24절기의 기준 시각이 각기 다르게 되며, 몇 분의 차이지만 그로 인하여 년주 혹은 월주가 달라질 수 있다.**"

즉, 지구 중심 계산을 기준으로 지구 표면 위 측정 지점에 맞추어 기준점을 정하도록 한다. 물론 표준시에 따라 몇 분 몇 초의 차이로 년주, 월주가 각 해당 지점의 동경 지점에 따라 달라질 수밖에 없다. 물론 인간은 하나의 천체라는 시공간에서 살아가고 있지만, 정확한 해당 지점의 기준에 부합되게 역법이 산출되어야 정확한 값을 구할 수 있을 것이다. 복잡한 산술식 적용과 확인하는 과정이 필요하더라도 만세력의 음력일과 절기의 기준일을 내가 태어난 곳(장소, spot)의 동경 지점에 맞추어 측정한 값이 반영되어야 한다는 결론이 내려진다. 즉, 같은 국가 및 지역 내에서도 동경 지점에 따라 몇 분, 몇 초의 차이로 날짜가 달리 적용될 수 있는 이유이다.

월	1월	2월	3월	4월	5월	6월	7월	8월	9월	10월	11월	12월
지지	인	묘	진	사	오	미	신	유	술	해	자	축
절기	입춘	경칩	청명	입하	망종	소서	입추	백로	한로	입동	대설	소한
중기	우수	춘분	곡우	소만	하지	대서	처서	추분	상강	소설	동지	대한
계절	봄			여름			가을			겨울		

절기 기준일 조정 예시:
* 2019.1.6.(소한) 황경 284.995° 0시 19분
⇒ 한국 시각을 동경 135°가 아닌 동경 127.5° 기준으로 조정 시 소한은 2019.1.5.이다. (참고. 해당 년월 중국 달력에도 1월 5일이 소한이다. 나라마다 절기 기준일이 다른 이유는 앞서 설명하였듯이 동경을 기점으로 한 지정된 지점에서의 황경 각을 기준으로 하기 때문이다.)
즉, (양)19.01.05.이 소한일로 戊戌년 甲子월 壬寅일이 아닌 戊戌년 **乙丑**월 壬寅일이다.
※ 책력으로 명리사주를 볼 때는 양력생일이 절기의 마지막 일에 해당하는 경우 동경 127.5°를 기준으로 황경과 해당 시간이 다음 절기로 넘어가는 시점인지를 확인할 필요가 있다.

절기 127.5° 기준 조정표

양력(135°)	황경	조정일(127.5°)	入氣	조정월주(명리)	비고
1932.11.08	00:02	11.07	입동	辛亥	
1944.08.08	00:15	08.07	입추	壬申	
1947.04.06	00:02	04.05	청명	甲辰	
1951.02.05	00:23	02.04	입춘	庚寅	
1952.03.06	00:15	03.05	경칩	癸卯	
1953.01.06	00:25	01.05	소한	癸丑	
1958.12.08	00:06	12.07	대설	甲子	
1960.09.08	00:11	09.07	백로	乙酉	
1964.06.06	00:31	06.05	망종	庚午	
1977.08.08	00:12	08.07	입추	戊申	
1978.10.09	00:29	10.08	한로	壬戌	
1984.02.05	00:20	02.04	입춘	丙寅	
1985.03.06	00:12	03.05	경칩	己卯	
1986.01.06	00:22	01.05	소한	己丑	
1991.12.08	00:03	12.07	대설	庚子	
1993.09.08	00:08	09.07	백로	辛酉	
1997.06.06	00:28	06.05	망종	丙午	
2010.08.08	00:09	08.07	입추	甲申	
2011.10.09	00:26	10.08	한로	戊戌	
2017.02.04	00:17	02.03	입춘	壬寅	
2018.03.06	00:09	03.05	경칩	乙卯	
2019.01.06	00:19	01.05	소한	乙丑	
2020.07.07	00:32	07.06	소서	癸未	
2024.12.07	00:00	12.06	대설	丙子	
2026.09.08	00:05	09.07	백로	丁酉	
2030.06.06	00:25	06.05	망종	壬午	
2039.05.06	00:33	05.05	입하	己卯	**인천, 군산, 제주, 서산, 목포**
2043.08.08	00:06	08.07	입추	庚申	
2044.10.08	00:23	10.07	한로	甲戌	
2050.02.04	00:14	02.03	입춘	戊寅	

** 비고: 사용하고자 하는 만세력이 상기 표와 동일하다면 맞게 적용된 것이다.

11. 국외 지역 수 체계 적용방법

사례: 고 마이클잭슨 1958년 8월 29일 오후 9시~11시(태어난 시간은 추정시간)

(자서전에는 '아주 늦은 저녁에 태어났다' 기술)

적용방법

* 외국인 사주 적용 시 사전 확인해야 하는 사항

· 출생지 확인: 미국 인디애나주 게리 출생 (동경 -87°)

⇒ 표준시 기준 16시간이 늦으나 동경 -87° 기준으로는 실제 14시 48분 늦음(표준시 보다 1시간 12분 차 발생)

· 태어난 시점의 서머타임 적용(미국 58.05.04.~09.21.) 기간이므로 반영

⇒ 서머타임 적용으로 1시간 시계를 앞당겨 표준시 기준 17시간 늦음. 즉, 실제 표준시 보다 **2시간 12분 차** 발생

⇒ 즉, 늦은밤 9시~11시에서 대략 2시간을 빼면 술시(오후 7~9시)에 태어난 것으로 추정

· 합삭/초하루: 동경 135°(오사카) 기준 58.08.15. 12:47(해, 달 황경 = 141.819)

⇒ 애리조나 기준 합삭일은 58.08.16.인 고로 실제 음력일은 해당 지역을 반영하여 음 7.14.

· 절기: 입추 58.08.08. 09:41(황경 = 134.979) ⇒ 애리조나 기준 58.08.07.

* 적용결과 사주

1958년 음력 7. 14. 戌시

1) 命理: 戊戌年, 庚申月, 戊寅日, 壬戌時

2) 風易: 先天 - 戊戌年 甲辰月 丁巳日(건왕기) 丁卯時, 後天 - 戊戌年 甲辰月 己酉日(생욕기) 己未時

12. 풍역의 윤달 적용론

윤달 발생 원인

	공전주기					비고
	1달			**1년**	**19년**	
지구 공전주기	30.4일	0.9 差		365.24	6,939.6일	삭망월 기준 19년간
달(삭망월)	29.53일		2.2 差	354.36(29.5*12)	6,726.0일	213.7일(7개월)
달(항성월)	27.3일			327.6(27.3*12)	6,224.4일	즉, 약 2.7년마다 차이 발생

· 윤달은 24절기 중 12중기(우수, 춘분, 곡우, 소만, 하지, 대서, 처서, 추분, 상강, 소설, 동지, 대한)가 없는 달을 그 앞 달의 숫자를 따서 윤달로 한다.

· 일반적 달의 공전주기는 항성월이며, 지구의 공전궤도를 반영할 시에 29.5일 이다. 따라서 책력과 풍력은 지구의 영향력을 받은 달의 작용력을 반영한 삭망월을 기준으로 한다.

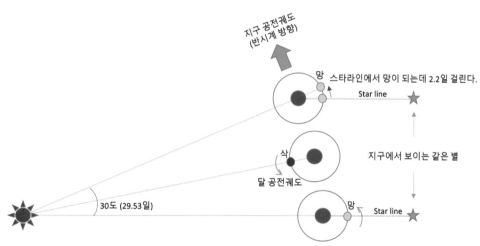

*달이 공전하여 한바퀴 도는 시점에 지구도 태양주위를 공전하므로 태양과 지구와 일직선이 되기 위해선 달이 한바퀴 돈 시점에서 2.2일을 더해야 한다.

* 풍수역학의 윤달 적용론

책력과 마찬가지로 각 음력월은 지구와 달의 공전주기에 따른 이동위치가 다르므로 흐름 선상에서 평달과 윤달의 작용력을 완전히 동일하게 볼 수는 없다. 또한 윤달이 해당 동일 평달의 작용력을 벗어나 다른 평달의 작용력에 영향력을 더 크게 받을 수 없다는 전제도 유효하다. 이를 기준으로 풍력의 윤달 적용 방식을 구축해야 할 것이다.

적용방식
⇒ 선, 후천운

1안) 5월 기준 예시

	⅔	⅓
윤달(선천)	평달 5월	
윤달(후천)	윤 5/1~5/20	윤 5/21~5/30
기준	해당 월 기운	다음 달 월 기운

※ 해당 윤달의 선천 기운은 해당 평달의 기운과 동일하게 적용하되, 윤달(후천)의 앞 ⅔ 시점은 해당 평달의 기운에 영향을 받는 것으로 보고 있으며, 뒤 ⅓ 시점은 다음 달의 월 기운으로 적용한다.

2안) 5월 기준 예시

	1~7일	8~22일	23~29일
평달	평달 5월		
윤달	평달 4월	평달 5월	평달 6월
기준	전달 월 기운	해당 월	다음 달 월 기운

※ 해당 윤달의 선천 기운은 해당 평달의 기운과 동일하게 적용하되, 윤달(후천)의 1~7일은 전달인 4월, 8~22일은 5월, 23~29일은 다음 달인 6월 기운으로 적용한다.

3안) 5월 기준 예시

	½(윤 5/15 이전)	½(윤 5/16 이후)
윤달(선천)	평달 5월	
윤달(후천)	평달 5월	평달 5월 75%, 평달 6월 25%
기준	해당 월 기운	다음 달 월 기운

※ 해당 윤달의 선천 기운은 해당 평달의 기운과 동일하게 적용하되, 윤달(후천)의 앞 ½ 은 해당 평달의 기운에 영향을 적용하며, 뒤 ½은 해당 평달 75%, 다음 달인 6월 25%의 기운이 작용하므로 다음 달의 기운까지 함께 보는 방식으로 '풍수원리 강론'에는 본 안을 제시하고 있다.

4안) 5월 기준 예시

	윤 5월	비 고
윤달(선천)	평달 5월 동일	윤달사주는 평달의 사주보다 후천운의 영향력이
윤달(후천)	평달 5월 동일	선천운에 더 관여하는 특성이 있다.
기준	해당 월 기운	

※ 해당 평달(예. 5월)과 윤달(예. 윤 5월)의 선천 기운은 동일하게 평달(예. 5월) 기운으로 돌아간다. 이유인 즉, 윤달은 중기가 없는 달에 해당되므로 태양을 중심으로 하는 달의 위치가 아직 다음 음력월(예. 6월)의 기운에는 미치지 못하기 때문에 해당 평달(예. 5월)의 기운을 그대로 적용받고 있기 때문이다. 그러나 윤달의 발생 특성에 따라 태양보다 달의 작용력이 더 크게 영향을 받는 시점이다. 이에 천체(태양) 기운을 중심으로 적용하는 선천운의 작용주기는 앞선 평달 5월에 비해 짧거나 반감되기 때문에 후천 기운이 일찍이 선도되어 선천 기운에서도 25~50% 더 관여하는 특성을 보인다. 즉, 윤달은 달의 영향에 의한 것이므로 후천 사주에 더 많이 작용되는 것이다. 다만 모든 선후천 기질(氣質)적 특성이 그렇듯이 선, 후천 운세를 비교하여 우세한 쪽이 최대 50%까지 영향을 더 미치기 때문에 이 부분을 함께 분석해 보아야 한다. 더불어 숙명의 본질적 특성을 함께 보는 혜안을 가져야 한다.

다음 표는 동경 127.5° 기준의 음력 윤달이 드는 해와 윤달의 숫자이다.

예를 들어 2012년 '중기'를 127.5°에선 황경 기준 '소만'이 양 5.20.일이 되어 중기가 없는 달은 음 3월이 아닌 음 4월이 되어 윤 4월이 발생한다.

즉, 동경 135°에선 양 5.21°이 소만이지만, 동경 127.5°에선 양 5.20일이 소만이 된다.

해당연도	평달	윤달(127.5°)	중기(127.5°)	중기 기준		
				양력(135°)	음력(135°)	황경(135°)
1941	6	윤 6	처서	08.23	07.01	21:25
1944	4	윤 4	하지	06.21	05.01	20:57
1947	2	윤 2	곡우	04.21	03.01	07:13
1949	7	윤 7	추분	09.23	08.02	17:33
1952	5	윤 5	대서	07.23	06.02	06:22
1955	3	윤 3	소만	05.22	04.01	04:57
1957	8	윤 8	상강	10.24	09.02	01:22
1960	6	윤 6	처서	08.23	07.02	11:56
1963	4	윤 4	하지	06.22	05.02	11:28
1966	3	윤 3	소만	05.21	04.02	20:56
1968	7	윤 7	추분	09.23	08.02	08:04
1971	5	윤 5	대서	07.23	06.02	20:53
1974	4	윤 4	하지	06.22	05.03	03:27
1976	8	윤 8	상강	10.23	09.01	15:53
1979	6	윤 6	처서	08.24	07.02	02:27
1982	4	윤 4	하지	06.22	05.02	01:59
1984	10	윤 10	동지	12.22	11.01	01:15
1987	6	윤 6	처서	08.24	07.01	00:59
1990	5	윤 5	대서	07.23	06.02	11:24
1993	3	윤 3	소만	05.21	04.01	09:59
1995	8	윤 8	상강	10.24	09.01	06:24
1998	5	윤 5	대서	07.23	06.01	09:56

2001	4	윤 4	하지	06.21	05.01	16:30
2004	2	윤 2	곡우	04.20	03.02	02:46
2006	7	윤 7	추분	09.23	08.02	13:06
2009	5	윤 5	대서	07.23	06.02	01:55
2012	**3**	**윤 3 → 4월**	**소만(양5.20)**	05.21	04.01	**00:30**
2014	9	윤 9	소설	11.22	10.01	18:26
2017	**5**	**윤 5 → 6월**	**대서(양7.22)**	07.23	06.01	**00:27**
2020	4	윤 4	하지	06.21	05.01	07:01
2023	2	윤 2	곡우	04.20	03.01	17:17

13. 태음태양력

태양력은 매년 춘분(낮과 밤의 길이가 같은 날: 황경 0°)이 3월 20~21일에 오도록 날짜를 배열한 것이며, 태음력은 달의 차고 기욺인 삭망을 기준으로 한 달을 정하는 역법으로 계절의 변화(태양의 일주)까지 고려한 태음태양력이나 이슬람력이 속한 순태음력으로 나뉠 수도 있다.

태음태양력(음력)은 달의 운행과 태양의 운행을 연계시켜 달력을 만든 것으로 고대 바빌로니아 문화에서도 태음력과 태양력을 썼다.

우리나라에서는 삼국시대 때부터 태음태양력을 사용하였으며, 흔히 음력(陰曆)이라고 칭한다. 음력에서는 한 달에 작은달인 29일과 큰달인 30일을 번갈아서 쓰며, 1년간 12개월을 합치면 한 해가 354일이 되어 지구의 태양 공전 주기와 어긋나기 때문에 19년에 일곱 번씩 윤달을 두어 계절과 실제 지구의 공전주기와 맞춘 것이다. 풍역과 책력(명리)은 모두 태음태양력을 주축으로 풍역은 음력과 양력을 모두 활용하면서 중기와 동지인 子를 기준으로 삼는 반면, 책력은 양력을 기준으로 절기와 입춘인 寅을 기준으로 하는 차이가 있다. 이에 풍역은 달의 합삭일, 책력은 황경의 시간대를 반드시 확인하여 오류가 발생하지 않도록 주의해야 한다.

태음태양력의 고전기록

(1) 서경요전(書經堯典)의 내용

* 선기옥형(璇璣玉衡) 이제칠정(以齊七政) 5장

  천체를 관측하여 시간과 계절을 예측하여 통치에 사용

  북두칠성의 위치를 관측하여 시간과 계절 추정

* 기삼백(朞三百) 8장

  달의 운행과 태양의 운행을 관측하여 음력제정

  달의 12달과 태양의 1년 차이를 조정하여 윤년 결정

  최초의 태음태양력을 제정하여 사용

(2) 예기, 여씨춘추와 회남자

* 계절에 따른 태양의 위치

* 혼각과 효각에 남중하는 별

* 혼각에 북두칠성의 자루인 두표(斗杓)의 방위

→ 별자리의 운행을 이용하여 계절과 시간을 파악하여 역법을 제정

태양의 위치는 하루가 지날 때마다 1°씩 옮겨가므로 계절에 따른 태양의 위치를 기록한 것이 『예기』, 『여씨춘추』, 『회남자』에서 찾아볼 수 있다.

※ 혼각(昏刻)이란 해가 막 졌을 때 한동안 해가 보이지 않아도 주변의 하늘이 밝을 때로 그 해가 진 직후의 시각인 혼각에 가장 높이 남중하는 별이 무엇인지를 기록하였으며, 해가 뜨기 직전의 시각인 효각[曉刻: 서각(曙刻)]에도 가장 높이 남중하는 별을 기록하였다. 그 기록을 통해서 계절에 대한 상세한 구분을 한 것이다.

14. 태양력 1월 1일 기원과 기점

달력의 역사를 살펴보면 모든 새해의 기준은 농사와 관련한 기후와 날씨가 시작점이 되어 측정된 천체의 움직임과 더불어 종교나 천문학적인 발생 사건들과 연관 지어져 있다.

특히 현재 우리가 사용하는 달력은 태양력의 근원인 고대 이집트 달력이 시발점이 된다. 물론 이집트인들도 처음에는 달의 운행만을 관측하여 만든 달력을 사용하였다. 그래서 달을 관찰해 본래의 모양으로 회귀하는 주기가 약 29일 13시간 정도가 된다는 것은 이미 태양력을 사용하던 그 이전부터 파악하고 있었다. 그 이후 시리우스별의 움직임과 나일강의 범람 등을 관찰하면서 태양의 주기와 일치함을 알게 됨에 따라 태양력을 사용하게 되었다.

내용인 즉, 고대 이집트인들은 시리우스라는 별이 태양계 행성을 제외한 별들 중 가장 밝은 별이면서 하루에 한 번씩 동쪽 방면 지평선에 떠올라 서쪽 하늘로 지기 때문에 매일 떠오르는 시기가 계절에 밀접한 관련이 있음을 인지하게 되었다. 즉, 시리우스가 동쪽 지평선에 처음으로 나타나게 되면 곧 나일강의 범람이 시작된다는 것을 알았고 365일이 지나면 또다시 같은 현상이 반복된다는 사실을 알게 된 것이다.

이로써 이집트인들은 한 달의 길이를 30일로 정하고 1년을 365일로 하는 최초의 태양력을 사용하게 되었다. 이때가 BC4,200년 전 일이다.

이들은 1년의 길이를 3개의 계절로 나누었는데, 나일강이 범람하는 시기를 '아케트(Akhet)'라 하여 현재 달력을 기준으로 하면 6월 15일~10월 15일경에 해당한다. 그러나 1년의 길이를 총 365일로 정하여 사용했지만, 현재와 같이 4년마다 별도의 윤년을 지정하지 않았기에 이집트 고왕국 말기쯤(BC2,081년경, 피라미드 시대)에는 5개월 정도 밀리게 된다.

그 이후 기원전 46년 로마의 태양력에도 날짜가 밀리는 현상이 문제가 되었다. 당시 율리우스 황제는 부정확한 1태양년의 달력을 조정하기로 하여 천문학자 소시게네스(Sosigenes)를 통해 고대 이집트 달력을 반영한 율리우스 달력을 새롭게 착안하였다. (1년의 길이를 365.25일로 하고 춘분날을 3월 23일로 정하였으며, 매년 춘분날이 같도록 맞추기 위해 4년마다 2월의 날수를 하루 더 하는 윤년을 두고 있다. 이 달력은 기원전 46년 1월

1일부터 시행하였는데, 그 이전 로마는 3월이 시작 달이였다. 율리우스력은 1태양년의 실제 길이보다 11분 12초가 지연되기 때문에 128년이 지나면 하루의 차이가 발생한다.)

하지만 율리우스력이 완벽한 달력은 아니였기에 1582년이 됐을 때 13일 정도의 차이가 생겼다. 당시 교황 그레고리 13세는 부활절 행사 날짜가 맨 처음 제정 당시와 크게 달라져 있었기 때문에 달력을 다시금 개정토록 하였다. 그리하여 그레고리력은 1년의 길이를 실제의 길이와 거의 같게 365.2425일로 사용하기 위해 400년간 97회의 윤년을 두어 그해에는 2월을 29일로 하여 하루가 더 많다.

즉, 이집트력은 율리우스력에서 그리고 다시 그레고리력으로 개정하는 두 번의 과정을 걸쳐 현재의 달력에 이르게 된 것이다.

시대별 주요 태양력

국가	기준일	1월 기준점	비고
이집트	6월 15일경	나일강 범람시기	- BC4200년경 - 시리우스 별 관측 - 120일의 3개 계절 + 5개 치윤일 = 365일 - 율리우스 태양력의 시발점
페니키아	3월 22일	춘분 황경 0°	- BC1500~1200년 - 낮과 밤의 시간이 같은 날
페르시아 (이란)	3월 22일	춘분 황경 0°	- BC500년경 도입 - 30일로 된 12달 + 5일(33년에 8일 윤일) - 바빌로니아력 도입 후 소멸
이태리 로마	1월 1일	율리우스력	- BC46년 - 현, 그레고리안력의 시발점
	1월 1일	그레고리안력	- 1586년 - 현재 전 세계 사용

그렇다면, 율리우스력부터 시작된 현재의 새해 1월 1일은 어떤 기준으로 정해진 것일까? 이 부분에 대한 내용을 정확히 제시한 고증 자료를 필자는 찾지 못하였다. 다만 당시의 입장에서 추론해 본 견해는 다음과 같다.

태양력 1월 1일은 동지(황경 270°)에서 9~10일(황경 약 278.87~279.86°) 이후의 시점이다. 1일당 황경 이동각이 0.9863°로 보았을 때 황경 10°가 넘어가기 바로 전 시점을 새해 1월 1일로 정하였다. 또한 태양의 근일점(양 1월 3일)과도 연관성이 있어 보인다.

　로마의 천문학자인 소시게네스(Sosigenes)는 황경의 위치인 '동지(황경 270°)'나 '춘분(황경 0°)'과 같은 절기를 율리우스력의 시작점으로 정하지 않았다. 그 이유는 1월의 어원에서 찾아볼 수 있다. 1월의 영문명은 재뉴어리(January)로 이는 라틴어 야누아리우스(Januarius)에서 유래되었다. 야누아리우스는 로마 고유의 신인 야누스(Janus)의 달이란 뜻이다. 야누스는 앞, 뒤로 두 개의 얼굴을 가진 변화와 시작을 상징하는 신이다. 즉, 앞은 미래이고 뒤는 과거를 본다는 의미를 가지고 있으며, 드나드는 출입문의 수호신으로도 칭한다. 그 문(門)이라는 것은 과거에서 현재로 넘어가는 문으로 겨울인 동지(과거: 황경 270°)에서 봄인 춘분(미래: 황경 0°)으로 넘어가는 첫 디딤의 시점인 황경 10°를 움직인 지점을 1월 1일로 정하였음을 짐작케 한다. 그러므로 새해 정월(양력) 1월 1일이 전혀 의미 없는 시점이라고 단언하면 안 된다. 또한 야누스의 신화적 요소를 넣은 부분도 천문학적 이치에 따라 반영되었을 가능성에 무게를 둘 수 있는 부분이다. 따라서 태음태양력(음력) 1월 1일이 그해의 첫 번째 합삭(朔: 삭, 신월, new moon, 합삭일은 달과 태양의 황경이 같아지는 때로 달이 햇빛으로 인해 지구에서 보이지 않는 시점이다.)일을 기점으로 하듯 태양력(양력)의 1월 1일 새해(New Year's Day) 시작점도 과거에서 현재로 넘어가는 운기의 시점과 태양의 근일점에 맞춘 것인 만큼 태양 역법(曆法)으로 매우 중요한 시발점이자 기준이 될 것이다.

　즉, 태양력인 1월 1일을 기준으로 한 '인간의 본성(숙명)적 특성'을 분석함에 있어 풍수역학을 태음태양력(음력)뿐만 아니라 태양력에도 맞춰본다는 것은 획기적인 착안법이라 할 수 있다. 물론 이에 대한 지속적인 연구와 실효값의 데이터 축적이 필요한 부분이며, 더불어 소시게네스가 당시 율리우스력을 착안하게 된 과학적 근거로서의 고증 자료 발췌 및 태양역법의 연계성에 대한 심층적 연구도 반드시 선행되어야 할 부분이다.

좌측 산등성에서 떠오르는 시리우스[14]

14 지구에서 약 8.59광년 떨어져 있는 쌍성계로 두 개의 태양이 서로 공전하고 있다. 동양에서는 천랑성(天狼星)이라 부르며, 큰개자리에 위치한 알파성이다. 밝기는 -1.5등성으로 지구에서 보이는 천체 중 가장 밝은 별로 겨울철에는 오리온자리 베텔게우스와 작은개자리의 프로키온과 대삼각형을 이룬다. (사진은 필자가 직접촬영: A7m3 좌 - f2.8 14mm 15' iso800, 우 - f1.4 24mm 15' iso1600)

24절기 역법(曆法)

절기	양력일자	황경	음력월
입춘(立春)	02월 04일경	315°	1월
우수(雨水)	02월 19일경	330°	
경칩(驚蟄)	03월 06일경	345°	2월
춘분(春分)	**03월 20~21일**	**0°**	
청명(淸明)	04월 05일경	15°	3월
곡우(穀雨)	04월 20일경	30°	
입하(立夏)	05월 06일경	45°	4월
소만(小滿)	05월 21일경	60°	
망종(芒種)	06월 06일경	75°	5월
하지(夏至)	06월 21일경	90°	
소서(小暑)	07월 07일경	105°	6월
대서(大暑)	07월 23일경	120°	
입추(立秋)	08월 08일경	135°	7월
처서(處暑)	08월 23일경	150°	
백로(白露)	09월 08일경	165°	8월
추분(秋分)	09월 23일경	180°	
한로(寒露)	10월 08일경	195°	9월
상강(霜降)	10월 23일경	210°	
입동(立冬)	11월 07일경	225°	10월
소설(小雪)	11월 22일경	240°	
대설(大雪)	12월 07일경	255°	11월
동지(冬至)	**12월 22~23일**	**270°**	
새해	**01월01일**	**278.8~279.9°**	
소한(小寒)	01월 06일경	285°	12월
대한(大寒)	01월 21일경	300°	

15. 1월이 년의 충(沖)이 되는 원인

　지구의 근일점은 양 1월 3일경, 원일점은 양 7월 4일경 일어난다. 지구는 1월에 태양에 가까고, 7월에 태양에서 가장 멀다. 북반구 기준으로 태양과 가장 가까울 때 겨울이 되어 직관과 다르게 느껴지는 부분이지만 태양과 지구 사이의 거리로 인한 에너지는 7% 정도 차이가 난다. 남반구는 자전축이 기울어지는 시기와 태양과 지구가 가까워지는 시기가 일치하여 북반구에 비해 에너지를 약간 더 받게 되지만 자전축 기울기로 인하여 발생하는 에너지 불균형에 비해 그 영향력은 크지 않으며, 남반구는 바다의 비율이 높아서 초과로 받는 에너지는 바닷물에 거의 전부 흡수된다 할 수 있다. 하지만 풍수역학에서의 인과(因果)에 대한 태양의 작용력은 북반구나 남반구 모두 크다 할 수 있다. 연월일시 중 년과 월의 인과는 천체에서 오는 에너지장에 의한 영향력에 좌우되며 이는 태양과 지구 거리 간의 케플러법칙과 뉴턴의 운동법칙을 기반으로 한 중력법칙에 기인한다.

　즉, 새해 시작점에서 1월은 다른 달에 비해 그 작용력의 에너지 차이가 높기 때문에 충(沖)이 발생하는 것으로 일과 시에서 발생하는 자충(自沖)과는 다른 차원이다. 단, 건왕 운기에 해당하는 1월의 경우에는 혈장(穴場)의 기운이 서로 왕(旺)하여 충으로 보지 않는다.

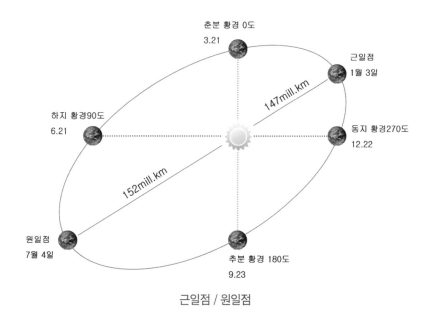

근일점 / 원일점

VII

풍수역학과 인체건강

질량이 지구의 318배 정도인 목성은 다른 행성에 비해 크기와 밝기가 확연히 다르다.

1. 질병의 실, 허증 발병원리

子(命宮)가 자충을 받으면 정신에 문제가 발생하는 주체적 질병이며, 午가 자충을 받으면 타력적 질병이다.

沖을 받은 쪽은 실증이며, 반대쪽은 허증이다. 충을 받은 실증에 병이 생겨서 병이 깊어지면 허증까지 병으로 나타난다. 병이 지속되는 증상이다.

실증은 열로 나타나며 허증보다 위험하다. 허증은 채우면 되지만, 실증은 비우기가 어렵다. 예로 酉金이 강하면 폐와 그에 속한 대장이 실증이다.

木은, 간장, 쓸개, 火는 심장, 소장, 土는 비장, 위장, 金은 폐, 대장, 水는 콩팥, 방광에 해당하는 질환이다.

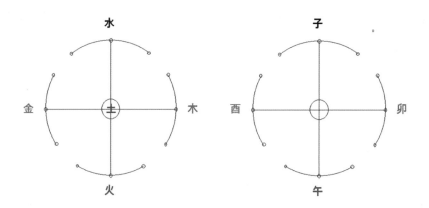

1) 발병 원인은

① 수맥처: 골, 골풍, 골수, 통풍, 관절, 당뇨, 위함, 신방광암

② 암: 토질병(흉석질, 흰돌, 돌줄, 풍화암, 현무암) ⇒ 습을 많이 갖고 있음. 현무암은 간담환자 발생

③ 水病: 당뇨, 골수, 백혈병, 신경통, 관절

④ 風病: 중풍, 고혈압, 뇌출혈

⑤ 바람길이 열리면 수맥도 열린다.

⑥ 터가 나쁘면 바람, 수맥이 혈을 침범해서 5년 안에 발병한다.

2) 금 기운을 기준으로

① 陰金인 酉金은 陰木인 卯木을 친다.

② 肺金君王身(폐금군왕신): 폐는 약으로 다스리기가 힘들다. 폐가 안정되어야 모든 원
기가 말을 듣는다.

③ 酉金(陰金)이 강하면 음이 먼저 병들고 양으로 이어진다.

④ 申金(陽金)이 강하면 양이 먼저 병들고 음으로 이어진다.

⑤ 酉가 살려면 辰, 未, 午를 만나라.

⑥ 辰戌丑未 토병은 현수, 주화를 다스려야 한다.

⑦ 辰巳酉는 子, 午, 未일주가 살린다.

3) 발병 현상

① 병은 허증에서 먼저 나타나고 실증으로 옮겨 간다.

② 청룡이 태강하면 청룡병 발생, 성질을 벌컥벌컥 낸다.

③ 백호가 태강하면 백호병 발생.

④ 암은 비정상적인 실증에서 나온다. 정상적인 실증은 건강하다.

⑤ 어짐(木, 靑龍)이 태강하면 잔인해진다.

2. 풍수로(風水路) 형성과정

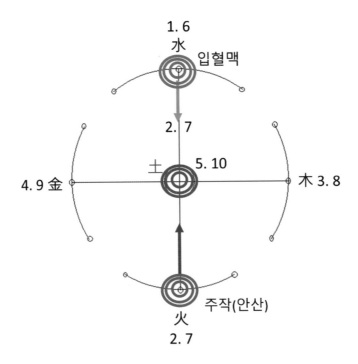

1) 심화내용

① 뇌졸: 수맥처나 水病, 두뇌가 무너진 것이다.

② 뇌출혈: 바람병, 전순이 무너진 것이다.

③ 중풍은 간담이 무너진다.

④ 요도지역의 집터는 뇌졸이 발생한다.

⑤ 아파트: 우측 골은 남자질환이며, 좌측 골은 여자질환이 발생한다.

2) 보충설명

* 自沖은 태과하여 실증, 自沖이 회돌이하면 함(陷)이 발생하여 불급해져 허증 발생

· 암은 실증에서 발생

· 함이 이루어지면 모양이 으깨지고 합이 없으면 충살이 발생한다.

· 회돌이는 비어 있는 공망과 같아서 바람길이 되어 풍수로가 함몰된다.

* 실증: 심근이 약하고, 동맥과 정맥류 불안정(펌프가 약한 것) 심방, 심실은 정상

· 열성, 태과성, 태강

· 정돈된 에너지체가 아니고 한쪽이 비정상 불균형이자 무질서이다.

· 질환은 간경화, 심근, 암, 심근경색, 뇌출혈(전순이 강해서)

* 허증: 심실허, 심방허

· 태허성, 불급병, 공망으로 기도 허하고 혈도 허하다.

· 뇌졸(뇌경색)

* 건강의 상하좌우가 밸런스가 맞아야 한다. 예를 들어 巳酉丑일 경우 靑木 허증으로 공망 발생이다.

* 丑午: 당뇨, 어지럼, 뇌풍, 냉병 부인질환(자궁, 방광), 심장병, 중풍들기 쉽다.

* 亥午: 냉병, 저혈압, 부인과질환, 심장병

* 巳亥: 巳병이 먼저 들고 水병이 든다. 丑午체질과 비슷(저혈압), 혈병, 풍병

* 丑未: 土병 (당뇨, 비장, 위병, 지라)

* 巳亥는 순환기 질환이며, 丑未는 소화기 질환과 연관성이 있다.

* 우울증

① 丑에 빠졌을 때

② 입수두뇌 깨졌을 때(水가 깨지면 土가 旺해진다.)

③ 巳亥가 수승화강(水昇火降)이 안 될 때

④ 토가 차가워져(寒) 폐색할 때(토가 旺할 때)

3. 사신사(四神砂)별 풍수 특성 발현

- 玄水 E場 풍수 → 신, 방광 陽氣 E場 특성
- 朱火 E場 풍수 → 심, 소장 陰氣 E場 특성
- 靑木 E場 풍수 → 간, 담 陽氣 E場 특성
- 白金 E場 풍수 → 폐, 대장 陰氣 E場 특성

해설:

· 기가 막혀도 혈이 막혀도 혈장이 무너진다.
  - 장부병은 사신사 병이다.
  - 병을 만드는 것은 가운데 혈장에서 시작된다. 즉, 질병은 비, 위장에서 제일 먼저 신호
    가 온다. (시작과 결과가 모두 비위에 나타난다.)
    : 질병의 원인이 다른 장부에 있더라도 발병의 시작은 비, 위장이다.

· 대칭구조는 동조 대칭과 간섭(부조화) 대치가 있다.
  - 子午 대칭이 잘되면 혈장 에너지 공급이 잘된다.
  - 좌우 청백 대칭이 동조되어도 에너지 형성이 잘된다.
  - 청백이 들고 싸우면 서로 치거나 각자 살기 위해 내뺀다. - 간섭대치
    → 깨지면 陽沖이고 Suction은 陰沖이다.

· 기가 막혀 비, 위에 문제가 발생하면 먼저 주화에 문제가 발생한다. 이유인 즉, 현무정에
  서 입혈맥 입력 에너지가 들어왔기 때문이다. 입혈맥은 주화(안) 에너지장이 형성되지
  않으면 혈이 들어오지 않기 때문이다.
  ∴ 입혈맥은 주화 에너지와 동격이다.

· 혈이라는 것은 입혈맥을 아버지로 주화를 어머니로 삼는다. 비위가 문제가 생긴 것은 혈류(심장)에 문제가 생긴다. ⇒ 심장의 아들(화생토)은 비위이기 때문이다.

· 입혈맥인 아버지가 안 들어오든가, 에너지 공급부족, 현수 에너지가 없을 때 심장이 뛴다. 예를 들어 평상의 연월일시에 의해 태과 불급이 오면 그 주기에 심장이 뛴다.
  → 입혈맥을 흔들고 입혈맥이 그 자체를 흔든다. 즉, 비위(아들)이 아프면 심장(어머니)가 놀라는 것이다. 비위에 문제가 생기고 심장이 벌떡벌떡 뛴다.

· 제일 문제가 되는 것은 비위(아들)의 문제로 심장(어머니)가 뛸 때이다.
  - 콩팥, 비장, 심장, 소장의 직접적 영향이 제일 크다.
  - 水가 없을 때(명문 기운이 부족한 것)
  - 주화를 태과불급시킬 때
  - 土를 태과불급시킬 때

· 청백은 보호사로 영양이다.
  - 주문제는 콩팥, 명문, 비위, 심장, 소장이 직접적 영향이다.
  - 지속적 심장문제(부정맥)가 있는 자는 평생 대칭으로 이루어진 구조가 1) 불균형이거나 2) 형충파해의 간섭적 영향을 받을 때이다.
  → 현수 또는 주화가 형충파해, 원진, 태과인 경우 이상적 대칭은 申子辰, 寅午戌로 구조화되어 있는 사람만이 비위장이 튼튼하다.

4. 만병 이동통로

① 肺主皮毛(폐주피모) → ② 脾主肉(비주육) → ③ 心主血(심주혈) → ④ 肝主筋(간주근)
→ ⑤ 腎主骨(신주골)

: 풍, 한, 습 영향으로 외부에서 피모를 따라 들어감. 虛邪氣(허사기)

　陰腑流注(음부유주)로 허증에서 발생

① 金生水 → ② 水生木 → ③ 木生火 → ④ 火生土 → ⑤ 土生金

: 대장 → 방광 → 담 → 소장 → 위 → 대장

　서, 조, 열, 습 영향으로 내부에서 장부를 따라 들어감. 실사기(実邪氣)

　양장유주(陽臟流注)로 실증에서 발생한다.

· 대장에서 물을 흡수해서 방광으로 못 보내면 방광병이다.

· 방광에서 걸러내지 못하면 담이 고생한다.

· 담에 문제 생기면 십이지장이 말을 안 들어 소장이 고생한다.

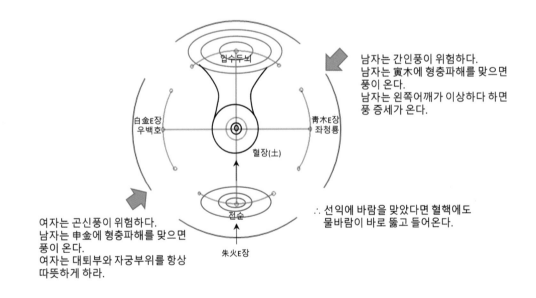

남자는 간인풍이 위험하다.
남자는 寅木에 형충파해를 맞으면
풍이 온다.
남자는 왼쪽어깨가 이상하다 하면
풍 증세가 온다.

∴ 선익에 바람을 맞았다면 혈핵에도
　물바람이 바로 뚫고 들어온다.

여자는 곤신풍이 위험하다.
남자는 申金에 형충파해를 맞으면
풍이 온다.
여자는 대퇴부와 자궁부위를 항상
따뜻하게 하라.

∴ 잔바람을 자주 맞아도 무너지기 때문에 항상 바람을 피하고 운동으로 땀을 배출하여 사기를 빼내야 한다. 사우나나 찜질방은 몸 안에 열(사기)이 더 쌓이기 때문에 운동을 해서 내부 에너지를 단속하도록 한다.

∴ 巳亥風: 건해풍으로 우측 어깨를 맞은 것이다. : 고혈압에서 중풍을 맞는다. (시작은 콩팥에서부터 문제발생)

여자 사주에 있으면 맥(힘)을 못 쓴다.

∴ 丑未風: 간인풍으로 좌측 어깨를 맞은 것이다. : 저혈압에서 중풍을 맞는다. (시작은 췌장(당뇨)에서부터 문제발생)

남자 사주에 축미가 들어가면 맥(힘)을 못 쓴다.

참고) 팔요풍

· 청룡쪽 요풍은 장손 병약, 과부 발생하며, 백호쪽 요풍은 차손 패망, 요절사, 주부와 여식 단명한다.
· 건해풍(서북방향): 부주풍(富周風)이라 하여 재산탕진, 절손
· 간인풍(동북방향): 조풍(條風)이라 하여 간질, 유산탕진, 절손, 귀신장난 인한 큰 사고 (팔요풍 중 가장 흉악함)
· 손사풍(동남방향): 청명풍(淸明風)이라 하여 송사, 형 옥살, 정신질환, 가산탕진
· 곤신풍(남서방향): 관재구설 연속, 여색탕아

5. 체질감별

체질감별 시 비중은 지지 75% + 천간 25%이다.

체질감별은 오운육기로 본다.

: 오운은 天體 에너지장과 연(連: 木火土金水)하며, 육기는 地氣 에너지장에 연한다.

- 金: 골격이 단단한 반면 육질이 거칠다.

- 金 + 水: 백옥 같다.

- 木 + 火: 건강한데 다혈질이다. 혈색은 있으나 곱지 않다.

- 土 + 水, 水 + 火: 몸이 거칠거칠하다. 아토피

※ 추명에서 체질감별 시에는

  - 生我者 부모 → 水

  - 克我者 → 官鬼 火: 관살은 火로 봐라.

  - 我生者孫 → 木: 식상은 무조건 木으로 봐라

  - 我克者妻弟: 재살은 金으로 봐라

  - 比和者: 土

※ 잘 드러나지 않는 것은 水와 土다. (군자사주)

  특색 있게 바로 드러나는 것은 火金, 木火이다.

  癸水: 졸졸 흐르는 물(정이 많다.)

  壬水: 깊은 물

  戌土: 넓고 깊은 산

  己土: 얕은 토(성격이 단순하다.)

  ∴ 壬水, 戌土는 깊은 정, 깊은 맛이 있다.

6. 대칭 질환

① 子午가 병이 들면 小陰 군화병(君火病)

② 丑未가 병이 들면 太陰 습토병(濕土病)

③ 寅申이 병이 들면 少陽 상화병(相火病)

④ 卯酉가 병이 들면 陽明 조금병(燥金病)

⑤ 辰戌이 병이 들면 太陽 한수병(寒水丙)

⑥ 巳亥가 병이 들면 陰陰 풍목병(風木丙)

→ 子午 군화병

· 중심병

· 수극화로 子보다 午(火)병이 먼저 온다. (陰火 심장병)

· 子가 병이 들면 午(火)병이 함께 온다.

· 형충파해를 받지 않는 한 심장에 무리는 없다.

∴ 子(水)가 죽어도 午(火)가 태강해서 병이 나고 子(水)가 태강해도 午(火)를 때려서 병
   이 난다.

∴ 대칭자는 申子辰, 寅午戌으로 돌아야 한다.

→ 丑未 습토병

· 마른 조토(燥土)가 습토(濕土)인 丑에 휩쓸려 결국 습병이 먼저 온다.

· 土克水라 陰水病도 같이 온다.

· 음토가 비틀어 비장, 췌장에 문제가 생긴다. (당뇨)

· 음대칭은 양대칭보다 쟁투가 더 강하다. 형, 충, 파, 해까지 있으면 비위가 더 상한다.

· 음식 맛도 없고 심하면 폭음, 폭식하여 병을 만든다.

· 너무 한쪽(습토)으로 몰려서 태과 되어 당뇨병이 발생한다.

· 陰 토병에 걸려 우울증도 발생하고 정신이 없다. 결국엔 주화병에 걸린다.

· 그래도 같은 土끼리 싸워서 다른 陰대칭보다는 나은 편이다.

→ 寅申 상화병

· ⊕木을 쳐서 심소장 중 주로 소장병을 일으킨다.

· ⊕木氣를 공급하지 못한다. (담즙 부족)

· ⊕木이 형충파해를 입으면 命이 중간에 꺾인다.

· 寅申상화병이 있는 사람은 간, 쓸개에 공급이 안 되어 십이지장에 문제가 발생 → 소장병(항상 가스가 차 있다.) → 심장병(심계항진)

· 심장의 혈이 안 돌아 寅時, 申時에 문제가 발생한다. 머리가 아프고 전신이 짓눌리는 현상이 나타난다.

· 담과 대장이 싸워 소화가 안 되니 위장에서 압력을 받아 결국 심장에 문제가 발생한다. (옛말에도 부정맥이 뛰면 비위에 적치가 생겼다 하여 맥이 따로 논다. 특히 寅時, 申時에 도지는 병이다.)

∴ 십이지장이 말을 듣지 않으면 가스가 적체되어 부정맥이 심해진다.

∴ 소장과 심장은 부부지간이라 소장이 문제가 생기면 심장도 문제가 생긴다.

∴ 드러나는 건 상화병(相火病)으로 나타난다.

- 피모에 상한(감기)이 들면 심장을 다친다.

- 血에 바람이 들면 피에 거품이 생겨 심장 펌프질이 잘 안 된다.

- 근육에 상한이 들면 간도 다친다.

→ 卯酉 조금병

· 조금병(초조병) 입이 탄다.

· 풀은 풀대로 마르고 금은 풀이 성하지 못하여 칼질을 못하니 조갈, 조금병이 생긴다.

· 성질이 앙살(앙칼)스럽다.

· 결과적으론 풀이 더 말라 간병을 만든다. (선 金病, 후 간병)

· 특히 어린아이는 간이 생하기 때문에 간병이 안 드나 폐렴이 먼저 온다. (눈동자가 붉고 심하면 눈이 돌아간다. → 사시(폐, 간이 동시에 병이 든 것)

· 간, 폐가 금극목 간섭으로 토가 놀라서 심장문제가 발생한다. 토(아들)가 불안을 떨다가 심장(어머지)이 놀라게 된다.

→ 辰戌 한수병

· 辰戌이 대칭하여 ⊕土 위병이 든다. (실증이거나 회돌이 하면 실하다가 허중이 온다.) 결국 토극수 하여 水病이 든다.

· 물이 차가워 방광병(⊕水병)이 생긴다. (물통이 차갑다.) 부부지간인 콩팥병도 같이 온다.

· 辰은 하위이고 戌은 상위로 같은 위장이라 움직임이 없어 대칭 중 제일 안정적이다.

· 辰戌 모두 위라 위실증으로 포만감을 가지고 있어 심장문제가 발생하면 음식조절로 고칠 수 있다.

∴ 辰戌이 대치를 하거나 회돌이 한 사람은 항상 방광이 약하다. (오줌 싸러 가기 바쁘다.) 몸이 자꾸 차져서 몸에 담지 못하고 물을 빼내려고 한다.

→ 巳亥 풍목병

· 수극화로 火가 얻어맞아 불안, 초조하여 火가 허약하면 목생화하지 못하여 木도 불안해져 갈피를 못 잡는다. (木이 성을 내어 풍병이 든다.)

· 심장이 펌프질하려면 동력과 血이 동시에 공급되어야 한다. 동력만 있으면 펌프가 헛돌고 피만 있으면 펌프가 안 돈다.

· 펌프의 동력은 水이고 에너지 공급은 木이다.

· 水木이 마르면 펌프가 허약해지고 제일 먼저 木이 얻어맞는다.

· 木이 성내면(嗔) 木병(風병)이 생긴다.

· 巳亥는 심허증 후, 바람을 맞아 풍으로 쓰러진다. (열은 심장에서 나는 것인데, 물이 끓기고 바람만 들어가 문제가 발생하는 것이다.)

· 혈장을 비튼다. (위장이 비틀어진다.)

· 신장이 놀라기 때문에 제일 큰 부정맥이다. 차라리 寅, 申이 같이 있으면 寅申巳亥로 바로 잡힌다. 그런데 寅 또는 申만 있으면 삼형살로 더 비틀어진다. 물불이 싸우는 것으로 형, 충, 파, 해까지 있으면 물불을 가리지 않는다.

· 가장 큰 비대칭이다.

※ 참고

· 대칭 위험순: 巳亥 〉寅申 〉卯酉 〉丑未 〉辰戌 〉子午

· 부정맥은 대칭구조 외에 현수나 주화가 태과불급일 때 발생하며, 子나 午가 형, 충, 파, 해로 건드려지면 발생한다.

· 제일 잘 놀라는 것이 血보다 氣다. 내수의 기는 잘 안 놀라는데, 氣의 제일 말단부인 판막에 문제가 잘 생긴다. 판막은 최 말단부위로 기가 종착되는 부위다.

∴ 입력 에너지인 원기(元氣)가 말단인 판막까지 잘 가야 오래 산다.

· 폐색증을 근본으로 갖고 있는 것이 토병이다. (비위가 갖고 있는 토병은 막히는 것이다.): 밥 먹고 체하거나 기가 막히는 증상이다.

∴ 戊己土는 폐색 기운이 강하다. → 토병은 툭하면 막힌다. (들어오는 에너지 기운이 막히는 것.) ⇒ 水火가 발란스가 잘 맞아야만 입혈맥 기운이 들어오는 것이다.

- 늙으면 신병이 먼저 생기고 심병 발생: 뇌경색, 뇌졸

- 젊으면 심병이 먼저 생기고 신병 발생: 심장마비

· 子午 대칭은 중심이라 큰 병은 적으나 독거인 경우 문제가 발생하며, 회돌이인 경우 그 피해는 대칭 중 가장 크다. (卯酉 대칭도 단순 대칭인 경우, 큰 병은 적다.)

· 대칭인 경우 자충, 회돌이일 경우 피해가 크다.

· 대칭이 합을 만나 회전을 하면 즐겁다.

· ⊕ 대칭보다 ⊖ 대칭이 불안하며, 巳亥 대칭이 제일 위험하다.

巳亥 〉丑未 〉卯酉

∴ 색시가 좋기도 하지만 싸울 때는 심하게 싸운다. 남녀가 합궁하는 자체가 남자는 죽음
  이요, 여자는 창조다. 정자 3억 마리가 몰죽음하는 것으로 한번 합궁함으로써 그 대칭
  의 소멸 과정은 엄청나 99.9%가 죽음이요, 한 생명만이 재창조하는 것이다.
  즉, 대칭이라는 것이 상당히 좋은 것 같지만, 그 속의 과정은 엄청난 희생을 요구한다.
  예) 子午의 중심선상의 안정대칭도 보기에는 안정된 것 같지만 내면적 갈등은 대단하
     다. 특히, 모든 대칭(子午, 寅申, 辰戌, 卯酉, 丑未, 巳亥)의 독거는 상당한 갈등요
     소를 가지며, 합거 시에는 이상적 안정이 된다.

∴ 양택이나 음택의 혈장을 판단할 때도 12등분으로 정확히 구분해 파악해야 한다.
  사람의 얼굴을 볼 때도 12등분을 하여 순간적으로 파악해야 한다. 시계를 쉽게 12등분
  하듯이 훈련을 많이 해야 한다.
  혈장을 보면 12등분으로 갈라서 일목요연하게 머리에 들어와야 정확하게 파악한다.

※ 독거 대칭: 일시적 안정(부분적 안정), 잦은 갈등
※ 합거 대칭: 이상적 안정(전체적 안정), 큰 갈등이 없다.

예) 寅申 대칭 질환 발생순서

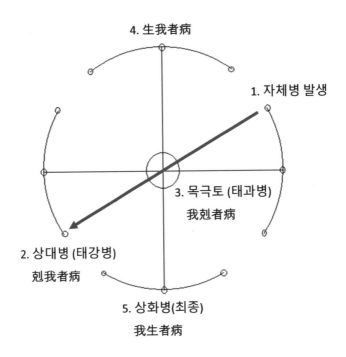

*간담 → 대장 → 위장 → 신방광 → 심소장병

7. 형충파해살 질환

사신사에도 양 중에 음양이 있고 음 중에 음양이 있다.

대칭이나 그보다 더 큰 피해인 형, 충, 파, 해를 일으키면 본질에 문제가 발생하여 양은 양 발동을 음은 음 발동을 하여 질병을 발생시킨다.

질병은 담, 폐, 방광, 심장병이 더 많으나 반응은 콩팥, 소장, 간, 대장이 센서 역할로 먼저 작용한다.

◎ 寅 刑殺의 제 질환

陽靑木의 형살로서 주로 靑木 즉, 편부(偏部: 어깨병)에 산수풍의 형살이 도래하여 발생하는 병이다.

경중에는 간, 담 또는 상화병(相火病)의 초기가 되어 性情(성정)의 불안(화를 많이 낸다.)이나 고혈압 증상을 나타내다가 중증에 이르면 청선익(靑蟬翼)을 파괴하는 지경에까지 도달하여 근육의 마비가 시작되다가 혈관의 기능부전으로 발전하면서 뇌수에까지 풍한습(風寒濕)이 침범한다.

해설:

* 경중은 합거 시 형살로 피모로부터 근육과 혈에까지 이르는 것이다. : 풍한서습조열의 사기(邪氣: 나쁜 기운)가 들어온다.

* 중증은 독거 시 형살로 근육에서 혈을 통해 골수까지 풍한사습조열의 사기가 뚫고 들어가는 것이다.

* 선익이 깨지면 순식간에 혈장을 때린다.

* 바람을 맞으면 질소성분이 혈관을 마비시킨다. 즉, 풍한이 들면 몸도 붓지만 혈관도 부어 기능을 못한다.

결국은 신명문(腎命門)의 기능저하로 종성 인자가 쇠락해 지고 만다. 陽天木인 간, 담이 쇠약해지고 나면 반드시 사후병이 발생하게 되는데 이때가 바로 白金 고부(股部)측의 태과병인 폐대장 실증 현상이다. 특히 인형살은 형해를 함께 동반하는 고로 그 해약이 인패(人敗), 명패(名敗: 직장변동), 재패(財敗: 재패는 다소 적은 편)를 동시에 감당해야 하는 고통이 따른다.

해설:

* 寅巳가 있으면 人死가 된다. 즉, 목병이 발생한다. 쓸개병, 담석증은 모두 寅병이다.

※ 회생법: 먼저 청목에너지장의 편부측을 土石 또는 水林으로 보완함이 으뜸이고 차선의 대책으로는 보완 에너지장을 확보할 수 있는 집터와 그 배치, 그리고 인사적 측면에서 제부족 에너지장을 확보할 것이며, 최후로 섭생관리를 유익하게 도모해야 할 것이다.

해설:

* 인사적 측면: 배위(짝: 배우자 만나는 것이 제일 중요), 직장동료, 친구
* 섭생관리: 음식, 보약, 운동, 마인드 컨트롤

8. 제왕절개

날을 잡아 출산하는 것 자체를 경외시하는 경우도 많지만 본인이 갖고 있는 종교적 이념이나 주변의 개입을 떠나 개인의지로 날을 잡아 출산하는 경우도 실제로는 많다. 더욱이 불가피한 이유로 제왕절개 수술을 할 수밖에 없는 상황이라면 좋은 날을 마다하고 굳이 병원 수술 일정에 맞추어 출산할 필요는 없을 듯싶다.

수술 명칭이 제왕절개라고 지어진 것은 정확한 근거에 의한 설은 아니지만 황제인 줄리어스 시저가 수술로 출산을 했기 때문에 붙여진 이름이라 한다. 이유야 어찌되었든 수술명 자체도 최적의 이름이 아닌가 싶다.

제왕절개는 불가피하게 결정할 수밖에 없는 위급상황이거나 산모와 그의 가족 의사에 따라 시행함에 있어 인위적 시술행위임은 분명한 사실이다. 그럼 정상분만 그 자체는 자연적이라고 할 수 있을까? 아님 인위적인 것일까? 제왕절개가 인위적 행위라 탐탁지 않게 여겨진다면 한 번쯤 그 개념 자체를 짚고 넘어갈 필요가 있다는 생각이 든다.

첫째, 제왕절개는 인위적 결과이고 정상분만은 자연적 결과에 관한 사유로 결정짓기에 앞서 출생하는 그 자체가 인위적 작위(作爲)에 해당한다고 볼 수도 있다.

둘째, 입태 및 출생(생산)에 이르는 과정이 자연의지와 인간의지가 함께 결부되어 있다.

아이를 가졌다는 것은 인연에 의한 자연적 결과에 의한 발생이지만 그보다 앞서 외적 작용이 강하게 작용한 것으로 볼 수 있다. 여기에는 상호 평화의 의지로 평등적 화해 의지를 지니고 있으며, 생명 재창조의 의지인 영적 의지와 기타 하늘과 땅의 생명 의지와의 동조에 의한 것이다. 하지만 결혼 자체가 결합의 의지에 의한 만남이고 서로 관계를 맺음으로 인연의 의지와 시공간적 특성을 지니고 있는 것이다. 즉, 만남에서 아이를 가질 때까지의 상황도 인위적 행위에 가깝다는 것이다. 그러므로 제왕절개 시술의 결정을 어떠한 상황이나 이유가 됐더라도 문제를 삼을 하등의 일이 못 되므로 제왕절개에 대한 일방적인 배척은 무리가 따를 수 있다. 그러므로 자연적인 것 또한 인의적인 것이고 인의적인 것 역시 자연적인 것이니 결정은 아이를 낳는 당사자의 몫이 되는 것이다. 그러니 옆에서 왈가왈부할 사항도 아니며, 더 나아가 남의 일에까지 문제를 삼아 가며 지적할 필요도 없는 부분이다.

날을 잡아 제왕절개로 출산을 한다는 것은 태어날 아이의 인격구조의 조직체계를 얼마나 잘 갖추어 출산을 했느냐, 안 했느냐에 따라 잘하고 못하였는지를 결정지을 수 있는 문제이다. 사주를 통해 출산일 범주 내에 가능한 일자를 맞추어 최대한 인격구조의 조직체계에 안정화를 이룰 수 있게 하는 것이다. 인격구조는 종적 구조와 횡적 구조로 크게 나뉘는데 상, 하 종적 기운이 안정되면 지혜롭고 영적이며, 자기 그릇에 맞게 순응적이고 수용적인 인격을 갖추게 된다. 반면 좌, 우 횡적 기운이 안정되면 지혜롭고 평화를 추구하며 분별력을 갖추어 모든 의지가 합성되어 안정적 기운에 의해 아이가 태어날 수 있다.

사주에 의해 정해진 출산 예정일을 전후로 수술날짜를 잡는다고 했을 때 가용일자 범위는 제한적일 수밖에 없다. 연의 기운에 월이 합을 이루고 거기에 일과 시의 기운이 합을 이루어야 하는데 수술이 가능한 날짜와 시간대까지 고려를 해야 하니 참으로 어려운 일이다. 그럼에도 최대한의 인격구조의 조직체계가 안정화될 수 있는 시간인연을 만나게 해 주는 것이 바로 사주를 봐주는 자의 역할이니 한편으론 엄청난 책임이 가중되는 일이 아닐 수 없다. 만약 태어날 아이가 천명(天命)에 의해 부자가 될 인연을 가지고 있다면 소부(小富)가 아닌 하늘이 아는 대부(大富)가 되도록 해 주어야 하지 않을까?

제왕절개가 인위적인가? 자연적인가?

1) 인위적 결과와 자연적 결과에 관한 사유(출생현상의 인위적 행위)

(1) 입태 및 생산의 자연의지와 인간의지
① 입태 및 생산의 자연의지(천생인연)·자연발생적: 외적 작용이 강하다.
·결혼은 결합의 의지(만남)
·교접인연의 의지(시공간적 특성)
·상호 평화의 의지: 평등적 화해 의지
·생명 재창조 의지: 영적의지
·기타 천지 생명의지와의 동조

② 입태 및 생산의 인간의지 [인생(本)인연]·능동의지: 주체의지가 강하다.
·결합 지향적 능동의지
·입태 욕구적 능동의지 (의지외적능력)
·상호 평등적 생산계획의지
·생명재창조 능동의지(의식 또는 영적 작용)
·천지생명 에너지장 동조의지: 현상조건의 발현과 활용

∴ 자연적인 것 역시 인의적인 것이고 인의적인 것 역시 자연적인 것이다.
예) 자연의지 - 햇살이 몸을 녹인다.
　　　인간의지 - 내가 능동적으로 보온을 한다.

예) 볍씨 - 자연적으로 퇴화될 수 있다. / 인위적으로 품종개량을 하여 풍성해진다. 그러
　　나 농약 등 다른 피해를 줄 수 있다.

* 제왕절개: 이름부터가 최적의 조건.
　인위적인 것 또한 당연한 행위일 수 있다.

9. 정명법(定命法)

1) 선사정명(善死定命)

① 시주 합 연월일시 亡: 최고의 善死 (時柱삼합 → 善死)

② 일주 합 연월일시 亡: 善死

③ 일주 + 시주 합 연월일시 亡: 善死

④ 년주 + 시주 합 연월일시 亡: 小善死

2) 악사정명(惡死定命)

① 시주 살 연월일시 亡: 순병사(順病死)

② 일주 살 연월일시 亡: 악병사(惡病死)

③ 년주 살 연월일시 亡: 흉악병사(凶惡病死)

* 악사(惡死)는 부모 전 사망, 환갑 전 사망, 사고사, 돌연사(영혼회생 어렵다.)

3) 기타

· 한을 남기고 죽으면 살이 부드럽지 않고 차갑게 돌아가신다.

· 생의 모든 것을 털고 가면 죽은 후에 다시 몸이 따뜻해져 순환을 한 번 하고 돌아가신다.

· 추운 겨울에 돌아가시면 땅얼음에 얼어 있어 시체를 묻은 후 잘 흙이 닫히지 않는다.

　⇒ 봄에 비가 오기 전 여러 번 흙을 다져주어 풍이 들지 않도록 해야 한다. (한겨울

50cm가량 흙이 언다.)

· 亥自沖, 子自沖은 命門이다.

· 시가 자충을 받으면 명 고비다. 선천은 자손이요, 후천은 본인이다.

· 선, 후천 일주가 합이 안 되고 원진이 되면 건강에 고비가 온다.

· 선천 日沖은 운세고비이고 후천 時沖은 명고비이다.

· 날을 선택할 경우 같은 지지나 반대 지지를 피한다. 삼재 일시와 월년도 피한다. 예) 乙
  亥일에는 辛亥생, 辛巳생은 피한다.

· 命은 후천사주로 따진다.

10. 사신사(四神砂)별 인체 특성

1) 사신사 인체 특성

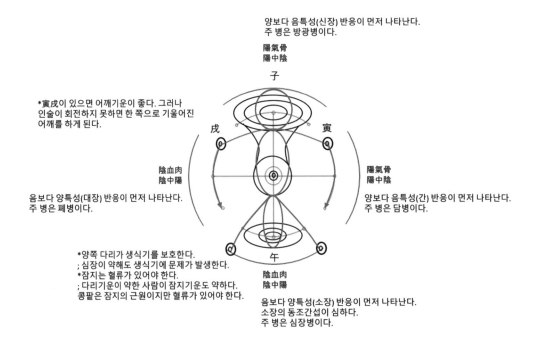

양보다 음특성(신장) 반응이 먼저 나타난다.
주 병은 방광병이다.

陽氣骨
陽中陰

子

*寅戌이 있으면 어깨기운이 좋다. 그러나
인술이 회전하지 못하면 한 쪽으로 기울어진
어깨를 하게 된다.

戌   寅

陰血肉   陽氣骨
陰中陽   陽中陰

음보다 양특성(대장) 반응이 먼저 나타난다.   양보다 음특성(간) 반응이 먼저 나타난다.
주 병은 폐병이다.   주 병은 담병이다.

*양쪽 다리가 생식기를 보호한다.
; 심장이 약해도 생식기에 문제가 발생한다.
*잠지는 혈류가 있어야 한다.
; 다리기운이 약한 사람이 잠지기운도 약하다.
콩팥은 잠지의 근원이지만 혈류가 있어야 한다.

午

陰血肉
陰中陽

음보다 양특성(소장) 반응이 먼저 나타난다.
소장의 동조간섭이 심하다.
주 병은 심장병이다.

2) 좌뇌, 우뇌 특성

· 巳酉丑: 좌뇌(丑)가 발달: 청룡의 두뇌를 가지고 백호 기운을 다스린다. 중심 에너지인 子를 소홀히 하면 단명할 수 있다. 생명에 대한 애착이 없다. 검판사가 많다.

· 亥卯未: 우뇌(亥)가 발달: 백호의 두뇌를 가지고 청룡 기운을 다스린다. 신명나게 놀다가 문제가 된다. 활동가, 예술가가 많다.

∴ 巳酉丑과 亥卯未는 두뇌의 정수 기운은 갖고 있지 않더라도 구조합으로 균형을 이루고 있다. 즉, 중심 에너지를 소홀히 하여 고갈되면 단명한다.

3) 청룡, 백호 기운 특성

· 백호⊖ 申이 기승하면 제패망(者敗亡)이요. 청룡⊕ 辰이 부족한 하강자는 침잠(沈潛)하여 깊이 가라앉는다. 백호는 戌 기운이 최고이다.

· 백호⊖ 申金이 발달하여 들어버리면 여자 어깨가 강해져 청룡(남편, 자식)을 잡아먹는다.

· 여자는 戌 기운이 있어야 지혜, 총명하다. 여자가 申 기운이면 백호를 든다. 申金이 있으면 목이 굵고 사납다.

· 남자는 辰 기운을 가지고 있어야 한다. 여자가 辰일주면 합리적, 명확, 어깨 안정으로 남편이 성공할 수 있도록 뒷바라지를 잘한다. 어떻게든 성공시키려 한다.

· 남자가 申을 가지고 있으면 돈을 쓸어 담는 손목이요. 남자가 辰을 가지고 있으면 출세, 말 잘하는 손목이다.

4) 사신사 대칭 특성

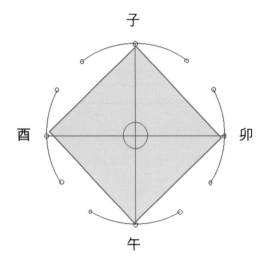

· 선인군자이나 인연 인자를 만나지 못하면 꽉 막힌다.

· 1:1 비례각은 발전 없는 각이다. 좋은 인자(동반자)를 못 만나면 큰 그릇임에도 불구 발전이 없다.

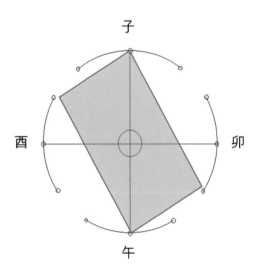

· 이상적 구조각(1:√3)으로 여성적 구조이다.

· 합리적, 동질성(辰 + 戌)이라 투쟁적이지 않다.

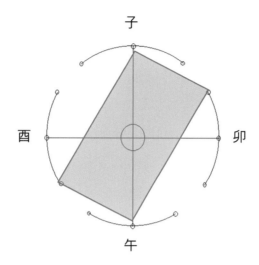

· 이상적 구조각(1:√3)으로 남성적 구조이다.

· 진취적, 추진적, 어질고, 양돌적, 활동적이다.

· 이질성이지만 개혁적, 비판적, 투쟁적이다.

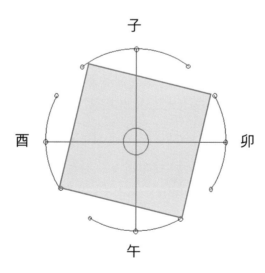

· 寅申巳亥 E場 동조 및 간섭. 동기여부에 따라 수생목, 목생화, 화생금 하여 상생하거나 수극화, 금극목 하여 상극한다.

· 子午가 있으면 巳亥가 더 문제가 온다. (물불이 더 태강)

· 丑未를 만나면 子午가 없어 실속은 없어도 원만하다.

· 辰戌이 가장 원만하다. 그러나 각이 넓지 않은 균형이라 옹졸하여 옆을 볼 줄 모르는 단점이 있다.

· 丑未가 비장 실증이고 뚱뚱하고 습이 많아 우울하여 제일 불행한 사주이나 巳亥를 만나 바람을 쐬어 서로 상생한다. (상호 문제해결)

· 巳亥가 子午를 만나면 巳는 午에 흡수, 亥는 子에 흡수하여 자기자신을 희생시키고 배우자를 위함이다. (본인 단명)

※ 巳亥 대칭구조 시

· 선 巳火병 후 亥水병. (태과불급병이다.)

· 寅申 E場 불급으로 인하여 간인풍, 곤신풍이 入穴에 침범하여 ① 소장에 가스가 찬다 (소장병). → ② 비위 혈장병 또는 신방광 문제 → ③ 중풍으로 이어진다.

   즉, 穴場 궐음풍목병(厥陰風木病)이 온다. 동반되는 병으로 寅申 少陽相火病으로 결국 심장이 불안해 진다. 비위에도 風入되어 중풍이 든다.

· 巳亥병 치료는 丑未 또는 辰戌로 그나마 안정구조로 완전 치료는 잘 안된다.

· 子午는 태과병 발생한다. 亥子는 태강하여 물불 싸움이 더 커지며, 巳午는 불에다 기름 붓는 격이다.

· 巳午未 + 亥子丑 구조는 덤불 싸움으로 가족 모두 죽는다.

∴ 동궁(同宮) E場이 집합 E場보다 더 강하다.

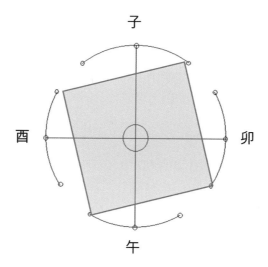

· 辰戌丑未 E場 동조 및 간섭

· 정체 寒氣E場[폐한기(閉寒氣)가 문제다.]

· 土병 → 水병(水沈: 물이 가라 앉는다.) → 목병

· 어미인 火가 土를 살리려다 불이 꺼져 버린다. 태과하면 土가 늘어져서 金을 생하려 하지 않는다. 金이 우울중에 빠진다.

· 지병이 발생한다.

　比和者病(토병) → 我克者病(수병) → 克我者病(목병) → 生我者病(화병) → 我生者病(금병)

· 子午 입력 에너지를 넣어 안정시키는 것이 제일 낫다.

· 진술축미병은 통기를 시키는 것이 우선이다. (子午동기)

· 차선책이 寅申이다.

· 辰戌丑未는 戊己土가 변土화한 것으로 안정화 되어 심장에 무리는 없다. 비위가 태과는 하더라도 허하지는 않다. 비위 자체병이다.

※ 기가 막히면 水이 고여 水병이 제일 먼저 든다. 근본은 명문병(命門病)이다.

※ 사주상으로 土를 辰, 戌, 丑, 未로만 보지 말고 水, 木, 火, 金이 있는 즉, 사신사가 있다고 봐라.

예) 巳酉丑 + 卯 또는 辰, 申子辰 + 午, 巳酉丑, 寅午戌, 亥卯未는 土 기운이 충만하다고 볼 수 있다. (△합 + 그 외 사신사)

　: 역량 申子辰 200%, 申子 150%, 辰子 150%, 申辰 100%

5) 丑 - 未 습토병

· 축미는 같은 동종의 오행이라 타 玄水병보다 덜하다.

· 습토에는 조토가 보약일 수 있다.

· 습토병도 火病이다. 비장에 열이 나고 심장을 압박한다.

· 丑自沖 시 몸이 붓다가 마른다. 습이 마르는 병이다. 신장도 같이 때린다.

· 未自沖 시 몸이 마르다가 붓는다. 습이 차는 병이다.

∴ 亥子丑 모두 신, 방광, 자궁을 모두 다친다. 손이 끊길 수도 있다.

　玄水 自沖은 기골의 병이 골수까지 미치기 때문에 제일 무서운 병이다. 정충 생산까지도 끊긴다.

※ 年月에서 자충은 日時에서 회복될 수 있으나 日時에서 자충을 받으면 회복되기 어렵다. 아들을 못 낳는다. 단, 배필이 日時에 玄水가 있거나 申子辰으로 회복하려고 무던히 노력하면 병든 정자도 살아날 수 있다.

VIII

응용법

은하수를 찾아 연인들이 모인 연천 당포성 전경이다.
인(因)과 연(緣)의 만남은 선하고 아름다워야 행복하다.

1. 운명 보완법

· 조상 묘 에너지장을 보완

· 양택 보완

· 생활 에너지장 보완(음식, 섭생): H, N, C, O 특성에 해당되는 제품

· 성명 보완

· 인간관계(靑木玄水): 내 기운이 부족한 것을 채우는 사람을 찾아라.

· 시간인연(靑木玄水): 내 기운이 도는 시간으로 내가 일할 시간을 정하라.

· 공간인연(일터, 사업특성): 청목 에너지 특성에 해당되는 공간

· 자식농사: 정충 에너지 세력을 키워야 한다. 정충 세력이 약해지는 丑일주나 丑시주에 빠지지 않도록 한다.

∴ 돈 잘 벌고 잘사는 것보다 건강, 균형, 보람, 뜻있게 사는 게 중요하다. 자갈밭의 개똥 처럼 살아도 오래 사는 게 중요하다.

∴ 성공하는 사람은 균형적 사고를 잃지 않는 사람이 성공한다. 경험, 지식, 감정에 살려 고 하지 말고 지혜(균형적 사고)를 가지고 살면 이성적 사고를 하게 된다.

∴ 지식(경험지식)은 한계가 있다. 아이를 키울 때는 교육방법에 있어 균형 있게 키워라. 특성만 살리면 차후에는 참혹해진다.

∴ 처음에는 개성 있는 사람이 성공하지만 균형적 사고를 가진 자가 오래간다.

∴ 숙명은 태어나면 죽는 것이며, 운명은 움직이는 命이다. 타력이 아니라 내 스스로 바 꾸려는 의지가 더 중요하다. 인내와 극기가 있어야 성공한다.

∴ 효율적인 삶

- 패즉승법(敗卽勝法): 지고도 이기는 법 ⇒ 心平安(얻어맞고도 마음 편한 사람) ⇒ 忍[칼 날 같은 마음으로 인내(인내가 강한 사람)] ⇒ 자비(측은지심, 긍휼심, 천지심) ⇒ 同休 心 ⇒ 자각(자아발견) ⇒ 自他(자기와 남) 관계설정 이것이 곧 지혜이다. (예: 사주에 숙

살지기가 있다면 이를 없애도록 하며, 지고도 이기는 법을 배우는 것. 즉 참는 고통을 이겨 내는 것.)

2. 업보와 업장소멸

· 업은 천명(天命)이기에 의지(意志)로 깨는 것이지 의지(意知)로 깨는 것이 아니다.

· 전생업(내전생업 + 부모 업)은 소멸을 해야 한다. 참회와 노력으로 빚을 갚아야 한다.

· 당대에선 해탈이 없고 후손에서 개선되는 것이다.

· 업장소멸은 스스로 소멸해야 하며, 과거, 현재, 미래가 한 대에서 업이 소멸하는 것이 아니라 후대에 가서 개선되는 것이다.

업보는 악한일이나 선한 일을 했을 때 뒤 따르는 응보(應報)나 숙보(宿報)라 하여 선악의 행위에 응해서 화나 복의 갚음을 반드시 받게 되는 것을 말한다.

전생의 업은 내 전생업과 부모업이 더해 갖고 태어난다. 업은 우리가 생각하고 알고 있는 의지(意知)로는 절대 깨지지 않으며 천명에 의한 의지(意志)를 통해서만 깨지고 소멸하는 것이다. 즉, 참회와 노력으로 이생의 빚을 현생에서 갚아야 한다. 그래도 현생에선 해탈이 없고 후손에서 개선되는 것이다. 업장소멸은 누가 해 주는 것이 아니라 나 스스로 소멸시켜야 한다. 또한 그 크기에 따라 한 대에서 모두 소멸되지도 않고 후대에 가서 개선된다. 그래서 천명에 의해 큰 부자가 되었다면 크게 쓰고 크게 운용할 줄 아는 사람이 되어야 하는 것이다. 간혹 선행을 해도 일생을 불행하게 사는 사람을 볼 수 있다. 이는 전생의 악업으로 불행을 받는 것이긴 하지만 지금의 숙업은 다음 생이나 후손들에게 좋은 선업을 받게 되는 과정이라고 보면 된다.

이러한 업보는 지혜를 통해 업보가 전생에서 혹은 현생에서 온 것인지를 정확히 파악해야 한다. 지혜는 총명하게 관찰하고 사물의 진상을 바르게 판단하는 것으로 현실의 감각적 작용으로 전체를 파악하는 초월적 힘을 발휘해야 한다. 또한 응보는 직접적으로 영향을 받는 것으로 전생의 내가 뿌린 씨의 열매인지 아니면 남이 지은 열매를 생각 없이 따먹고 있는 경우인지를 파악하여 남의 농사에 의한 열매는 빚이므로 복을 짓는 노력을 해야 한다.

업은 전생에 악업을 지은 죄로 인하여 받게 되는 온갖 장애, 삼독[三毒: 치심(痴心), 탐심(貪心), 진심(嗔心)]의 번뇌와 오욕심[五慾心: 색(色)·성(聲)·향(香)·미(味)·촉(觸)]이 많아지거나 시기 질투심이 강하고 중상모략을 좋아하는 모든 것이 다 업장이 된다. 또 현생에 가난하거나 게으른 것도 전생의 악업에 의한 업장이다. 업장이 두터운 사람은 정도 수행을 방해하므로 업장이 다 녹을 때까지 끊임없이 참회 개과(改過: 잘못을 고치고 뉘우침)하고 수행 정진하여 업의 되물림을 막아 업장소멸에 무단한 노력을 해야 한다.

※ **참고** 삼독(三毒)은 불교에서 말하는 3가지의 번뇌이다.
· 첫째, 매우 어리석고 못난 치심(痴心)은 현상이나 사물의 도리를 이해하지 못하는 어두운 마음으로 있는 그대로의 모습을 판단치 못하여 번뇌가 일어나게 된다.
· 둘째, 탐심(貪心)은 자기가 원하는 것에 욕심을 내어 집착하는 것으로 명성과 이익을 지나치게 좋아하는 것도 모두 해당된다. 특히 5욕(5慾)인 식욕, 색욕, 재욕, 명예욕, 수면욕 등이 지나치칠 때 탐욕에 해당한다.
· 셋째, 진심(嗔心)은 산목숨에 대해 미워하고 성내며 분노하는 것뿐만 아니라 시기와 질투도 포함된다. 치심은 수행을 함에 있어 가장 큰 허물이며, 다스리기가 어렵다.

3. 좋은 사주

① 아이들이 자랄 때 순조롭게 자라려면 년, 월이 상생해야 한다. 또는 상화(相和)합거해야 한다. - 수생목, 목생화, 화생토

② 연월일시가 수목화토(子寅午戌, 子寅午辰)

③ 대개 日柱는 목화운이 좋다. (월이 木, 일주가 火) → 자기표현을 잘한다.

④ 丙午일주가 좋다.

⑤ 배필은 내 일주와 배우자 일주가 합거해야 한다. 차선은 내 일주와 상대 월주, 내 일주
　와 상대 시주

　　∴ 인생의 전미(全美)도 없고 풍수의 全美도 없다. 완벽함이란 없다.

⑥ 時柱는 17일, 20일에 좋은날이 많다.

※ 사람을 볼 때는 에너지장부터 속발, 속진운을 우선 보고 구조합을 보라.

· 음양합은 남녀 문제에서 적용

· 내가 받고 싶으면 子, 午를 만나라. 제일 그리운 사람은 子, 午로 이를 만나면 실패하지
　않는다. 광명하기 때문이다.

· 주고 싶으면 寅, 辰, 申, 戌을 만나라.

· 반면 子 自沖자는 정신이 왔다 갔다 하여 중심을 잡지 못하기 때문에 보호를 해주되 그
　의 말에 믿음을 갖기보다는 대면함에 있어 조심토록 한다.

4. 자식운, 궁합

1) 아들운

① 時柱가 丑, 卯, 未, 酉 인자는 득남 운이 약하다. 단, 합을 하면 괜찮다.

② 亥巳는 아들운이 늦다.

③ 子午 중심대는 무조건 아들이다.

④ 子는 일찍이 아들이요, 午는 늦게 아들을 본다.

2) 종자 인자를 살리는 방법

① 申년, 辰년에 150% 기운

② 子년에는 200% 기운

③ 午년이 100%의 종자 기운을 갖는다.

時柱가 午, 辰, 巳는 딸 낳고 아들을 낳는다.

申時柱는 너무 강해서 부러지기에 자손이 없다.

양쪽 宮 時柱가 형, 충, 파, 해살을 일으키면 자손궁이 약해진다. 즉, 時가 만나서 두 궁합이 형충파해를 일으키면 자손궁이 약해진다.

예) 부부가 시주에 己卯 시주이면 자손은 어렵다.

寅亥合破: 싸우고 나서 합이 된다. 선흉후길로 亥는 寅의 밥이다. 잡아먹고 나서 배가 부른다.

· 여자가 寅이고 남자가 亥이면 궁합이 좋지 않아 싸운다. 다만 여자가 나이가 많은 연상의 寅은 덜 그러하다.

· 남자가 寅이고 여자가 亥이면 복종하고 산다.

寅巳 형살이나 巳戌원진은 엄청 싸우고 일이 잘 안 풀린다.

* 時에 亥가 있으면 자식운(딸)이 많다. 단, 독거면 자식도 없다. 時에 丑이 있으면 자식운이 없다. (巳酉丑이면 한두 번 실패)

* 여자가 亥, 子가 같이 있으면 성욕이 강하다. 자식운이 많다. 다른 생각 못하도록 계속 애를 낳아야 한다.

* 자손운이 없으면 時柱 좋은 인자를 가진 배필을 만나야 한다.

* 時柱 형충파해살은 자손 궁이 약하다. 자식 없는 불연이면 부모가 불운이다.

· 형충파해살이 있는 申時柱 자손궁을 살펴보면

① 丙申時: 자손궁에 대한 노력가로 희망적이다.

② 甲申時: 실패 후 희망적이다.

③ 庚申, 戊申時: 강손 아니면 무자이다.

④ 壬申時: 자식운이 약하나 희망적이다.

3) 풍수역에서의 궁합

본성인 숙명적 요소는 기질보다 영향력은 더 크나 간접적인 요소이다. 예를 들자면 은은한 방바닥 열기에 엉덩이를 데게 하는 것과 같다.

반면 기질은 직접적으로 바로 때리는 거다. 본성보다 급하며, 기질이 와서 부딪히면 참을 수 없기에 궁합을 볼 때는 기질을 더 우선시해서 보아야 한다.

숙명적 요인에 의해 만났다 하더라도 싸움하고 부딪히고 좋아하는 건 기질적 요인에 의해 작용된다. 고로 기질은 운명적 요소이다.

일반적으로 운명에 지배당하는 사람들의 비율이 75%이다. 일반적 부류의 사람들은 대개 운명을 개척을 못 하거나 뛰어넘지 못하여 운명에 예속되는 사람들로 운명적 요소에 좌우되는 사람들이다. 그 외 지혜로운 25%의 사람들 내에서도 지혜를 구사하는 건 25%밖에 안 되기 때문에 6.25%에 불과하다.

즉, 본마음으로 움직이는 사람은 25%밖에 안 되며, 그중 영혼의 시킴을 받는 사람이 25%이기 때문에 실제 6.25%밖에 안 되는 것이다.

결국 대부분의 사람들은 기질적 요소에 의해서 움직이는데, 기질적 요소가 강한 운명은 감정적 요소에 의해 지배당한다. 원진 역시 본마음보다 몸덩어리 마음이 강해서 원진이 생기는 것이다.

운명적 요소를 벗어나려면 인내하고 용서하고 덕스럽고 겸손해야 한다.

풍수역에서는 궁합을 볼 때 음양보다 구조합이 우선이다.

① 좋은 합 예시: 寅 + 戌, 辰 + 申, 辰 + 巳, 辰 + 午

② 申子辰, 寅午戌, 亥卯未, 巳酉丑은 구조합이면서 풍수혈장 안정E場으로 그 어떤 합보다 우선하다.

③ 배필은 내 日柱와 배우자 日柱가 합거해야 한다. 차선은 내 日柱와 상대 月柱이며, 다음으로 내 日柱와 상대 時柱이다.

※ 배우자의 도움을 받고자 한다면 풍수역의 기준으로 자(子) 혹은 오(午) 인자를 가진 사람을 만나야 한다. 만약 그 인자를 배우자가 가지고 있다면 풍수에서 말하는 현수(玄水)와 주화(朱火)의 에너지를 가지고 있는 것으로 깨끗한 생명수의 기운을 지속적으로 공급받아 건강 유지와 수명을 연장할 수 있으며, 현수의 상대 에너지인 주화를 만나 재물이 축적되어 삶에 안정을 취할 수 있게 될 것이다. 물론 자(子)와 오(午)를 가진 상대는 소모성 기운으로 작용하겠지만 그 또한 상대로부터 인(寅), 진(辰), 신(申), 술(戌) 인자를 만나게 되면 베풀고 싶은 기운이 작용하여 그리 싫지마는 않을 것이다. 왜냐하면 주고받는 연분의 관계가 형성되기 때문이다.

젊었을 때는 혼자 여행하는 것이 편하고 행복한 시간을 가질 수 있겠지만, 그것도 한때이지 삶 전부를 혼자하기에는 너무 외로운 여정일 수밖에 없다. 수도자의 길을 걷거나 전생의 업으로 업장소멸의 길을 걷는 사주가 아니라면 함께 여행할 수 있는 누군가를 만나 인연(因緣)에 의한 과(果)를 맺는 것이 순리일 것이다.

5. 풍수역과 아이 사주

풍수역으로 아이 사주를 미리 볼 수 있으면 아이의 성향을 고려한 교육법 및 방향 설정에 이로운 측면이 많다. 아이들은 수많은 가능성과 진로의 길들을 가지고 있기 때문에 본인들이 그 꿈을 펼치는 데 있어 부모의 도움 없이 이루는 것은 한계에 있을 수밖에 없다. 반면에 요즘은 초등학교를 들어가기 전부터 핸드폰이나 컴퓨터에 빠져 헤어 나오지 못하는 아이들이 많기 때문에 미래의 꿈조차 상실되었거나 편협적 사고의 아이들이 많은 실정이다. 그래서 아이들의 사주를 볼 때는 운명이나 운세에 대한 부분을 제외하고 그 아이가 성공할 수 있는 재능과 교육방법을 찾기 위한 방안으로 활용하는 측면을 고려해야 한다.

우선 사주에 타고난 선천적인 요인들 중 아이가 가지고 있는 기질과 성격이 어떠한지를 살펴보고 그 아이 성향에 맞는 맞춤형 교육을 제안할 필요가 있다. 공부가 사주에 들어 있다면 수학이나 언어적 능력 등을 확인하고 이와 더불어 악기를 다루는 소질이나 미술에 대한 예술적 재능, 운동의 자질과 능력, 그밖에 아이의 관심 분야와 소질 등을 찾아주어 학업에 대한 적성과 장래직업 선정에 도움을 줄 수 있을 것이다. 그리고 부모와 자식 간에 부딪칠 수 있는 성격차이와 아이가 성장하면서 변화할 수 있는 성정(성질과 심정)과 건강문제 등을 상담하는 단계를 가지게 된다.

다만 주의할 사항이 있다. 극기의 기틀을 잘 짜야 아이가 성공적인 인생을 살아갈 수 있다. 성공하는 사람은 균형적 사고를 잃지 않는 사람이다. 사주에 보이는 특성만을 고려하여 맞춤식 인간을 만들게 되면 그 삶이 얼마나 갑갑하고 참혹해지기 때문이다. 아이의 교육방법은 균형 있게 키우는 게 가장 좋은 방식이다. 경험, 지식, 감정에 의해서만 살게끔 하지 말고 이성적 사고를 할 수 있는 균형 있는 교육을 병행 시켜야 함을 잊어서는 안 된다. 경험지식은 어떤 한계에 직면했을 때 헤쳐갈 수 있는 판단을 잘 못하므로 어짊과 의로움, 예의 바르면서 지식을 함께 겸비하여 본인 스스로가 신념이 바로 설 수 있도록 해주어야 한다.

아이를 위해 사주를 볼 때는 이런 부분들을 고려하여 사주를 보면 도움이 될 것이다.

6. 풍수역과 관상

　나의 령을 통해 보는 예지력을 갖고 있다면 관상을 보는 비중을 많이 안 두거나 생략해도 무관하지만, 그렇지 않은 경우라면 사주를 볼 때는 관상을 함께 보도록 해야 한다. 관상도 실제는 풍수나 사주를 다룰 때처럼 마음으로 살피는 것이다.

　풍수역을 볼 때 태어난 연월일시는 알아도 분까지는 잘 모르기 때문에 관상을 통해 보다 더 정확한 미시(微示)적 요인을 살피기 위함이다. 즉, 더 디테일하게 사주의 결과를 보기 위함으로 풍수역의 연주와 월주는 선천 기운에 의한 개괄적인 과거성과 유전성을 보기 위함이며, 시와 분은 미세적인 미래성과 창조성을 보기 위함이다.

　풍수와 사주가 균형안정을 보는 것처럼 관상 또한 얼굴 상(相)의 균형을 보는 것이다. 이마는 초년운이요. 코는 중년운이며, 턱은 말년운으로 이마와 턱이 균형을 이루면 중심이 잡힌 사람이다. 좌우의 얼굴은 풍만해야 한다. 만약 빈약한 사람은 독선이 강할 수 있다. 이는 상하좌우의 균형을 보고 판단하는 것으로 그 사람의 자라 온 환경까지도 알 수 있다.

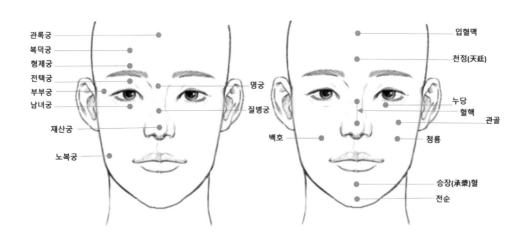

관상 & 풍수(풍역) 관계도

몇 가지를 짚어 보면 코가 잘생긴 사람이 입도 턱도 잘생기기 마련이며 턱의 중심이 기울면 사회적 운도 없기 마련이다. 관자놀이가 발달한 사람은 하늘이 준 부자이며, 이마는 사고적 중심에 해당되어 성격을 들여다볼 수 있다. 양 눈썹의 균형이 맞지 않으면 사고활동이 온전치 못하다. 뒤통수는 내면의 성격을 알 수 있고 앞통수는 외향적 성격이 어떤지를 알 수 있다. 관골은 얼굴좌우의 불균형을 보는 축이 되며, 관골이 길거나 목채선이 긴 사람은 재물복이 좋다. 팁을 하나 알려 준다면 풍수의 기본원리를 관상에 대입하면 상기와 같은 이유를 쉽게 알 수 있다. 관상을 공부하고자 한다면 앞서 풍수의 에너지장론이나 관산법(觀山法)을 우선적으로 배워 둠이 그 이치를 깨닫는 데 많은 도움이 될 것이다.

7. 풍수적 관점에서의 성형

관상은 얼굴의 기색, 균형, 특징 등을 살펴 그 사람의 기운을 읽는 것이다. 특히 얼굴의 균형을 통해 좋고 나쁨의 기운을 볼 수 있다.

코를 예로 들어보겠다. 얼굴의 중심인 코가 잘생긴 사람은 균형을 이뤄 입도 턱도 잘생기는 법이다. 왜냐하면 땅의 기운이 응축된 지점인 혈장(穴場) 내 혈핵(穴核)과 동일한 지점으로 얼굴의 중심부가 되기 때문에 그 기운이 들어오는 코가 좌우 한쪽으로 치우치면 팔자가 흔들리기 때문이다. 코가 정적이어야 마음과 운명이 안정되어 집안 살림, 사업, 출세, 재물도 모두 안정되는 것이다. 만약 코가 상하로 굴곡이 많으면 식구나 직업이 자주 바뀌게 마련이다. 코의 시작점부터 가지런히 형성되어 콧망울이 잘 발달해야만 부지런하여 부자가 되는 상이 된다. 또한 코의 특징을 살필 때에는 코만 보는 것이 아니라 그 주변의 각 부위를 같이 볼 줄 알아야 되며 상하좌우 입체적인 상관관계를 면밀히 살펴보아야 한다.

만약 어떤 사고나 부상으로 코가 부러져 치료를 받았는데 코뼈가 잘못 붙어 삐뚤어졌다면 이는 후천적 요인에 의한 이유로 말미암아 변형이 온 것이다. 이로 인해 얼굴 전체의 상이 균형을 잃고 예전과 같은 자연스러움을 찾아볼 수 없을 때는 기존에 잘 돌았던 그 사람 전반의 기운에 영향을 미칠 수 있다. 그럴 때에는 성형을 통해 사주의 나쁜 기운을 예전처럼 좋게 돌려놓을 수가 있다. 마찬가지로 선천적 영향에 의해 얼굴의 한 부분에 문제가 있다면 성형을 통해 그 균형을 바로잡아 줄 수 있을 것이다. 이는 풍수에서 말하는 비보풍수와 같은 개념으로 보면 된다. 사람이 살고 있는 마을에 바람길을 보완한다든가 물의 범람을 막기 위해 물길을 조정하는 정도로 개선책을 하는 것이다. 만약 애초부터 사람이 살 수 없는 터를 개간하여 나무를 심는다던지 흙이나 담을 쌓아 바람을 막는 비보책을 썼다 한들 좋은 터로 만들어지지 않는다. 즉, 풍수비보도 사람이 살 수 있는 곳이라는 전제조건이 붙는 것이다. 그러므로 얼굴 전체를 갈아엎을 정도의 성형은 좋은 얼굴상이든 나쁜 상이든 전혀 도움이 되지 않는다. 성형도 풍수의 비보처럼 부분적 보완을 통해 전체 균형을 잡아 주는 행위라 할 수 있다.

앞서 사주를 볼 때 관상을 왜 같이 보았는가를 돌이켜 보면 답이 나올 것이다. 성형을 할 때에도 사주를 같이 보고 좀 더 보완이 될 수 있을 경우에 문제점을 찾아 비보 차원으로 하는 것이 적당하다. 일부 연예인들처럼 다 뜯어고칠 심상으로 한다면, 나쁜 기운이 좋은 기운으로 작용하는 일은 절대 발생하지 않을뿐더러 좋은 얼굴상도 성형을 통해 모든 것을 잃게 될 수도 있다. 성형도 내 얼굴에 대한 비보이기 때문이다. 만약 성형을 한다면 비보의 개념으로 접근하길 바란다.

성형수술 중 특히 주의할 점은 눈썹 밑 전택 부분(전택궁)을 쌍까풀 수술 등으로 잘못 건드리는 경우가 많은데, 얼굴의 전택은 풍수에서의 입수와 청룡, 백호를 연결해 주는 부분에 해당되어 물을 공급해 주는 계수(癸水)의 역할을 해 주기 때문에 재산궁에 쌓일 재물의 흐름을 본인 스스로 차단하는 행위가 된다. 성형을 통해 보완하고자 하는 얼굴 부위가 있다면 여러 요인들을 잘 고려하여 수술 여부를 신중히 검토하여 결정해야 하는 것이다.

8. 사주와 색상

나에게 맞는 색상이라 함은 나에게 부족한 기운을 색으로 넣어 주는 역할을 말한다. 목, 화, 토, 금, 수 오행의 기운 중 사주에 없거나 부족한 것을 해당 색상으로 대신하여 옷이나 침구류, 인테리어, 자동차 색상 등에 부여하는 것이다. 본인 사주에 붉은 기운이 많이 도는데 굳이 붉은색 옷을 입어 내 기운을 더 태과(太過)시킬 필요는 없다. 오행의 색상을 부여하는 것은 부족한 것은 채우고 과한 것은 덜어내는 의미로 받아들이면 도움이 될 것이다.

좀 더 색상을 다양화 한다면 색상 혼합표를 응용할 수 있다. 오행의 토 기운은 일반적으로 황금색 혹은 노란색으로 나타내지만 12지지(地支)에서 토(土)는 진, 술, 축, 미 등 네 가지로 분류가 된다. 진(辰)은 목 기운에 귀속된 물을 머금은 양토, 술(戌)은 금 기운에 귀속된 양질의 양토, 축(丑)은 수 기운에 귀속된 습한 음토, 미(未)는 화 기운에 귀속된 바짝 마른 음토라 그마다 색상이 달라질 수 있다. 또한 같은 목 기운이라도 음, 양에 따라 다르며 천간의 기운에 따라서도 색감이 달라질 수 있다. 그래서 나에게 맞는 색상을 볼 때는 오행의 기본색상인 파랑, 녹색, 빨강, 황색, 흰색, 검정뿐만 아니라 다양한 혼합색상으로 알아보아야 한다. 두 가지 이상 부족한 기운이 있거나 태과한 기운을 없애기 위해서는 초등학교 미술시간에 배운 색상 혼합표를 참고하면 활용하기 편하다. 예를 들어 진토 기운이 수, 목 기운과 함께 있으면 짙은 파랑이나 남색의 기운으로 돌기 때문에 수, 목 기운이 부족하거나 진토 기운을 살리고자 할 때는 짙은 파랑이나 남색을 활용하면 된다. 만약 금과 화 기운이 부족하다면 분홍색을 제시할 수도 있으며 좀 더 세분화하면 진분홍, 연분홍으로 나눌 수도 있다. 그러므로 나에게 맞는 색상을 알고 싶다면 사주에 부족한 기운을 찾아 색상을 결정하면 된다. 인테리어 색상을 고려할 때에도 같은 방식으로 색상을 정하여 각 방에 적용토록 한다. 그러나 색상 자체가 그 기운을 발산하는 것은 아니다. 주변의 기운을 끌어오기 위한 보조적 수단이거나 카멜레온처럼 부족한 기운을 감추기 위한 수단이므로 색상을 통해 너무 많은 기대를 해서는 안 된다.

9. 이름 작명법

이름은 세상에 태어나 자신을 표시하는 대표적인 방법이다. 그래서 태명과 본명을 달리하기도 하며 때론 유아명을 따로 갖거나 집안에서만 따로 부르는 이름을 사용하기도 한다.

오늘날 한국인의 이름은 부계 혈통을 나타내는 성(姓)과 개인을 가리키는 명(名)으로 구성되어 있다. 성은 본관(本貫)에 따라 구분하여 가문을 나타내고, 명은 보통 두 음절로 항렬을 넣어 가문의 대수(代數)를 나타내어 같은 혈족의 직계를 알 수 있게도 한다. 항렬은 이름의 끝에 주로 사용하나 이름 가운데에 사용하는 가문도 있다.

이러한 한자체계의 이름 사용은 중국의 경우 남북조시대 송서(宋書)[15]에 따르면 이 시기에 처음 성(姓)을 사용한 것으로 조사되며, 한국의 경우 우리가 잘 알고 있는 혁거세(赫居世)나 알지(閼智), 수로(首露)에 대해 성씨가 붙여진 내력이 없다 보니 통일신라 이전에는 성씨가 붙여져 사용되지 않은 것으로 보이긴 하나 삼국시대 금석문을 통해 지명을 이용한 성씨 사용이 간헐적으로 있었음을 확인할 수 있다. 이후 후대에 가문과 혈통을 중시하면서 본관과 결합되어 붙여진 성과 이름이 함께 사용하기 시작한 것은 신라가 삼국을 통일한 676년 이후부터 시작되어 조선시대에는 양반과 양민들 모두 상용화하여 지금까지 사용되고 있다.

그러나 요즘에는 항렬자를 따르지 않거나 순우리말, 종교 인명, 영어 이름 등을 사용하여 작명하는 이름이 자주 눈에 띠곤 한다. 시대의 흐름의 반영이니 어떤 식의 방식을 따르든 좋다 나쁘다는 할 수 없으며, 이름을 불렀을 때 발음이 정확하면서 이름의 뜻을 좋게 짓는 것이 중요하다. 그러기 위해선 음양오행, 수리(數理), 사주(四柱) 등을 고려하여 그에 맞는 이름을 지어야 할 것이다. 작명법에는 학파에 따라 여러 방식이 있는데 음령오행(音靈五行), 수리, 역상(易象), 용신(用神), 삼원오행(三元五行), 측자파자(測字破字), 곡획(曲劃), 신살(神殺), 소리 성명학 등이 있으며 그중 가장 많이 활용되는 방식은 음령오행과 수리 성명학이다.

---

15   송서(宋書): 488년 심약이 편찬

필자의 경우에는 사주를 우선시하며 음령오행의 배합을 이루게 하고 이름에 의미를 부여하여 길격과 사격의 수리를 배합하는 정도로 보고 있다. 요즘은 작명에 대한 책자도 잘 나와 있기 때문에 여러 작명법을 잘 고려하여 본인이 선호하는 방식을 취하여도 된다. 다만 이름을 지을 때는 신중을 기해야 하므로 어떤 방식이든 주의사항 등을 꼼꼼히 살펴 출생신고 기간 내 여유를 두고 작명하길 권한다.

현대에는 이름을 많이 부르기 때문에 무엇보다 소리음양에 역점을 두어 이름을 짓기는 하지만 아직은 주민등록증이나 등초본에는 한자가 기입되어 신분 확인용으로 사용되고 있고 특히 계약서가 필요한 문서상에는 아직도 도장 등을 사용하는 문화가 남아 있기 때문에 한자의 획수에 따른 수리배합도 고려해야 한다. 그러므로 한자가 내재하고 있는 음의 뜻 의미까지도 잘 파악한 후에 신중히 결정하는 시간적 여유가 필요하다. 그리고 한자의 경우 특히 획수 적용에 주의를 해야 한다. 한자는 획수를 따지는 법이 두 종류인데 이름(성명)에 있어선 원래의 부수로 획수를 계산하는 원획법(元劃法)을 적용하고 있다. 일반적으로 획수 그대로를 따지는 것을 필획법(筆劃法)이라 하여 옥편에 나와 있는 획수를 말한다. 의미에 있어선 원획법은 사람의 정신과 같고 필획법은 외형에 비유되기도 하여 작명에 있어서는 원획법을 원칙으로 하고 있는 것이다. 예를 들어 한자에 삼수변(氵)이 들어 있으면 3획으로 보지 않고 원 글자인 물수(水)자로 계산하여 4획이 된다. 그러므로 淸(맑을 청) 자는 11획이 아닌 12획이 되는 것이다. 그리고 숫자에 해당하는 一(1)부터 十(10)은 그 숫자의 뜻 자체가 획수가 되어 七(7)은 2획이 아니라 7획이 되니 참고토록 한다.

성명학은 그 자체로도 내 운명에 최대 6.25%의 영향력을 발휘할 수 있다. 운이 약한 사람이라면 비보책으로 활용할 만한 방패의 수단이 될 수도 있는 셈이다. 물론 운명을 바꾸는 최적의 방법으로는 삼간(三間)인연에 해당하는 인간, 공간, 시간인연이 최고이겠지만 갑자기 해결해 줄 수 있는 수단적 방법은 아니기 때문에 지푸라기라도 잡는 심정으로 가장 손쉽게 할 수 있는 방법 중 하나라 생각된다.

물론 운이 강한 사람은 그 영향력이 5% 남짓하기 때문에 큰 비중을 둘 필요가 없겠지만 갑자기 어떤 수단도 강구하기 어려운 사주를 지니고 있다면 개명을 통해 막힌 운을 풀어보는 방법도 고려해 볼 필요가 있다.

이름은 사주에 부족한 기운을 넣어 주는 것이다. 사주가 좋지 않을 경우 일반적으로 좋지 않은 글자는 가급적 사용하지 않으니 이런 점도 충분히 고려하기 바란다. 또한 이름을 지을 때는 사주에 자충(自冲)이 있거나 기운이 한쪽으로 쏠려 있어 기운을 설기시키고자 할 때 혹은 반대로 사주에 기운이 약하거나 부족할 때는 상승시키도록 해야 하므로 작명을 할 때는 사주의 기운을 정확히 읽고 이름을 짓도록 해야 한다. 작명은 많은 시간과 공을 필요로 하는 개선책 중 하나임을 참고토록 한다.

1) 陰陽

· 陽數 에너지장: 1, 3, 5, 7, 9 - 陽(○)의 數 - 기수(奇數)
· 陰數 에너지장: 2, 4, 6, 8, 10 - 陰(●)의 數 - 우수(偶數)

(1) 음양이 잘 배합된 경우

○○●   ○●○   ○●●   ●●○   ●○●

(2) 음양이 잘 배합되지 않은 경우

○○○   ●●●   ○○   ●●

2) 사주의 강약 적용

· 사주가 강하면 생하는 받는 순으로 작명: 목 → 화 → 토 → 금 → 수 → 목
· 사주가 약하면 생을 주는 순으로 작명: 목 ← 화 ← 토 ← 금 ← 수 ← 목

3) 작용력

· 사주는 25%, 이름 6.25%의 작용력을 갖는다.

4) 수리 원리

· 陽 에너지가 길하다. 예) 31획

· 陰 에너지가 흉하다. 예) 32획

· 집합 에너지 陽은 좋다. 예) 3획 × 8 = 24획(24획 안에는 음양이 모두 있기 때문에 천지를 뒤엎는다.): 2에 집합 안 좋다, 3에 집합은 길이다. [단, 9(3 × 3 양수의 종결), 12(2 × 6 음과 음의 합장), 27(3 × 9 양수의 종결) 제외]

· 陽克者는 흉이다. 예) 19, 39, 49 (단, 음2와 양9가 화합한 29획은 可하다.)

· 陰克者는 흉하다. 예) 10, 20, 30, 40

∴ 水(9, 10획)에 빠지면 흉하다. 10획은 항상 함정에 빠지지 않도록 조심, 9획은 항상 오 버하지 않도록 조심한다.

· 陰에너지 집합 에너지장은 흉하다. 예) 2의 배수

· 音에너지 중복을 피한다. 예) 덕경 (ㄱ + ㄱ)

· 25획은 선인군자 사주이다. (5 × 5)

(1) 숫자가 지닌 의미

숫자는 흔히 계산을 하기 위해 사용되지만 이치를 담은 상을 표현하기 위한 상수로도 사용되고 있다. 고대부터 모든 만물에는 기가 내재되어 있고 기에는 항상 현상이 따르고, 현상은 숫자로도 표현되어진다.

하늘과 땅의 큰 틀을 동양에서는 음양으로 구분하였는데 양은 뻗어나가려는 성향과 드러내어지는 성질로 양의 수에 있어서는 홀수(1, 3, 5, 7, 9)가 해당된다.

반면 음은 드러내기를 싫어하고 움츠리는 성질로 음의 수에 있어서는 짝수(2, 4, 6, 8, 10)가 여기에 해당된다.

또한 숫자는 풍수의 방위로도 중요한 질서와 의미를 가지고 있다.

동쪽(인, 묘, 진)의 방위는 만물을 태어나게 하는 기운으로 절기상으로는 봄과 같으며, 그 성질이 곧게 올라가는 나무(木)와 같고 숫자로는 양의 3과 음의 8에 해당한다.

남쪽(사, 오, 미)의 방위는 만물을 발전하게 하는 기운으로 절기상 여름과 같으며 그 성질이 불(火)과 같고 숫자로는 양의 7과 음의 2에 해당한다.

서쪽(신, 유, 술)의 방위는 만물을 거두는 결실의 기운으로 절기상 가을과 같으며 그 성질이 쇠(金)와 같고 숫자로는 양의 9와 음의 4에 해당한다.

북쪽(해, 자, 축)의 방위는 한 주기를 문 닫고 쉬는 기운이자 새로운 준비태세를 갖추는 겨울과 같으며 그 성질이 물(水)과 같고 숫자로는 양의 1과 음의 6에 해당된다.

동, 서, 남, 북의 중심에는 흙(토)의 기운이 자리하고 있어 바퀴살처럼 모든 기운이 순환될 수 있도록 하는 역할을 하며, 숫자로는 양의 5와 음의 0에 해당한다.

10은 네 개 방위의 정중앙에 위치하는데 모든 것을 완벽히 중재하고 완성시키는 완성수로 인간사에 있어선 자칫 과욕과 자만에 빠질 수 있는 수이기도 하다. 즉, 1은 만물이 시작하는 첫 양의 기운이며, 2는 1에서 만들어진 두 번째 숫자이다. 양의 1과 음의 2가 그 기운을 더해 최초의 형태를 갖춘 모습이 3의 양수이며, 3의 수는 동서양을 막론하고 성스러운 숫자로 여기는 삼위일체의 수이기도 하다. 양수인 7도 동서양 모두 좋아하는 숫자 중 하나인데 그 성향이 태양과 같고 성장의 기운이 가장 큰 의미를 지니고 있기 때문이며 가장 역동적이고 활발한 기운을 지니고 있다.

반면 양의 9는 분열과 성장하게 하는 양수 중 마지막 변화 단계를 뜻한다. 따라서 달이 차면 기울듯 성장의 끝에는 반드시 반대 기운이 순환적으로 올 차례이기 때문에 그 과정에서 큰 충돌이 생기게 되는데 이에 자칫 스스로 넘어가는 부정적 의미가 더 크게 작용하는 숫자이기도 하다. 살기가 서리고 기후로는 서리가 내리며, 추수된 결실에는 설익은 열매가 섞이기 마련인데 바로 옳고 그름에 시시비비를 가리는 심판의 기운을 가진 숫자가 바로 9이다. 그래서 9라는 양의 수를 무조건 좋지 않은 숫자로 여기게 된 것이다. 또한 9와 같은 방위에 있는 음의 4는 죽음의 숫자로 불길하게 생각하는 경우가 높으며, 이 두개의 수를 더하면 13이 되며 음양오행의 원리에 있어선 스스로 충돌되는 자충수가 되어 더욱더 불길한 숫자로 여기게 되었다. 그러나 양의 9는 양수의 맨 끝에 해당되어 장수와 부귀를 뜻하는 의미를 지니고도 있기에 편협된 부정적 의미가 너무 강조된 측면이 없지 않다.

숫자는 양날의 검처럼 장, 단의 의미를 모두 부여받고 있기에 남들이 싫어하는 숫자라 하여 무조건적이고 일률적으로 싫어해서는 안 된다. 자칫 행운의 여신이 찾아오지 않을 수도 있다. 즉 본인의 사주에서 부족한 기운을 채우는 지혜를 가져야 한다. 예를 들어 목 기운이 부족한 이는 3, 8 중 하나를 취해야 상생의 기운으로 돌 것이며, 마찬가지로 금 기운이 부족한 이는 4, 9 중 하나를 취해야 한다. 반대로 태강할 시에는 해당 숫자를 조심할 필요가 있는데, 예를 들어 금 기운이 태강할 시에는 4, 9의 숫자를 조심해야 한다. 그러므로 그 숫자 자체를 무분별하게 좋아하거나 싫어하는 것이 아니라 그 의미가 부여된 생각과 행동 등을 고려하여 판단할 수 있도록 좀 더 심오한 마음으로 생각해 보았으면 한다.

5) 음양오행

· 이름이 화극금, 수극화하면 개혁자가 많다.
· 사주에 火가 있으면 창고운이다. : 성명이 火金도 괜찮다.

6) 소리(발음)오행

훈민정음 운해에 기술된 소리오행 기준

발음	오행	오음	소리특성	발음기관
ㄱ ㅋ	木	각음(角音)	나무를 두들겨 솟아오르는 힘찬 소리	아음(牙音) 어금니 소리
ㄴ ㄷ ㄹ ㅌ	火	치음(徵音)	불이 타올라 흩어지는 듯한 소리	설음(舌音) 혓소리
ㅇ ㅎ	土	궁음(宮音)	울려 퍼져 평탄하고 광활한 소리	후음(喉音) 목구멍소리
ㅅ ㅈ ㅊ	金	상음(商音)	쇠가 마찰을 내는 맑고 청명한 소리	치음(齒音) 잇소리
ㅁ ㅂ ㅍ	水	우음(羽音)	물이 흐르듯 부드럽게 퍼져나가는 소리	순음(脣音) 입술소리

(1) 소리오행의 기준

이름을 지을 때 한글의 소리음양의 역학적 구조를 잘 살펴 짓는 것이 작명이다. 옛날에는 글 중심이었기 때문에 한자의 횟수나 모양을 중시하였으나 현대에 이르러 이름은 주로 부르는 용도로 더 많이 이용되기 때문에 소리 중심의 발음에 따른 작명을 더 중시하고 있는 추세이다. 그래서 작명 시에는 오행에 해당하는 오음을 정확히 이해를 하고 있어야 한다. 특히 근래에 들어 모음의 발음오행에 대해 의견이 분분하기에 그 판단기준을 명확히 하고자 한다.

한글은 1446년 세종대왕(세종 28)에 의해 훈민정음이 창제되었다. 당시 '훈민정음 해례' 원문에는 '입술소리는 궁음(순음)이며, 오행은 土에 속한다.', '목구멍소리는 우음이며 오행은 水에 속한다.'고 되어 있다. 그러나 현재, 우리가 일반적으로 알고 사용하였던 입술소리는 우음으로 水에 해당하며, 목구멍소리는 궁음으로 土에 속한다.

훈민정음 해례와 훈민정음 운해 오행 차이

	훈민정음 해례	훈민정음 운해
오행(토)	궁음(입술소리)	**궁음(목구멍소리)**
	ㅁ ㅂ ㅍ	**ㅇ ㅎ**
오행(수)	우음(목구멍소리)	**우음(입술소리)**
	ㅇ ㅎ	**ㅁ ㅂ ㅍ**

한글창제 당시에는 많은 학자들에 의해 토와 수의 오행이 지금과는 달리 바뀌어 사용되었으며, 이후 1750년(영조 26) 신경준(1712~1781, 문신, 실학자)에 의한 국어 음운연구서인 '훈민정음운해'부터 한글음의 소리오행이 재분류되어 현재까지 그 기준에 따르고 있는 것이다. 일제강점기 때에도 우리말과 글의 연구를 목적으로 조직된 '조선어학회'를 비롯하여 지금에 이르기까지 어느 공식기관에서도 이 부분에 있어 문제시 하지 않았으나 '세종작명연구원'이라는 사설기관에서 한글창제 당시 '훈민정음 해례' 사례를 들어 제기하였던 사항이다.

그런데, 한글 창제 시에는 소리가 생성되는 인체기관의 특성에 기인하여 오행을 결정한 것으로 보이며, 후대에는 소리글자인 한글의 역학적인 소리의 음양에 따라 재정립하였기 때문에 의심할 필요가 없어 보인다. 더욱이 목구멍소리인 궁음은 입의 중앙부에 해당하여 대부분의 발음기관에 土의 소리음이 내재되어 있으며, 입의 중앙부에 해당하지 않는 입술소리가 모든 오행의 중심부에 해당하는 土 기운에 해당될 수 없기 때문에 이치상으로 맞지 않기 때문이다.

발음기관별 내재된 소리오행

음	발음기관	신체기 비중	내재된 음	내재된 음
목음 (木音)	아음(牙音) 어금니소리	목항 간기(肝氣) 70~75% 목항 신기(腎氣) 25~30%	목, 수, 화에서 목이 표출	목기 75% 수기 25%
화음 (火音)	설음(舌音) 혓소리	화설 심기(心氣) 70~75% 화설 비기(脾氣) 25~30%	화, 토, 목에서 화가 표출	화기 75% 토기 25%
토음 (土音)	후음(喉音) 목구멍소리	토구중(土口中) 비기(脾氣)	토, 화, 금, 목에서 토가 표출	
금음 (金音)	치음(齒音) 잇소리	금치 폐기(肺氣) 70~75% 금치 비기(脾氣) 25~30%	금, 토, 목에서 금이 표출	금기 75% 토기 25%
수음 (水音)	순음(脣音) 입술소리	수순 신기(腎氣) 70~75% 수순 비기(脾氣) 25~30%	수, 목, 토에서 수가 표출	수기 75% 토기 25%

근본 오행성(五行性) 수(水)와 근본 음성(音性) 목(木)은 서로 동포로 성격이 비슷하다.

한글은 소리역학의 음양에 의해 한글음이 지닌 역학적 특성을 잘 살펴 사주와 부합되게 작명을 해야 한다. 어느 것이 옳다 그르다는 아직도 의견이 분분하지만 지금까지 국어시간에 배운 소리운행이 변경될 여지는 없어 보인다. 즉, '훈민정음 운해'에 따르는 성명학 기준에 의의를 둘 필요가 없다는 결론이다.

(2) 올바른 소리오행

木火土, 火土金, 土金水, 金水木, 水木火

水金土, 金土火, 土火木, 火木水, 木水金

7) 이름의 받침

· ㄱ: 흩린다

· ㄴ: ㄱ보다 좋다

· ㅂ, ㅇ: 좋다

· ㅁ: 간히니까 움직이지 못해 좋지 않다.

8) 기타

· 이름은 양명해야 한다.

· 음기는 가라앉으려 하며, 양기는 솟아오르는 기운이다.

· 끝 자가 희, 수, 우, 후는 가급적 안 쓰는 것이 좋다. 중간자에는 수, 우, 후가 있으면 고생
  한다. 단, 제, 재는 무결(無結)이 아니다. 옆 획은 음양이 있어서 괜찮다.

· 은빛은 가라앉는다. 금은 양이요, 은은 음이다. 이름에 '은'자를 가능한 쓰지 않도록 한다.

· 균(X), 宇(우): 우는 글자로 쓰지 마라. 이름의 가운데에 있으면 선천에 울며, 끝에 있으
  면 후천에 운다.

10. 상호 작명법

이름 작명법을 기준으로 하여 다음의 사항을 고려하여 작명토록 한다.

① 풍수역의 보완명일 것

② 사업특성을 보완할 것

③ 가급적 목화 명운일 것

④ 음률이 단조로울 것

⑤ 음률이 어려움이 없을 것

⑥ 오행이 상생일 것

11. 날을 잡는 법

① 사주가 좋지 않은 경우: 내 일주에 삼합을 맞춰라.

② 사주가 좋은 경우: 내 부족한 인자를 심워라.

③ 가족이 많은 경우는 가장 약한 사주를 가진 자에게 맞춰라.

④ 가족이 적은 경우는 나 중심으로 날을 맞춰라.

⑤ 가급적 陽 인자 일자에 맞춰라(음양합).: 내 일주가 음인 경우

⑥ 이사 날짜는 불급인 용신을 넣어 줘라. 그래야 편안해진다. (불급을 보강) 태과한 날은
태강해진다.

⑦ 일진은 그해의 이합, 삼합으로 만나는 날이면서 나에게 맞는 날로 결정한다. 형충파해
살이 있는 날은 불리하다.

* 사람의 만남은 항상 陽⊕日辰, ⊕時에 면접요함. 반면, 陰⊖日辰, ⊖時는 불가하다.
  (丑, 卯, 酉, 未 피할 것)

* 책력과 풍역이 모두 ⊖으로 대면하면 헷갈리는 날이다.

* 예시: 일주 중심으로 부족인연을 찾아라.

ex) 己丑年에서 사주가 巳·酉를 가졌을 경우

· 일주 중심으로 부족인연을 찾아 날을 정한다.

· 辰날은 태강하므로 차라리 '子'일을 택하라

· 짚풀이라도 베게끔 '卯'일을 택하라

· '未'일은 巳酉丑을 안아 주어 부드러워 진다.

∴ 巳酉丑은 숙살지기라 쓸 수 있는 날이 별로 없다. (좋은날: 子, 卯, 未日)

12. 손 없는 날

　손 없는 날은 조선시대에 천문과 지리에 능통한 승려 영관(靈觀)의 저서 『잡록(雜錄)』에 의해 그 유래를 찾아볼 수 있다. '손'에 대한 생활적 풍속은 불교가 탄생한 인도의 여러 종파 가운데 천문학을 다루던 밀교에 의해 비롯되었으며, 우리 민족은 삼국시대 초기 불교가 전래된 시점부터 줄곧 우리의 민속신앙으로 지금까지 영향을 미친 것으로 보고 있다.

　'손'은 손님을 줄여 '두신(痘神)'으로 '두렵다'라는 뜻으로 보기도 하지만 그보다는 '손실'이나 '손해를 보는 날'의 뜻으로 손 없는 날은 예부터 악귀나 악신이 활동하지 않는 날로 이사, 혼인, 행사 등의 각종 택일의 기준으로 삼고 있다.

　손 있는 날은 음력의 끝수를 기준으로

　동 방위에 손이 있는 날은 끝수가 1, 2일로 끝나며

　남 방위에 손이 있는 날은 끝수가 3, 4일로 끝나며

　서 방위에 손이 있는 날은 끝수가 5, 6일로 끝나며

　북 방위에 손이 있는 날은 끝수가 7, 8일로 끝나는 날로 이동수에 조심을 기하였다.

　반면, 손 없는 날은 음력 기준으로 끝수가 9, 0일로 끝나는 날로 9일, 10일, 19일, 20일, 29일, 30일에 해당하며 동양역법 특징에 따라 열흘 간격으로 순환을 하고 있음을 알 수 있다. 그리고 특히 음력그믐인 29, 30일을 손 없는 날로 가장 많이 이용하고 있다. 그러나 손 없는 날에 대한 동서양 어디에도 과학적 근거가 부족하며 천체 순환적 역법에 근거한 사주이론에도 부합되는 부분을 찾아볼 수 없다. 단순히 2천 년간 이어진 민속적 풍속이자 관습에 의한 미신적 성향으로 보아야 할 것이며, 이삿짐센터에서 제공하는 손 없는 날에 치중하여 비싼 가격에 이사를 갈 필요가 없어 보인다. 그럼 이사 일자를 어떻게 잡는 것이 더 좋은 길일이 될까?

날을 잡는 법은 손 없는 날과 무관하게 일주 중심으로 부족인연을 찾는 것이며, 또한 안정을 추구하는 날로 정하는 것이다. 해당 일에 음양합이 들어오더라도 가지고 있는 기운이 오히려 태강하여 넘친다면 좋은 날이라 할 수 없다. 차라리 음양합을 이루지 못하더라도 상대적으로 안정적 기운이 들어오는 날을 정하는 것이 나을 수 있다. 아니면 집의 세대주 기운보다 가족 중에 취약한 사주가 있다면 배우자건 자식의 사주에 맞추어 부족인연을 찾는 것도 하나의 좋은 예이다.

이사 날짜는 불급(不及: 일정한 수준 이하)인 용신(用神: 부족한 것을 보완할 수 있는 기운)을 넣어주는 것이다. 그래야 편안해진다. 그리고 꼭 명심해야 할 것은 무엇보다 소중한 내 가족이 최대한 균형안정을 취할 수 있는 날이 우리 가족에게 손 없는 날이라는 것을 잊지 말아야겠다.

13. 자살(自殺)

① 일주가 自沖 받아서 형충파로 두 번 얻어맞을 경우

② 自沖 후 자묘형살인 경우

③ 子가 自沖 후, 午卯파살, 丑午원진, 午酉해살을 만나는 경우로 자살자는 입수맥이 끊어진 것이다. 즉, 子 기운이 끊어진 것이다.

④ 卯酉일주가 깨져서 일주에서 회돌이 치는 경우

⑤ 후천에서 自沖후 時柱하고 日柱가 회돌이 치면 내 몸이 없어져 명운이 짧아진다.

⑥ 자살 충동자

　· 酉金 인자가 독거 시. 酉金은 음중에 음이다.

　· 亥나 丑에 빠지면 우울증

　· 卯 陰氣体가 강하게 발동할 시

· 巳未도 우울증

14. 살풍(殺風)

술건해풍(戌乾亥風): 입혈맥 단절, 자손단절 제일 사나운 바람이다.

미곤신풍(未坤申風): 백호와 주작 연결처로 창고문이 열려 있어 전이 나간다. 단손, 절손이 많다.

축간인풍(丑艮寅風): 청목 기운이 끊어지니까 丑이 무너진다. 자손절단.

진손사풍(辰巽巳風): 관록, 출세 단절. 도중 낙마.

辰戌丑未는 과맥처(점)이다. 四風이 위험하다. 과맥점이 나간 것이다. 과맥 과정에 따라서 자손이 결실 허약하다 본다.

· 上根(상근)이 끊어지면 건강과 자손이 불길하다.

· 턱이 죽으면 낙마한다.

· 코 과맥, 귀 과맥, 턱 과맥은 천이궁(遷移宮: 얼굴 좌우 눈썹 끝 부위)과맥

얼굴 상근 좌, 우 丑이나 戌이 들어간 사람은 일을 하다 중단한다. 끈기 없다.

얼굴 하근 좌, 우 未나 辰이 들어간 사람은 반항한다.

* 風을 피하는 방법: 3척을 더 깊이 파면 50~100년은 風을 피할 수 있다.

* 현수역(玄首逆): 逆이 제일 크다. 조상역이라 윗사람을 친다. 흉중의 흉이다. 子孫을 음해한다.

* 턱이 두 개면 남의 모함에 빠진다. (주작역, 사회역, 사회모함)

* 뒤통수가 두 개면 모함에 빠진다. (현수역)

15. 삼재

혼히들 일이 잘 안 풀리면 제일 먼저 물어보는 것이 삼재 여부가 아닐까 싶다.

삼재(三災)는 9년 주기로 3년간 들어오고 나간다. 첫해를 들삼재라 하며, 둘째 해를 눌삼재, 셋째 해를 날삼재로 부른다. 그중 삼재가 들어오는 들삼재가 가장 위험하다.

내가 삼재에 해당되는 연도인지 확인하는 방법은 삼합(구조합: 신자진, 인오술, 해묘미, 사유축)을 기준으로 네 가지로 분류하여 삼합의 마지막으로 불리는 띠 해를 포함한 3개년을 삼재해로 본다. 예를 들어 태어난 해가 신자진(申子辰)년에 해당하는 원숭이, 쥐, 용띠 해는 마지막에 불리는 진(용)띠 해를 기준으로 앞선 호랑이해가 들삼재, 그다음 해인 토끼해가 눌삼재가 되며 용띠가 삼재가 나가는 날삼재에 해당된다.

그럼 삼재는 어떤 기운이기에 나쁘다고 보는 것일까? 우주의 천체 에너지와 지구의 지기 에너지가 서로 조화를 이루기 위해 항상 균형을 유지하고 있지만, 그 과정 속에 해당 연도에 해당하는 사람의 기운(에너지)이 흔들리는 불균형을 초래하기 때문에 삼재가 들어오는 것이다. 그래서 삼재 때에는 사람의 기운이 천기의 기운에 뺏기지 않도록 조심해야 하는 것이고 그 기운이 들어오는 첫해(들삼재)를 가장 위험하게 생각하는 것이다. 이를 사주의 논리에 의해 풀어 보고자 한다.

신자진(申子辰)은 오행 중 수기(水氣)에 해당하는 인기(人氣)를 가지고 있는데, 인, 묘, 진(寅卯辰) 목기(木氣)에 해당하는 천기(天氣) 에너지를 연분을 만나면 물이 나무를 생하는 설기(洩氣: 기운이 세어 나가는 것) 현상이 일어나 寅, 卯, 辰년에 해당하는 3년간 파살이나 해살의 기운으로 당하는 것이다. 이와 같이 원숭이(申)생은 호랑이(寅)해에 하극상의 해를 입으며, 토끼(卯)해에 원진살을 만나 용(辰)해에 물이 나무를 생함이 설기되어 원숭이의 금 기운과 용의 목 기운이 대립하게 된다. [용은 토(土)에 해당하는 기운이나 목(木) 기운에 귀속되어 있어 목 기운의 특성을 가지고 있다.]

쥐(子)생은 호랑이해에 수(水)에 의해 목(木) 기운이 생하여 설기하니 토끼(卯)해에 형살을 만나 지속되다가 용(龍)해에 자(子)와 진(辰)이 반합을 이뤄 합수(合水)가 되나 용의 목 기운에 설기됨과 더불어 용의 土 기운에 당하여 결국 삼재살이 된다. 용(辰)생은 호랑이(寅) 해에 하늘의 木 기운이 사람의 土 기운을 극하니 피할 사이 없이 설기되며, 토끼해를 만나 이 역시 하늘의 목 기운에 의해 사람의 토 기운이 해를 당한다. 용해에는 같은 토(土) 기운으로 합을 이루어 즐거운 듯하나 수(水)에 해당하는 인기(人氣)가 천기(天氣) 진토(辰土) 기운에 극을 받고 목(木)기에 귀속된 진목(辰木)에 의해 설기되니 그 연분에 속아 커다란 해를 입게 되는 것이다.

잠깐 언급한 내용으로 전체를 이해하기는 힘들겠으나 이런 과정에 의해 해당 띠의 사람들이 삼재의 과정을 밟게 된다.

내가 어떤 해에 삼재가 들어 있고 이를 안정하게 넘길 수 있는 균형의 합이 사주에 있는지를 확인하고 대처하는 지혜를 발휘해야 한다. 삼재는 천체의 기운에 의한 것이라 너무 멀다고 생각하여 무시했다가는 파살(破殺) 이상의 기운으로 한방에 나가떨어질 수 있으니 혹여 삼재에 감기라도 걸리게 되면 약 처방 잘 받고 꼼짝 않고 방에 누워 있는 것이 살 수 있는 비방책이라 할 수 있다.

띠별 삼재

사람 기운(人氣)	천체의 기운(天氣)			비고(삼재년)
태어난 띠	들삼재	눌삼재	날삼재	
원숭이, 쥐, 용	호랑이(寅)	토끼(卯)	용(辰)	인묘진(寅卯辰)
호랑이, 말, 개	원숭이(申)	닭(酉)	개(戌)	신유술(申酉戌)
돼지, 토끼, 양	뱀(巳)	말(午)	양(未)	사오미(巳午未)
뱀, 닭, 소	돼지(亥)	쥐(子)	소(丑)	해자축(亥子丑)

16. 사주를 통한 생사 구분

풍수에서 산과 강과 같은 지형을 보는 방법에는 간산법(看山法)과 관산법(觀山法)이 있다. 간산법은 육체식이라 하여 직접 눈으로 중요한 부분을 살피는 것이다. 그래서 안식(眼識)이라 하여 안목과 식견을 가지고 지형의 좋고 나쁨을 분별하는 방법이다. 반면 관산법은 심령(心靈) 즉, 마음으로 살피는 것이다. 영적 통찰력으로 알아지는 것인데 생각지 아니해도 알아지고 마음으로 어느 곳이든 관(觀)하는 대로 알아지는 그 자체이다. 그래서 풍수인들도 간산법을 넘어 관산법으로 산을 볼 줄 알아야 한다. 그 단계를 넘어서야 땅속에 있는 수맥(水脈)이나 석맥(石脈)도 엘로드나 수맥봉 없이도 그 흐름과 높낮이, 폭 등의 피해 정도를 알 수 있으며, 더 나아가 혈맥(穴脈)의 흐름과 혈장(穴場)의 위치까지도 찾을 수 있다.

풍역 사주도 그 자체를 통해 명(命)의 갈림길을 알 수 있어 사주를 통해 목숨과 관련된 충살이나 형살 기운을 유추할 수 있다. 그러나 풍수에서 말하는 관산법처럼 령으로 보는 단계가 되어야 보다 정확히 산 자와 죽은 자를 구분할 수 있다. 그러므로 영적인 통찰력을 갖지 못하면 사주와 이름을 보고서도 명(命)의 짧고 긴 정도만 파악할 수 있지 지금 그 사람이 이승에 있는 사람인지 아님 저승에 있는지를 정확히 분간하는 것은 불가능한 것이다.

사주만을 통해 그 시점의 산 자와 죽은 자를 구분하는 것은 한계가 있을 수밖에 없으며, 령으로 보는 법을 함께 터득해야 가능한 일이다.

17. 터 잡는 법

* 앉는 자리는 일등이 현수, 이익은 청룡, 삼고초려 백호, 사고치는 곳은 주화
* 물이 올 때는 첫 고지, 물이 갈 때는 두 번째 고지에 앉아 이익을 본다. 물 흐름을 먼저 파악하고 높은 곳에 앉아라. 절대 물을 등지고 앉지 말라.

18. 월봉이나 규봉이 있는 경우

* 안대를 놓을 때는 월봉을 꼭 피해라. 월봉은 항상 지나치다.

* 사주나 터에 월봉이 공망일 때는 함정이 되어 버린다. (골바람이 들어온다.)

· 子午 공망은 정신불구

· 巳亥 공망은 심신불구: 학업이수가 한 번에 안 된다. (휴학이 잦아도 이해하라.) 무정자

  증이 심하다.

· 丑未 공망은 심신불구: 비, 위 불구. 丑이 있는 사람은 수리능력이 약하다.

· 亥沖보다 巳沖이 낫다.

寅(특히, 甲寅, 壬寅)

: 출세욕, 과욕으로 남을 밟고 일어서려 한다.

  잔꾀는 없다.

  여자 욕심, 다른 데서 내 아이를 데리고 들어올 수 있다. (청룡의 월봉은 내 자식이다.)

辰(특히, 戊辰, 甲辰)

: 끌어들이는 욕심이 강하여 남을 밟고 일어선다.

  추진력이 강하다.

  수습, 사교성이 강하다. (몰입)

  잔꾀가 많다. 남을 꼬셔서 간다.

  여자 욕심, 다른 데서 내 아이를 데리고 들어올 수 있다. (청룡의 월봉은 내 자식이다.)

申

: 남을 억압하여 성취하려 한다. (강제압박)

  고약한 성질

자식이 귀하다.

戌

: 규봉-죽을 꾀, 강도, 도적을 자주 만난다. 아이디어 칼날

월봉-기발한 아이디어, 예술적 기질 → 태과하면 성사도 없고 부자도 없다.

여자가 남자의 욕심을 부린다. 여자로 인해 바람을 핀다.

아내가 바람피울 수 있다.

亥

: 해가 월봉이면 조상이 둘이 된다. (할머니가 둘일 경우)

단명자가 나온다.

과욕을 부려 성취를 못하고 급변한 일에 주저앉는다.

규봉: 다음다색으로 한 번에 쓰러진다. 힘도 못 쓰고 자손이 당한다.

월봉: 초년 기운이 강하여 과신하다 순환기병을 얻는다. (심장, 콩팥)

丑

: 함정에 빠진다. (죽을 고비, 사경을 헤맨다.)

子丑은 사경에 빠졌다가 나온다.

단명자가 나온다. 질질 끌면서 쓰러진다.

할아버지 쪽 조상이 둘일 가능성이 높다.

월봉: 소화기 병이 온다(비위), 당뇨질환

negative적 감성(우울증)

巳(학문봉)

: 巳 + 午: 돈 욕심 때문에 과욕, 허영심

화려하고 모든 것이 내 것이다. 씀씀이가 강하다. 사교계의 왕

불꽃처럼 살고 불꽃처럼 꺼진다.

寅午戌 + 未: 예술가로 성공할 수 있다.

未[편재(偏財)]

: 돈 + 여자: 남의 돈, 남의 여자를 뺏으려는 특성이 있다.

횡재수를 기다린다.

午는 정재이고 未는 편재다.

19. 명리 기준시점

① 명리(책력, 추명): 입춘 기준으로 땅 기운이 움트는 시기를 기준으로 한다. 즉, 드러나
   는 형상 모습을 책력으로 펼친 것이다.

② 본성은 천체 에너지장 위주이다. 천체와 지기가 만나는 동짓날이다. 즉, 두 달 전에 새
   기운이 온 것이고 사람에게 그 기운이 도는 시기가 입춘인 것이다. (동지와 입춘은 한
   달 반 정도 차이)

③ 책력 1월(寅월)은 천간을 기준으로 한다.
· 甲, 己년은 丙寅이 1월
· 乙, 庚년은 戊寅이 1월
· 丙, 辛년은 庚寅이 1월
· 丁, 壬년은 壬寅이 1월
· 戊, 戌년은 甲寅이 1월

④ 책력과 풍역의 차이

· 冊易: 地氣 중심, 寅월을 1월로 운행, 입춘 기준

· 風易: 天氣 중심, 子월을 1월로 운행, 동지 기준

風易은 음 1월이 년과 월간의 自沖월이다.

1) 추명(推命)과 풍역(風易)의 차이

추명(책력)은 천체 에너지장인 천간일주 위주로 보는 법으로 운세 흐름 위주로 본다. 반면 풍역은 지기 에너지장 지기일주 위주로 보는 법으로 건강, 성정(性情) 위주로 보며 가세운(加歲運)인 운세를 볼 수 있다.

예를 들자면 풍역은 지지로 子, 午를 상생의 상대 에너지(상대원리)로 본다. 반면 추명은 천간으로 子, 午를 천체 에너지 필드로 볼 때 沖으로 본다. 추명을 잘 보려면 沖도 생으로 볼 수 있는 원리를 깨쳐야 한다.

풍수의 개념에서 대칭[子午, 卯酉, 丑未, 辰戌, 寅申(△)] 관계는 상대 에너지로 균형 에너지이자 발전 에너지이다. 단, 巳亥만 불안정한 대립이다.

· 子가 午를 만나야 돈이 들어온다. 추명에서도 午火, 巳火를 만나야 돈이 들어온다.

· 巳亥는 불안정한 대립으로 물불이 부딪혀서 재생이 안 된다. 심장에 문제 발생한다.

· 午陽火와 子陽水는 상생관계로 콩팥이 따뜻해지고 배도 따뜻해진다. 午가 물을 따뜻하게 대펴 주는 관계로 상생에 의해 혈색과 건강에 좋다.

* 에너지체 ⇒ 地氣(표출된 직접 에너지): 열매의 에너지 예) 亥子 → 물

* 에너지장 ⇒ 天氣(간접 에너지): 열매를 만드는 에너지 예) 壬癸 → 구름, 수증기 (물이 없으면 수증기라도 있어야 한다.)

예) 壬午, 丙子를 추명에선 천간과 지지가 극이지만, 풍수역에서는 水火合이다.

丙子는 丙의 인연인 午를 만나야 꽃이 핀다.

壬午는 壬의 인연인 子水(甲子, 丙子, 戊子, 庚子)를 만나야 꽃이 핀다.

子는 주체성이나 기획적이어야 하며, 午는 사회적이거나 활동적이어야 한다.

20. 세운(歲運)과 세운(世運)의 관계인연

1) 歲運: 시간운(세월)이다. 관계인연은

① 삼합 구조운과 인연

② 시간적 인연의 구조적 특성과 밀접하다.

2) 世運: 공간운 즉 세상 사는 운이다. 즉, 살아가는 인연, 세상운이다. 관계인연은

① 살아가는 사람

② 풍수지리

③ 음식인연

④ 음양합운과 인연한다.

3) 世運의 변화

① 선후천 기본 命運

- 선천명은 一세~四十세 전후이다.

- 후천명은 四十세 전후부터 종명(終命)이다.

② 四十전환 운세의 결정은 四十세 전후에서 三合 또는 二合 후 합거 년이 운세의 전환점
  이 된다.

IX

부록

적외선 카메라로 담은 천체의 시공간은 더욱 무한함을 깨닫게 한다.
태양은 수많은 별들 중 하나에 불과하며 모든 별들은 각자의 지구를 거느리고 있다.

1. 풍수연표(대한민국 & 중국)[16]

풍수연표를 통해 천문, 풍수, 사주, 한의학 등의 파생 시점을 알 수 있으므로 본 글과 연관된 연도 확인 시 활용토록 한다.

BC

1600   (殷)왕조 성립. 이 무렵 상제(上帝, 후에 天) 개념 발생

BC1500자석이 쇠를 끌어당기는 것을 알고 있었으나 지북성(指北性)은 나중에 발견한 듯하다.

은대 갑골문·음양오행의 원리는 십간십이지론을 통해 좀 더 구체화되고 있다. 십간십이지는 10천간과 12지지를 합성한 말로서 간지라고 하며, 60간지는 은대 갑골문에 나타나 있으며, 당시 60간지를 역으로 사용하였다. 은대에는 날을 60간지로 표시하고 10일을 1순(旬)으로 하고 매 달을 큰 달과 작은 달로 구분하고 윤월을 두었으며 또 일식도 기록하였다. (사기에 구체적인 기록이 있음)

1050   주(周)왕조 성립

풍수지리학은 주나라(BC1046~BC771) 문왕이 건, 감, 간, 진, 손, 이, 곤, 태의 팔방을 정했다는 후천팔괘를 응용함. (후천 팔괘에는 각각에 해당하는 산, 수, 방위 등이 있다.) 주대에는 토규(土圭)를 사용했는데, 토규는 태양의 그림자를 재거나 토지의 원근을 재는 데 사용했던 도구로 '장경'에서는 토규를 사용하여 방위를 측정한다고 하였다.

770   뤄양(洛陽)으로 천도, 춘추전국시대 시작

지리라는 말이 처음 등장하는 시기는 춘추전국시대(BC8~3세기)이다. [주역, 계사] 나반의 전신은 한 대의 감여가들이 사용했던 식(式)이라는 기구인데, 그보다 앞서 전국시대에는

---

16   김혜정, 『중국고전의 풍수지리사상』의 내용을 발췌하여 중국 풍수연표로 인용

남쪽을 가리키는 도구라는 의미의 사남(司南)이 있었다.

722 『춘추』기사 시작(~BC481)

600 『시』『서』완성

서경에는 "옛날 복희씨가 천하를 다스릴 때 처음 팔괘를 그렸다."는 기록이 있다.

(선천팔괘) 또한, 오행을 숫자와 대비시켜 각각의 특징을 기록

479 공자(孔子) 죽음

403 전국시대 시작. 이 무렵 제자백가(諸子百家) 활약

320 맹자(孟子)의 유세 시작

한나라(BC202~AD220) 청오경·천문과 지리의 관찰 결과라는 측면에서 보면 풍수지리
학의 기원은 상고시대까지 소급할 수 있지만, 순수 풍수지리 내용만을 다룬 저서는 일반
적으로 '청오경'을 시초로 보고 있다.

* 청오경과 이후의 장경에서 형세뿐만 아니라 방위까지 맞춰야 한다고 언급한 것을 보면
  좌향이 중시된 것은 이기론에서부터 시작된 것이 아니라 풍수경전 성립 초기부터 중시
  되었음을 볼 수 있다.

* 오행의 관념이 생활 속에 정착되어 오색, 오방, 오곡, 오장, 오령 등의 명칭이 생겨났다.

* 설문해자주'에서는 인체의 오장(간장, 심장, 비장, 폐장, 신장)과 오행을 연결시킴. 또한
  한서와 마찬가지로 10천간을 생장수장의 과정을 기록하여 매월과 각 동물, 그리고 상형
  의 기원에 대한 설명을 기록하였으며, 방위 및 상형과도 연계시켰다.

240 『여씨춘추(呂氏春秋)』완성. 이 무렵 천인상관사상(天人相關思想) 음양오행설 유행

122 회남왕(淮南王) 유안(劉安) 자살

회남자(淮南子)·상고시대부터 시작된 천문과 지리의 관찰은 인간생활에 매우 유용한 정
보를 제공하였고 상호 긴밀한 관계가 있었음을 기록하고 있다.

자석이란 말이 나오나 나침반으로 쓰였다는 말은 없다.

계절적 특성을 12지지에 결부

91 사마천(司馬遷),『사기(史記)』완성

사마천의 음양오행에 대한 기록·하늘에는 해와 달이 있고 땅에는 음과 양이 있다. 하늘에

는 오성이 있고, 땅에는 오행이 있다. 하늘에는 별자리들이 열 지어 있고, 땅에는 주의 강역들이 있다. 해와 달과 별은 음양의 정기이고 그 근본은 땅에 있다….

* 이십팔수가 십이주를 주재하고 북두칠성이 그들을 통괄한다는 것은 오래전부터 전해오는 것이다. 하늘의 성수(星宿)에 맞춰 땅을 십이주로 나누게 하였고 하늘의 이십팔수[4방위(천지귀신)의 별 × 7]가 땅을 나누어 주관한다고 생각하였다.

* 사기와 한서에 "동궁은 청룡이고, 남궁은 주작이고, 서궁은 함지(咸池)로서 삼성(參星)은 백호이고, 북궁은 현무이다."

'사기'에서는 "중궁은 천극성인데 그 가장 밝은 별은 천제가 상주하는 곳이다. 옆의 세 별은 삼공 또는 천제의 알들이라고도 한다. 뒤의 굽어진 네 별에서 끝의 큰 별은 정비이고 나머지 세 별은 후궁의 무리이다. 이들을 둘러싸 호위한 열두 별은 변방의 제후들로서 이 모두를 자미원이라 한다." 풍수지리학에서는 지상의 최고 길지를 자미원국이라고 하는데, 천문에서도 하늘의 중심은 자미원이라고 한다.

AD

---

25 광무제(光武帝), 후한을 세움. 이 무렵 참위설(讖緯說) 유행

79 백호관(白虎觀)에서 오경의 이동 논의

후한 한서 - 10천간은 사물의 생장수장 과정으로 설명하였다.

후한 왕충(AD27~97) 때 작석을 숟가락 모양으로 만들어 식반 위에 던져 운수를 점쳤다는 기록이 있다.

100 허신(許愼), 『설문해자(設文解字)』 완성

182 오두미도(五斗米道) · 태평도(太平道) 성립

220 후한 열망, 위(魏) 발흥. 이 무렵 노장사상(老莊思想) 유행, 청담(淸談)의 풍 일어났다.

동진(東晋)의 곽박 276~324 '장경' · 청오경 계승 및 발전

도사형 '착맥부'

* '장경'에서는 장풍득수(長風得水)라 하여 장풍은 땅속의 생기는 바람을 타면 흩어지는 성

질이 있기 때문에 길지의 생기가 바람에 흩어지지 않도록 해야 한다는 의미이며, 득수는 생기가 물을 만나면 멈추는 성질이 있기 때문에 길지에는 생기를 잘 머물게 하는 물이 있어야 한다는 뜻을 담고 있다.

401 구마라습(鳩摩羅什), 장안(長安)에 도착하여 대승경전 번역. 불교연구 성행

400~『황제택경』(양택에 관한 저서 중 가장 오래된 서적) · 팔괘를 중심으로 이론전개

424 구겸지(寇謙之)에 의하여 도교 확립

양나라(502~557) 남북조시대 풍수지리가 · 승려 보지(寶誌), 도홍경

574 북주(北周) 무제(武帝)의 패불(廢佛)

수나라(580~618) 소길 '오행대의'

600 고구려 고분벽화: 청룡, 백호, 주작, 현무 사신도가 그려짐

현존하는 사찰 등의 지형지세에 의거 삼국 초기부터 풍수가 실용화된 것으로 추정

602 백제의 승려 관륵이 일본에 천문지리서(天文地理書)와 둔갑 방술서(遁甲方術書) 지도

일본서기에 기록

604 과거제도 개시. 진사과(進士科, 606)

당나라(618~907) 복응천 '설심부', 아부구공 '도경', 양균송 '삼룡경', 증문천'혈사수지심경'

* 양균송은 형기론을 전파시킨 인물이자 풍수지를 세간에 알린 인물. 또한 이기론에서 중요한 水法의 형성에 공헌(水口의 방위를 결정짓는 외반은 그에 의해 완성)

삼룡경 · 감룡경, 의룡경, 변룡경

635 경교(景敎)의 경전 전래

640 공영달(孔穎達) 등이『오경정의(五經正義)』완성

633 신라(선덕여왕 2년) 첨성대 건립: 천문 기록의 정황 및 연구 등을 토대로 '천문대'였음을 정론으로 보고 있다.

669 신라(문무왕 9년) 때 당나라 고종이 승려 법안을 신라에 보내 자석을 구해 갔다는 기록이 있음. (삼국사기) '나침반(羅針盤)'의 '나(羅)'는 신라를 뜻한다는 학설이 있으며 특산물은 그 지역명을 따른 것으로 볼 때 나침반의 어원이 신라의 '침반'이라는 설이 있다.

798 통일신라 말기 청오자(靑烏子)와 그 학설 거론 기록 - 장지(葬地) 선택

최치원(857~?)의 숭복사비문(崇福寺碑文) 기록

대한민국 자생풍수가 중국의 영향을 받기 시작한 시기

827 고려 도선(827-898): 신라 말기 승려로 도선의 음양지리설과 풍수상지법(風水相地法)은 고려의 건설과 조선의 풍수지리설에 큰 영향을 미침

907 당(唐) 멸망, 오대십국(五代＋國)의 혼란기 시작

南唐(남당) 시기(937~975) 하보 '영성정의' 형기론과 이기론 모두가 중시되었음을 추측할 수 있는 저서

943 고려(태조 25년) 훈요십조: 풍수적 사고 관념이 잘 나타남(2훈, 5훈, 8훈)

960 송(宋), 중국 통일

송대(960~1279) 증문천의 제자 진희이(陳希夷) '청랑경보주', 뇌문준, 오경란 대표적 풍수지리가

주자 '산릉의장'와 채원정'발미론' 특히 채원정은 '장경'을 편집한 것으로 알려진다.

주자와 채원정은 송대 이기철학의 대표적 학자(풍수지리학의 이기론과 송대 이기철학이 상호 관련 있음을 짐작할 수 있음)

호순신 '지리신법' 풍수지리의 영향력은 개인이 아닌 한 집안에 영향을 미치고 있음을 강조하였다.

983 『태평어람(太平御覽)』완성

1019 『운급칠첨』완성. 이 무렵 송학(宋學: 新儒學)이 전개되었다.

1069 왕안석(王安石)의 신법(新法) 실시

1084 사마광(司馬光), 『자치통감』완성

1099 정이, 『역전(易傳)』완성

1127 정강(靖康)의 변 일어남. 송의 남천

자기나침반의 원리는 송나라 심괄(沈括)의 '몽계필담(물에 띄운 나침이 북쪽을 가리킨다.)' 에 최초로 기술됨. 오늘날 나침반은 1302년 이탈리아 조야에 의해 제작되었다.

1169 금(金)의 왕철, 전진교(全眞敎) 개교

1175 주희(朱熹), 육구연(陸九淵)과 아호(鵝湖)에서 논쟁(鵝湖之會)

1177	주희,『논어』,『맹자』에 대한 집주(集注) 완성

1177 주희,『논어』,『맹자』에 대한 집주(集注) 완성

1189 주희,『대학』,『중용』에 대한 집주(集注) 저술

1279 송 멸망, 원(元) 중국 통일

원나라(1271~1368) 오징(吳澄)에 의해 '장경'이 재편집됨(성리학과 풍수지리가 밀접한 관계에 있음을 의미함)

원 말기에는 유병충 '옥척경'이 풍수지리가로 유명

1308 고려(충렬왕 34년) 서운관 개설: 천문, 지리, 역수(책력), 점주, 각루 등을 관장한 관청)

1368 원 멸망, 명(明) 중국 통일

명나라(1368~1644) 명대에는 유백온 '피간로담', '감여만흥'과 서선술, 서선계형제 '인자수지', 이국목 '지리대전', 서지막 '탁옥부'이 풍수지리가로 유명

* 명대의 왕위는 풍수지리 이론을 고대 음양가로부터 기원한다고 보았는데, 음양론은 고대 천문학, 역학, 음양오행론, 십간십이지론 등이 긴밀하게 연결되어 있다.

1394 조선(태조 3년) 개성에서 한양으로 천도

1395 조선(태조 4년) 천상열차분야도 제작: 천체를 그린 천문도

1415 『오경대전(五經大全)』,『사서대전(四書大全)』,『성리대전(性理大全)』완성

1434 조선(세종 16년) 앙부일구 설치: 해시계, 우리나라 최초 공중시계

1442 조선(세종 24년) 이순지, 김담 등『칠정산내편』편찬: 천체의 위치 계산법을 서술한 역서

1520 왕수인(王守仁), 치양지설(致良知說) 제창

1527 왕기(王畿) · 전덕홍(錢德洪),『천천증도문답(天泉證道問答)』

이 무렵 양명학(陽明學 특히 左派) 유행. 〈기(氣)철학〉의 경향 나타남. 선서(善書), 삼교일치론(三敎一致論)의 유행

1644 명 멸망. 청(淸), 중국 본토에 들어감. 명의 유로(遺老: 亡國의 舊臣) 활약

청나라(1636~1912) 청대에는 장구의 '지리사탄자', 섭구승 '지리육경주', '지리대성', 심호 '지학', 기대규 '지리말학', 조구봉 등이 풍수지리가로 유명

양택삼요 · 팔괘를 중심으로 이론전개

1653 조선(효종 4년) 시헌력 시행: 24절기와 하루의 시각 계산법을 제작한 역법

1669	조선(현종 10년) 혼천시계 제작: 송이영이 제작한 '혼천의' 천문시계
1669	황종희(黃宗羲), 『명이대방록(明夷待訪錄)』 완성
1777	대진(戴震), 『맹자자의소증(孟子字義疏證)』 이룸(氣哲學 완성)
1799	조선(정조 23년) 『홍재전서』 완성: 정조문집 총190권 중 57권 풍수지리 학문서
1782	『사고전서(四庫全書)』 이룩됨. 이 무렵 공양학(公羊學) 차츰 유행
	청나라 가경(嘉慶) 11년(1806년) 조구봉 '지리오결' · 이기론을 집대성한 저서[풍수지락의
	기본 사과(四科)인 용, 혈, 사, 수와 함께 향법, 수법, 평양결에 이르기까지 자세하게 기록]
1807	단옥제(段玉裁), 『설문해자주(說文解字註)』 완성
1825	조선(순조 25년) 다산 정약용 『풍수집의』: 풍수론 및 풍수 비판론 집대성
1931	무라야마 지쥰(村山智順) 『조선의 풍수』: 조선총독부 촉탁 연구자료
2021	황영웅 『풍수원리강론』: '풍수 에너지장론' 완성

■ 참고(풍수)

대한민국에서 풍수지리 학문이 체계적으로 정립되어 내려온 서적은 남아 있지 않으며, 산서(山書), 결록(訣錄), 비기(秘記) 등만이 남아 있다. 대표적 서적은 작자미상의 『나학천비기』, 『답산가』, 『두사충결』, 『일지유산록』과 도선국사의 『옥룡자결』, 무학대사의 『무학결』, 박상희의 『박상희결』, 일이승의 『일이답산록』 등이 있으며, 도선국사와 무학대사의 글은 신빙성을 강조하기 위해 후대에 이름을 붙인 위작이거나 유산록을 필사한 책일 수 있다.

■ 참고(명리)

북송시대(960~1127) 명리학의 큰 틀을 갖춘 시기[도교 수련가 서자평(徐子平)(본명 서거이)]

남송시대(송 후기 1127~1279) 서자평의 이론을 발전 『연해자평(淵海子平)』 서승(徐升)

명대(1368~1644) 사주학 해설서 『적천수(滴天髓)』 성의백(誠意伯)

청대(1636~1912) 『궁통보감(窮通寶鑑)』(작자미상), 『자평진전(子平眞詮)』 심효첨

* 사주학 해설서로 연해자평과 적천수를 최고의 고전으로 꼽는다.

* 대한민국은 『적천수(滴天髓)』와 『연해자평』의 중요한 부분을 설명하고 임상을 통해 사주를 대입한 작자미상의 『명리정종(命理正宗)』이 있으며 편집 시기는 알 수 없다.

■ 참고문헌

황영웅, 『풍수원리강론 제2권 '응용론 및 풍역 원리론』, 북코리아, 2021

황영웅, 『풍수원리강론(I)』, 동국비전, 2004

황영웅, 『풍수기초 원리론』, 동국비전, 2002

김혜정, 『중국고전의 풍수지리사상』, 한국학술정보(주), 2008

ELAINE N. MARIEB 원저, 최명애 외 편저 『인체구조와 기능』, 계축문화사, 1999

김본원 외 편저 『병리학』, 현문사, 1998

최명애 외 공저 『생리학』, 현문사, 2004

정경대, 『의명학』, 이너북, 2007

네이버 지식백과(http://terms.naver.com)

두산백과 두피디아(http://www.doopedia.co.kr)

나무위키(https://namu.wiki)

라이브사인언스(http://www.livescience.com)

인터넷역학(www.lifescil.net)

풍수역학 원리이해

ⓒ 박재희, 2024

초판 1쇄 발행 2024년 1월 31일

지은이   박재희
사진   박재희
펴낸이   이기봉
편집   좋은땅 편집팀
펴낸곳   도서출판 좋은땅
주소   서울특별시 마포구 양화로12길 26 지월드빌딩 (서교동 395-7)
전화   02)374-8616~7
팩스   02)374-8614
이메일   gworldbook@naver.com
홈페이지   www.g-world.co.kr

ISBN   979-11-388-2762-1 (03180)